실전에 **바로 적용**할 수 있는

파이썬 데이터 분석 & 시각화

+ 웹 대시보드 제작하기

실전에 **바로 적용**할 수 있는

파이썬 데이터 분석
& 시각화
+ 웹 대시보드 제작하기

초판 1쇄 발행 | 2024년 01월 31일

지은이 | 박찬의 저
펴낸이 | 김병성
펴낸곳 | 앤써북

출판사 등록번호 | 제 382-2012-0007 호
주소 | 파주시 탄현면 방촌로 548
전화 | 070-8877-4177
FAX | 031-942-9852
도서문의 | 앤써북 http://answerbook.co.kr
ISBN | 979-11-93059-18-0 13000

[안내]
• 이 책의 내용을 기반으로 실습 및 운용 결과에 대해 저자, 소프트웨어 개발자 및 제공자, 앤써북 출판사, 서비스 제공자는 일체의 책임지지 않음을 안내드립니다.
• 이 책에 소개된 회사명, 제품명은 각 회사의 등록 상표 또는 상표이며 본문 중 TM, ©, ® 마크 등을 생략하였습니다.
• 이 책은 소프트웨어, 플랫폼, 서비스 등은 집필 당시 신 버전으로 설명하였습니다. 단, 독자의 학습 시점에 따라 책의 내용과 일부 다를 수 있습니다.

Preface
머리말

우리는 현재 데이터의 시대를 살아가고 있습니다. 우리 주변에서 쉽게 볼 수 있는 다양한 기기들은 사물인터넷으로 연결되어 실시간으로 데이터를 주고받고 있으며, 인터넷에서 전 세계의 다양한 데이터를 쉽게 구할 수 있는 시대가 되었습니다. 이러한 빅데이터의 홍수에서 필요한 데이터를 적절한 방법으로 구하고, 원하는 목적에 따라서 선별, 정제, 분석하는 능력의 중요성이 지속적으로 높아지고 있습니다.

이미 엑셀, Origin, Minitab, Spotfire 등 뛰어난 데이터 분석 및 시각화 도구들이 많이 있습니다. 하지만 이들을 비유하자면 잘 만들어진 공구와 같습니다. 잘 만들어진 공구는 보편적인 상황에서 무난하게 사용할 수 있지만, 모든 상황에서 편리하다고는 할 수 없습니다. 반면, 파이썬은 철광석에 비유할 수 있습니다. 각 상황에 맞는 맞춤형 도구가 될 수 있지만, 그 도구를 직접 디자인하고 제작해야 한다는 문턱이 있습니다. 그 문턱을 넘는 법을 배운다면, 그 원석은 적재적소에 활용할 수 있는 무궁무진한 잠재력을 가지는 도구로 변신할 수 있습니다.

파이썬의 기초 문법과 이를 이용한 데이터 분석의 기초를 학습할 수 있는 책들은 서점에서 손쉽게 찾아볼 수 있습니다. 제목에서 알 수 있듯이 이 책은 파이썬에 처음 입문하는 분들 보다는 관련 기초 서적을 한 번쯤 읽었지만 배운 내용을 필요한 곳에 활용하기에 어려움을 겪는 분들, 입문 단계에서 보다 더 나아가 실전 활용성이 뛰어난 여러 가지 팁을 공부하고 싶으신 분들을 위한 책입니다. 물론 이 책에서 파이썬 기초 문법과 개념도 물론 소개하지만, 학습한 이론을 바탕으로 다양한 예제 데이터를 탐색, 정제, 분석하는 실무적인 팁을 소개하는 데에 초점을 맞췄습니다. 자전거를 배울 때 중심을 잡을 수 있는 이론을 배웠다고 하더라도 연습 없이는 자전거를 탈 수 없는 것처럼, 파이썬과 같은 프로그래밍도 20시간의 이론 학습보다는 1시간의 실전 연습이 훨씬 중요하다고 할 수 있습니다. 저자도 파이썬으로 데이터 분석을 입문하고 실전에 활용하면서 이론과 실무의 괴리로 인한 걸림돌을 만나 수많은 시행착오를 겪으며 고생했던 적이 있습니다. 그 과정에서 깨달은 여러 가지 팁을 아낌없이 실었기에, 이 책은 이론과 실전 사이의 간극을 메워주는 핵심 퍼즐이 될 것이라고 자부합니다. 이 책을 통해 독자분들이 파이썬을 이용한 데이터 분석법을 몸에 익히고, 이후 어떤 데이터를 보더라도 주저없이 분석하여 깊이 있는 통찰력을 이끌어 내는 능력을 키우시기를 바랍니다.

저자 박찬의

The composition of this book

이 책의 구성

이 책은 총 5개의 장 (chapter)로 구성되어 있습니다. 처음 두 개의 장은 Pandas 라이브러리를 주로 하여 행과 열 형식으로 정형화된 데이터를 불러와 살펴보고, 재구성하고, 분석하여 데이터로부터 의미 있는 정보를 얻어 내는 방법을 다루었습니다. 나머지 두 개의 장은 Matplotlib 및 Seaborn 라이브러리를 이용하여 데이터셋을 시각화 하는 방법에 대해 다루었습니다.

첫 번째 장은 이 책에서 전반적으로 필요한 Pandas 라이브러리의 기초 지식을 간략하게 다루고 있습니다. Pandas에 대해 잘 알지 못하는 독자께서는 이 장을 반드시 학습하고 다음으로 넘어가셔야 합니다. Pandas에 대해 기초적인 지식이 있으신 분들은 이 장을 생략하거나, 복습의 의미에서 빠르게 훑어보셔도 좋습니다.

두 번째 장은 Pandas 라이브러리를 이용하여 여러 데이터셋을 분석함에 있어서 실무적으로 활용성이 높은 여러 가지 팁들을 소개하고 있습니다. 저자가 직접 수많은 데이터를 분석하면서 느끼고 배운 여러 가지 활용성 높은 팁들을 실었기 때문에 디른 책에서는 쉽게 볼 수 없는 활용법을 배울 수 있을 것입니다.

세 번째 장은 파이썬 시각화에서 가장 대중적인 Matplotlib, Seaborn 라이브러리와, 보다 모던한 시각화 라이브러리인 Plotly에 대한 기초적인 내용을 담았습니다. 해당 라이브러리를 이용하여 그릴 수 있는 그래프에 대해 설명하고, 그래프의 부수적인 요소들을 수정하는 방법에 대해 기초적인 내용을 설명합니다.

네 번째 장은 세 번째 장에서 배운 기초 시각화 지식을 활용하여 고급 시각화를 위한 여러 가지 실무적인 팁을 다루고 있습니다. 특히 큰 용량의 데이터를 다룰수록 시각화를 통해 데이터로부터 얻을 수 있는 정보가 많은데, 이 장에서는 데이터 분석에서 자주 사용하는 시각화 메서드와 고급 그래프를 다루어 곧바로 실무에서 사용할 수 있도록 하였습니다.

다섯 번째 장은 데이터 웹 대시보드를 제작하기 위한 Streamlit 라이브러리를 소개합니다. Streamlit 라이브러리는 웹 기반 지식 없이도 직관적인 코드를 통해 데이터 웹 대시보드를 손쉽게 제작할 수 있게 합니다. 이번 장에서는 1장부터 4장까지 배웠던 내용을 바탕으로 간단한 데이터 분석과 시각화를 진행하고, 해당 분석 내용을 바탕으로 사용자와 인터렉티브하게 소통할 수 있는 웹 대시보드를 제작합니다.

Introduction to Analytical Environment

분석 환경 소개

이 책에서는 파이썬 3.8.11, Pandas 2.0.3, Numpy 1.24.4, Matplotlib 3.7.2, Seaborn 0.12.2, Scipy 1.10.1 버전을 사용하였습니다. 또한, 파이썬 코드를 실행하기 위하여 주피터 랩 (Jupyterlab)을 사용하였습니다. 주피터 랩은 웹 기반 오픈소스 개발 환경인데, 데이터를 읽고 정제 및 변환 과정을 거치면서 실시간으로 결과를 확인할 수 있기 때문에 데이터 분석 분야에서 널리 사용되고 있습니다. 특히 셀 단위로 파이썬 코드를 끊어서 실행하며 결과를 상호작용적으로 확인할 수 있다는 점에서 매우 유용한 툴입니다.

이 책에서 소개하는 Pandas를 포함한 대부분의 라이브러리는 아나콘다를 설치하면 한 번에 설치할 수 있습니다. 아나콘다의 설치는 아나콘다 공식 홈페이지를 이용하면 됩니다.[1] 이 책이 쓰여진 시점 기준으로 아나콘다는 개인 이용자, 대학, 비영리단체, 200인 미만 중소기업에게는 무료로 배포되고 있습니다.

아나콘다를 설치하는 과정에서 주피터 노트북 (Jupyter notebook)도 함께 설치하게 됩니다. 주피터 노트북은 주피터 랩과 거의 동일한 웹 기반 오픈소스 개발 환경입니다. 다만, 주피터 노트북에 비해 주피터 랩이 보다 편리한 인터페이스와 추가적인 모듈 사용을 제공하고 있습니다. 물론 이 책에서 사용하는 코드는 모두 주피터 노트북에서도 동일하게 동작합니다. 주피터 랩의 설치 방법은 윈도우 기준으로 명령 프롬프트에 아래 명령어를 입력하면 됩니다. 맥의 경우 터미널을 이용하시면 됩니다.

```
pip install jupyterlab
```

예제 데이터셋 및 소스코드 다운로드

이 책에서 사용하는 모든 예제 데이터셋 및 소스코드 그리고 주요 개정 사항 및 오류 관련 자료는 아래 주소에서 다운로드 받을 수 있습니다.

https://github.com/Chaneui/data_analysis_adv

---

[1] https://www.anaconda.com/download

Contents
목 차

Contents
목 차

Contents
목 차

Contents
목 차

Pandas를 이용한 파이썬 데이터 분석 기초

Pandas는 파이썬에서 구조적인 데이터를 다루는 데에 최적화된 라이브러리입니다. Pandas는 흔히 데이터 분석에서 사용하는 어플리케이션인 엑셀과 비교했을 때, 다양한 타입의 데이터 입, 출력을 지원하고, 빠른 성능을 지녔으며, Pandas의 꽃이라고 불리는 뛰어난 그룹 연산 기능을 활용할 수 있습니다. 또한, 데이터 분석 분야에서 자주 사용되는 Numpy, Scipy, 머신 러닝을 위한 Sklearn 같은 라이브러리와의 호환성이 뛰어나고, 이 책의 뒤에서 소개하는 Matplotlib, Seaborn과 같은 데이터 시각화 라이브러리에서도 호환됩니다.

Pandas는 방대한 라이브러리이기 때문에 Pandas의 모든 영역을 학습하기에는 정말 많은 노력과 시간이 필요합니다. 이 책에서는 데이터 정제 및 분석에 초점을 맞추어 기초 개념을 간략히 설명하고, 자주 사용되는 메서드 및 메서드 체인을 소개합니다. 또한 다양한 예제를 통해 처음 접하는 데이터셋에서도 망설임 없이 데이터를 다루는 능력을 기르는 데에 초점을 맞추었습니다.

이번 챕터에서는 데이터 분석을 위한 Pandas 라이브러리의 기초에 대해서 학습합니다. 이 책은 기초보다는 실전 활용에 초점을 두었기 때문에 기초적인 내용 하나하나 자세히 다루지는 않습니다.

하지만, 이 책의 전반적인 내용을 따라오는 데에 필수적으로 학습하여야 하는 내용에 대해서는 최대한 빠짐없이 설명하고자 노력하였으니, Pandas에 익숙하지 않으신 분들이라도 걱정하지 말고 이번 장에서 기초를 단단히 하시기 바랍니다. 이미 해당 내용에 대해 알고 계신 분들도 복습에 초점을 두고 학습하는 장으로 삼으시기 바랍니다.

Pandas Series 및 Dataframe

앞으로 Pandas 라이브러리를 활용하기 위해 가장 기초가 되는 dataframe에 대해서 알아 두셔야 합니다. Dataframe은 엑셀의 스프레드시트처럼 행과 열로 구성된 단순한 테이블입니다. 아래 그림은 주피터랩에서 bike_rentals.csv 파일을 pandas의 read_csv 함수를 이용하여 불러와서 head() 메서드를 통해 첫 10개의 행만 살펴본 결과입니다. Bike_rentals 데이터셋은 날짜/시간, 계절, 공휴일 여부, 날씨 등과 같은 변수에 대해 자전거의 대여 횟수를 나타내는 데이터셋입니다.[1]

---

[1] https://www.kaggle.com/competitions/bike-sharing-demand/data

```python
import pandas as pd
import numpy as np

df = pd.read_csv('./datasets/bike_rentals/bike_rentals.csv')
df.iloc[2, 3] = np.nan # 결측치를 임의로 만들기 위해 추가
df.head(10)
```

좌측 첫 번째 열은 행을 구분하는 인덱스이고, 인덱스를 따로 설정하지 않았을 때에는 아래처럼 0부터 1씩 차례대로 증가하는 인덱스를 가지게 됩니다. 엑셀 스프레드시트와 동일하게 가로줄을 row(행), 세로줄을 column(열)이라고 칭합니다. Pandas에서 행은 axis=0, 열은 axis=1과 동일하게 취급됩니다. 자세한 내용은 뒤에서 다시 설명하도록 하겠습니다. 추가로, 데이터 내 결측치는 NaN과 같이 표기됩니다.

	datetime	season	holiday	workingday	weather	temp	atemp	humidity	windspeed	casual	registered	count
0	2011-01-01 00:00:00	1	0	0.0	1	9.84	14.395	81	0.0000	3	13	16
1	2011-01-01 01:00:00	1	0	0.0	1	9.02	13.635	80	0.0000	8	32	40
2	2011-01-01 02:00:00	1	0	NaN	1	9.02	13.635	80	0.0000	5	27	32
3	2011-01-01 03:00:00	1	0	0.0	1	9.84	14.395	75	0.0000	3	10	13
4	2011-01-01 04:00:00	1	0	0.0	1	9.84	14.395	75	0.0000	0	1	1
5	2011-01-01 05:00:00	1	0	0.0	2	9.84	12.880	75	6.0032	0	1	1
6	2011-01-01 06:00:00	1	0	0.0	1	9.02	13.635	80	0.0000	2	0	2
7	2011-01-01 07:00:00	1	0	0.0	1	8.20	12.880	86	0.0000	1	2	3
8	2011-01-01 08:00:00	1	0	0.0	1	9.84	14.395	75	0.0000	1	7	8
9	2011-01-01 09:00:00	1	0	0.0	1	13.12	17.425	76	0.0000	8	6	14

▲ 그림 1 Pandas dataframe의 기본 형태

Dataframe의 열 및 행 선택

Dataframe에서 특정 행과 열을 선택하려면 iloc과 loc 메서드를 사용할 수 있는데, 둘 간의 차이점을 유념해 둘 필요가 있습니다. iloc은 리스트 인덱싱과 비슷한 개념으로 dataframe 행 혹은 열의 상대적 위치를 숫자로 지정합니다. 반면 loc 메서드는 행, 열의 이름을 사용하여 인덱싱 할 수 있습니다.

우선 iloc의 사용법을 아래처럼 소개하도록 하겠습니다. 앞서 불러온 bike_rentals dataframe을 그대로 사용하도록 하겠습니다.

Dataframe의 열 및 행 선택 (ch1-2.py)

```
df = pd.read_csv('./datasets/bike_rentals/bike_rentals.csv')
df.iloc[2:5, 3:6]
```

코드의 실행 결과는 아래와 같습니다. 대괄호 사이에 콤마(,)를 기준으로 선택할 행, 열 순으로 입력하면 됩니다. 위 코드는 2번째 행부터 4번째 (5-1) 행, 3번째 열부터 5번째 (6-1) 열까지 선택하라는 코드입니다. 콜론(:)으로 연속된 행 혹은 열을 구분하는 것은 리스트 인덱싱과 동일합니다.

	workingday	weather	temp
2	0	1	9.02
3	0	1	9.84
4	0	1	9.84

▲ 그림 2 iloc을 이용한 dataframe 행/열 선택

다음은 loc메서드를 사용하여 앞서 iloc메서드로 선택했던 행과 열을 동일하게 선택해 보도록 하겠습니다. iloc 메서드를 사용할 때에는 행과 열의 상대적 위치를 숫자로 전달하였지만, loc은 행과 열의 이름을 전달하면 됩니다.

Dataframe의 열 및 행 선택 (ch1-2.py)

```
df.loc[2:4, 'workingday':'temp']
```

위의 코드의 실행 결과는 그림2와 동일합니다. 에서 행을 선택하기 위해 전달한 2:4는 bike_rentals 데이터셋의 인덱스가 0, 1, 2, 3, … 처럼 0부터 시작하여 1씩 증가하는 숫자 형으로 되어있기 때문에 iloc 메서드를 사용했을 때와 동일하게 숫자 형태로 전달되었다는 것을 확인하시기 바랍니다. 추가로 2번째 행에서 4번째 행까지 선택하기 위하여 iloc에서는 2:5로 행을 선택하기 위한 인자를 전달했다면 loc에서는 2:4를 전달했다는 것을 확인하시기 바랍니다. iloc에서는 리

스트 인덱싱과 동일하게 콜론 형태로 전달한 인덱스의 끝 바로 직전 행 또는 열까지 선택되는 반면, loc은 전달한 인덱스의 끝을 포함하게 됩니다. 위 데이터셋에서 인덱스는 숫자형이었기 때문에 iloc과 비슷하게 loc 메서드에서도 행을 선택하기 위해 숫자로 인덱스를 전달했지만, 열은 workingday, weather와 같이 숫자가 아닌 문자열로 이루어진 이름을 가지기 때문에 'workingday':'temp' 와 같이 전달하여야 합니다. 행을 선택할 때와 동일하게 콜론 형태로 연속된 열을 슬라이싱(선택)하였고, 맨 마지막 열인 temp가 포함하여 선택된 것을 확인하시기 바랍니다.

loc을 활용하여 아래처럼 원하는 조건에 따라서 dataframe의 행과 열을 선택할 수 있습니다.

loc[(원하는 조건)]

이 때, 위처럼 loc메서드의 인수로 조건문을 전달하게 되면 해당 조건에 대해 True에 해당하는 행이 선택되게 됩니다. bike_reatals 데이터셋에서 season 열의 값이 2인 행들만 선택해 보도록 하겠습니다.

Dataframe의 열 및 행 선택 (ch1-2.py)

```
df.loc[df['season'] == 2]
```

위 코드의 실행 결과는 아래와 같습니다. 위 코드에서 df['season'] == 2는 bike_reantals 데이터셋에서 season의 값이 2인지 여부를 Ture/False 형태로 반환하게 됩니다. 그 결과, 값이 True 행들만 loc 메서드에 의해 선택되게 됩니다. 보시는 것처럼 season 열의 값들이 모두 2인 것을 확인할 수 있습니다.

	datetime	season	holiday	workingday	weather	temp	atemp	humidity	windspeed	casual	registered	count
1323	2011-04-01 00:00:00	2	0	1	3	10.66	12.880	100	11.0014	0	6	6
1324	2011-04-01 01:00:00	2	0	1	3	10.66	12.880	100	11.0014	0	4	4
1325	2011-04-01 02:00:00	2	0	1	3	10.66	12.880	93	12.9980	0	7	7
1326	2011-04-01 03:00:00	2	0	1	2	9.84	11.365	93	16.9979	0	4	4
1327	2011-04-01 04:00:00	2	0	1	2	9.84	11.365	93	16.9979	0	3	3
...	...	...	...	...	...	...	...	...	...	...	...	...
8146	2012-06-19 19:00:00	2	0	1	1	32.80	38.635	59	15.0013	82	432	514
8147	2012-06-19 20:00:00	2	0	1	1	32.80	37.880	55	16.9979	59	399	458
8148	2012-06-19 21:00:00	2	0	1	1	31.16	35.605	62	11.0014	37	239	276
8149	2012-06-19 22:00:00	2	0	1	1	29.52	34.850	79	6.0032	51	240	291
8150	2012-06-19 23:00:00	2	0	1	1	29.52	34.850	79	8.9981	23	102	125

▲ 그림 3loc 메서드를 이용한 특정 조건의 행 선택

그렇다면 season이 2인 행들 중에 casual, resistered, count 열만 선택하려면 어떻게 하면 될까요? 아래 코드처럼 loc 메서드 안에 선택하고자 하는 행과 열을 순서대로 쉼표(,)로 구분하면 됩니다.

```
df.loc[df['season'] == 2, 'casual':]
```

	casual	registered	count
1323	0	6	6
1324	0	4	4
1325	0	7	7
1326	0	4	4
1327	0	3	3
...	...	...	...
8146	82	432	514
8147	59	399	458
8148	37	239	276
8149	51	240	291
8150	23	102	125

▲ 그림 4 loc 메서드를 이용한 특정 조건의 행과 열 선택

조금 더 복잡한 쿼리문도 작성해 볼 수 있습니다. 예를 들어, season이 1이 아니면서 동시에 weather가 2가 아닌 모든 행을 뽑고자 한다면 아래와 같이 시도해 볼 수 있습니다.

Dataframe의 열 및 행 선택 (ch1-2.py)

```
df.loc[(df['season'] != 1) & (df['weather'] != 2)]
```

	datetime	season	holiday	workingday	weather	temp	atemp	humidity	windspeed	casual	registered	count
1323	2011-04-01 00:00:00	2	0	1	3	10.66	12.880	100	11.0014	0	6	6
1324	2011-04-01 01:00:00	2	0	1	3	10.66	12.880	100	11.0014	0	4	4
1325	2011-04-01 02:00:00	2	0	1	3	10.66	12.880	93	12.9980	0	7	7
1328	2011-04-01 05:00:00	2	0	1	3	9.84	11.365	93	15.0013	1	11	12
1329	2011-04-01 06:00:00	2	0	1	3	9.84	11.365	93	15.0013	2	26	28
...	...	...	...	...	...	...	...	...	...	...	...	...
10881	2012-12-19 19:00:00	4	0	1	1	15.58	19.695	50	26.0027	7	329	336
10882	2012-12-19 20:00:00	4	0	1	1	14.76	17.425	57	15.0013	10	231	241
10883	2012-12-19 21:00:00	4	0	1	1	13.94	15.910	61	15.0013	4	164	168
10884	2012-12-19 22:00:00	4	0	1	1	13.94	17.425	61	6.0032	12	117	129
10885	2012-12-19 23:00:00	4	0	1	1	13.12	16.665	66	8.9981	4	84	88

▲ 그림 5 loc을 이용한 행 선택 복합 조건

여기서 &는 and의 의미로 사용됩니다. or를 표현하는 기호로는 |가 있습니다 (한국어 키보드의 shift + ₩). 참고로, 위의 코드는 아래처럼 사용할 수도 있습니다. not을 뜻하는 ~를 이용하였는데, 위 예시 코드처럼 간단한 경우는 != 연산자를 이용하는 경우가 더 편하지만 아래처럼 ~를 이용하는 코드도 보다 복잡한 쿼리문에서 유용할 때가 있어 알아 두시는 게 좋습니다.

Dataframe의 열 및 행 선택 (ch1-2.py)

```
df.loc[~(df['season'] == 1) & ~(df['weather'] == 2)]
```

select_dtypes을 이용한 열 선택

Pandas를 이용해 대용량의 데이터를 다루다 보면 하나의 dataframe 내에 각 열이 다양한 종류를 가지는 경우가 대부분입니다. 특정 데이터셋에서 각 변수들이 어떻게 분포하고, 어떤 값을 가지는지 등을 확인하여 추후 분석 방향을 가늠하는 탐색적 데이터 분석 (EDA) 과정에서 각 변수가 연속형 인지 범주형 인지에 따라 사용하는 분석 및 시각화 방법이 약간씩 다릅니다. 이러한 경우에 select_dtypes 메서드를 이용하면 특정 데이터타입을 필터링할 수 있어서 매우 편리합니다.

우선 위 예시에서 사용한 bike_rentals 데이터셋의 구조를 살펴보겠습니다. info 메서드를 사용하면 dataframe의 열, 행의 개수, 데이터 타입, 메모리 사용량 등을 살펴볼 수 있습니다.

select_dtypes을 이용한 열 선택 (ch1-3.py)

```python
df = pd.read_csv('./datasets/bike_rentals/bike_rentals.csv')
df.info()
```

```
<class 'pandas.core.frame.DataFrame'>
RangeIndex: 10886 entries, 0 to 10885
Data columns (total 12 columns):
 #   Column      Non-Null Count  Dtype
---  ------      --------------  -----
 0   datetime    10886 non-null  object
 1   season      10886 non-null  int64
 2   holiday     10886 non-null  int64
 3   workingday  10886 non-null  int64
 4   weather     10886 non-null  int64
 5   temp        10886 non-null  float64
 6   atemp       10886 non-null  float64
 7   humidity    10886 non-null  int64
 8   windspeed   10886 non-null  float64
 9   casual      10886 non-null  int64
 10  registered  10886 non-null  int64
 11  count       10886 non-null  int64
dtypes: float64(3), int64(8), object(1)
memory usage: 1020.7+ KB
```

bike_rentals 데이터셋은 object형 변수 1개, int64형 변수 8개, float64형 변수 3개로 이루어져 있는 것을 확인했습니다. 이제 select_dtypes 메서드를 사용하여 int형 변수만 선택해 보겠습니다.

select_dtypes을 이용한 열 선택 (ch1-3.py)

```
df.select_dtypes(include='int')
```

	season	holiday	workingday	weather	humidity	casual	registered	count
0	1	0	0	1	81	3	13	16
1	1	0	0	1	80	8	32	40
2	1	0	0	1	80	5	27	32
3	1	0	0	1	75	3	10	13
4	1	0	0	1	75	0	1	1
...	...	...	...	...	...	...	...	...
10881	4	0	1	1	50	7	329	336
10882	4	0	1	1	57	10	231	241
10883	4	0	1	1	61	4	164	168
10884	4	0	1	1	61	12	117	129
10885	4	0	1	1	66	4	84	88

▲ 그림 6 select_dtypes 메서드를 이용한 열 선택, include

위 그림과 같이 앞서 info 메서드로 살펴봤던 int형 변수들만 올바르게 선택된 것을 확인할 수 있습니다. select_dtypes 메서드는 특정 데이터 타입을 제외한 나머지 인자들만 선택할 수도 있습니다. 앞의 코드는 int형 데이터 타입만 선택하기 위하여 include 인자에 "int"를 입력했는데, int형을 제외한 나머지 모든 변수들을 가지는 열만 선택하고 싶다면 exclude 인자에 "int"를 전달하면 됩니다.

select_dtypes을 이용한 열 선택 (ch1-3.py)

```
df.select_dtypes(exclude='int')
```

	datetime	temp	atemp	windspeed
0	2011-01-01 00:00:00	9.84	14.395	0.0000
1	2011-01-01 01:00:00	9.02	13.635	0.0000
2	2011-01-01 02:00:00	9.02	13.635	0.0000
3	2011-01-01 03:00:00	9.84	14.395	0.0000
4	2011-01-01 04:00:00	9.84	14.395	0.0000
...	...	...	...	...
10881	2012-12-19 19:00:00	15.58	19.695	26.0027
10882	2012-12-19 20:00:00	14.76	17.425	15.0013
10883	2012-12-19 21:00:00	13.94	15.910	15.0013
10884	2012-12-19 22:00:00	13.94	17.425	6.0032
10885	2012-12-19 23:00:00	13.12	16.665	8.9981

▲ 그림 7 select_dtype 메서드를 이용한 열 선택, exclude

filter 메서드를 이용한 행과 열 선택

　Pandas dataframe의 행과 열을 보다 유연하게 선택할 수 있는 방법으로 filter 메서드를 이용할 수 있습니다. filter 메서드는 loc과 비슷한 방법으로 행 혹은 열을 선택할 수 있는 items 인자, 행 또는 열 이름의 일부만 가지고 필터링 할 수 있는 like 인자, 정규표현식을 이용하여 행 또는 열을 필터링 할 수 있는 regex 인자가 있습니다. filter 메서드는 행 혹은 열에 대해 필터링이 가능한데, 이 때 행과 열을 선택하는 인자로 axis가 있습니다. 앞서 행은 axis=0이고, 열은 axis=1이라고 설명 드렸는데, 아래 예시에서 그 활용법을 직접 확인하시기 바랍니다.

　우선 앞서 사용한 bike_rentals 데이터셋에서 datetime 열을 인덱스로 설정하도록 하겠습니다. 원본 데이터셋은 0부터 1씩 증가하는 인덱스를 가지고 있는데, filter 메서드의 like 조건을 활용해 보기 위해 set_index 메서드를 이용하여 datetime 열을 인덱스로 설정하였습니다.

---

filter 메서드를 이용한 행과 열 선택 (ch1-4.py)

```
df = pd.read_csv('./datasets/bike_rentals/bike_rentals.csv')
df = df.set_index('datetime')
```

---

　datetime을 인덱스로 설정한 bike_rentals 데이터셋은 인덱스가 2011-01-01 00:00:00에서 시작하여 1시간 단위로 증가하는 형태를 보이고 있습니다. 여기서 filter 메서드를 사용하여 인덱스에 00:00:00을 포함하는 (시간이 00:00:00 인 데이터만) 행만 필터링 해보도록 하겠습니다. '날짜 시:분:초' 형태로 이루어진 형태의 인덱스에서 00:00:00을 포함하는 인덱스만 선택하기 위해서는 filter 메서드의 like 인자를 사용하여 '00:00:00'을 포함한 행만 선택하면 됩니다. 행에 대해서 필터링을 하는 것이므로 axis 인자에 0을 전달합니다.

---

filter 메서드를 이용한 행과 열 선택 (ch1-4.py)

```
df.filter(like='00:00:00', axis=0)
```

datetime	season	holiday	workingday	weather	temp	atemp	humidity	windspeed	casual	registered	count
2011-01-01 00:00:00	1	0	0	1	9.84	14.395	81	0.0000	3	13	16
2011-01-02 00:00:00	1	0	0	2	18.86	22.725	88	19.9995	4	13	17
2011-01-03 00:00:00	1	0	1	1	9.02	9.850	44	23.9994	0	5	5
2011-01-04 00:00:00	1	0	1	1	6.56	9.090	55	7.0015	0	5	5
2011-01-05 00:00:00	1	0	1	1	8.20	12.880	64	0.0000	0	6	6
...	...	...	...	...	...	...	...	...	...	...	...
2012-12-15 00:00:00	4	0	0	1	12.30	16.665	70	0.0000	4	90	94
2012-12-16 00:00:00	4	0	0	2	14.76	18.940	62	0.0000	8	102	110
2012-12-17 00:00:00	4	0	1	2	15.58	19.695	87	0.0000	2	26	28
2012-12-18 00:00:00	4	0	1	2	18.04	21.970	94	8.9981	0	18	18
2012-12-19 00:00:00	4	0	1	1	12.30	15.910	61	0.0000	6	35	41

455 rows × 11 columns

▲ 그림 8 filter 메서드의 like 인자를 사용한 행 선택

items 인자를 이용하면 전달된 인자에 포함된 행 또는 열만 필터링 됩니다. 아래는 humidty 와 windspeed 열만 필터링하는 코드입니다. filter 메서드의 axis 인자의 기본값은 1이기에 열을 선택할 때에는 axis 인자를 따로 명시하지 않아도 됩니다.

filter 메서드를 이용한 행과 열 선택 (ch1-4.py)

```
df.filter(items=['humidity', 'windspeed'])
```

정규 표현식을 사용하여 행 혹은 열을 선택할 때에는 filter 메서드에 regex 인자를 전달하면 됩니다. 여기서는 열 이름 중에 'in'과 's' 사이에 임의의 한 문자를 지니는 열을 필터링 해보겠습니다. 이 때 regex 인자에 'in.s'를 전달하면 됩니다. 여기서 in과 s 사이의 "."은 숫자와 알파벳 등을 포함한 임의의 문자 1개를 뜻합니다. 정규표현식은 별도의 절로 뒤에서 다시 자세히 설명하도록 하겠습니다. 아래처럼 코드를 입력하면 조건에 부합하는 열 "windspeed"가 선택되게 됩니다.

filter 메서드를 이용한 행과 열 선택 (ch1-4.py)

```
df.filter(regex='in.s')
```

datetime	windspeed
2011-01-01 00:00:00	0.0000
2011-01-01 01:00:00	0.0000
2011-01-01 02:00:00	0.0000
2011-01-01 03:00:00	0.0000
2011-01-01 04:00:00	0.0000
...	...
2012-12-19 19:00:00	26.0027
2012-12-19 20:00:00	15.0013
2012-12-19 21:00:00	15.0013
2012-12-19 22:00:00	6.0032
2012-12-19 23:00:00	8.9981

▲ 그림 9 filter 메서드를 이용한 정규표현식 필터링

rename을 사용한 행, 열 이름 변경

Pandas를 통해 데이터를 살펴보다 보면 인덱스의 이름이나 열의 이름을 변경하고 싶을 때가 종종 있습니다. 예를 들면, 웹에서 가져온 데이터의 인덱스나 열 이름이 복잡하여 보다 간단히 변경하고자 할 때에나, 병합하고자 하는 두 dataframe에서 열 이름이 중복되어 병합 과정에서 열 이름이 임의로 변경되는 것을 방지하고자 할 때입니다. 이 때에는 rename 메서드를 사용하여 간단하게 인덱스나 열 이름을 변경할 수 있습니다.

rename 메서드에 {"변경 대상 인덱스나 열 이름" : "변경하고자 하는 이름"} 와 같이 사전 형태로 변경 대상과 변경 하고자 하는 이름을 전달하고, 인덱스를 변경하는 것이라면 axis=0, 열 이름을 변경하는 것이라면 axis=1을 전달하면 됩니다. 이 때 axis 인자의 default 값은 0이지만, 인덱스를 변경하고자 할 때에도 습관적으로 axis=0 인자를 전달하는 것이 코드의 유지보수나 다른 사람과의 협업 측면에서 도움이 됩니다.

아래 코드를 이용하여 bike_rentals dataframe의 "registered" 열의 이름을 "resgistered_user"로, "casual"을 "unregistered_user"로 변경해 보겠습니다.

---

rename을 사용한 행, 열 이름 변경 (ch1-5.py)

```
df = pd.read_csv('./datasets/bike_rentals/bike_rentals.csv')
df.rename(
    {'registered':'registered_user',
     'casual':'unregistered_user'},
    axis=1
)
```

datetime	season	holiday	workingday	weather	temp	atemp	humidity	windspeed	unregistered_user	registered_user	count
2011-01-01 00:00:00	1	0	0	1	9.84	14.395	81	0.0000	3	13	16
2011-01-01 01:00:00	1	0	0	1	9.02	13.635	80	0.0000	8	32	40
2011-01-01 02:00:00	1	0	0	1	9.02	13.635	80	0.0000	5	27	32
2011-01-01 03:00:00	1	0	0	1	9.84	14.395	75	0.0000	3	10	13
2011-01-01 04:00:00	1	0	0	1	9.84	14.395	75	0.0000	0	1	1
...	...	...	...	...	...	...	...	...	...	...	...
2012-12-19 19:00:00	4	0	1	1	15.58	19.695	50	26.0027	7	329	336
2012-12-19 20:00:00	4	0	1	1	14.76	17.425	57	15.0013	10	231	241
2012-12-19 21:00:00	4	0	1	1	13.94	15.910	61	15.0013	4	164	168
2012-12-19 22:00:00	4	0	1	1	13.94	17.425	61	6.0032	12	117	129
2012-12-19 23:00:00	4	0	1	1	13.12	16.665	66	8.9981	4	84	88

▲ 그림 10 rename 메서드를 이용한 인덱스와 열 이름 변경

axis 인자를 사용하고 싶지 않다면 변경 대상과 변경하고자 하는 이름이 포함된 딕셔녀리를 index 인자 (인덱스의 이름을 변경하고자 할 때) 혹은 columns 인자에 (열 이름을 변경하자 할 때) 전달하면 됩니다. 아래 코드는 위의 코드와 동일한 결과를 얻습니다.

rename을 사용한 행, 열 이름 변경 (ch1-5.py)

```
df.rename(
    columns={'registered':'registered_user',
            'casual':'unregistered_user'}
)
```

데이터 파악의 기본이 되는 info, describe, value_counts, unique 메서드

파이썬을 통해 처음 보는 데이터를 분석하고자 할 때에 제일 먼저 해야 할 일은 데이터를 불러오는 것입니다. 그 다음으로 중요한 것은 무엇일까요? 바로 불러온 데이터를 파악하는 일입니다. 이 때 사용할 수 있는 메서드가 info, describe, value_counts 등입니다. 예시와 함께 이들 메서드를 소개하도록 하겠습니다. 우선 bookings 데이터셋을 불러온 후 info 메서드를 적용해 보도록 하겠습니다. bookings 데이터셋은 유명 호텔 예약 사이트인 bookings.com의 일부 호텔들에 대한 이름, 평점, 위치 등을 포함하고 있습니다.

데이터를 파악하는 데에 기본이 되는 info, describe, value_counts, unique 메서드 (ch1-6.py)

```
df = pd.read_csv('./datasets/bookings/bookings.csv')
df.info()
```

```
<class 'pandas.core.frame.DataFrame'>
RangeIndex: 525 entries, 0 to 524
Data columns (total 5 columns):
 #   Column        Non-Null Count   Dtype
---  ------        --------------   -----
 0   Hotel_Name    525 non-null     object
 1   Review        325 non-null     object
 2   Total_Review  325 non-null     object
 3   Rating        315 non-null     float64
 4   Location      525 non-null     object
dtypes: float64(1), object(4)
memory usage: 20.6+ KB
```

bookings 데이터셋을 df 변수로 불러왔고, df 변수에 대해 info 메서드를 호출했습니다. 그 결과를 하나씩 살펴보도록 하겠습니다. 우선 RangeIndex: 525 entries, 0 to 524를 통해서 이 데이터셋의 인덱스가 0부터 524까지 총 525개의 인덱스를 가지는, 즉 525개의 행을 가지는 데이터셋인 것을 알 수 있습니다. 다음으로는 아래에는 각 열들에 대한 정보를 나타내고 있습니다. 열의 이름, 각 열별로 결측치가 아닌 데이터의 개수, 각 열의 데이터 타입을 보여주고 있습니다. 0번째 열인 "Hotel_name"과 4번째 "Location" 열은 결측치가 하나도 없지만, 1~3번째 열은 각각 325, 325, 315개의 결측치가 아닌 데이터를 가지고 있다고 나오므로, 해당 열들에 대해 결측치를 어떻게 처리해야 할지 고려해야 할 것입니다. 마지막으로 해당 데이터셋의 메모리 사용량을 "memory usage"로 보여줍니다.

지금까지 info 메서드를 통해 데이터셋의 개략적인 정보를 얻었으니, 다음으로는 describe 메서드를 호출해 보도록 하겠습니다.

데이터를 파악하는 데에 기본이 되는 info, describe, value_counts, unique 메서드 (ch1-6.py)

```
df.describe()
```

```
        Rating
count   315.0
mean    7.883492063492064
std     0.8851826230844667
min     1.0
25%     7.5
50%     8.0
75%     8.4
max     10.0
```

위 결과에서 확인할 수 있듯이 describe 메서드는 int나 float과 같은 수치형 변수들에 대해서 데이터의 개수, 평균, 표준편차, 최대/최소, 사분위수와 같은 요약 통계량을 표시해 줍니다. 앞서 info 메서드를 통해 bookings 데이터셋을 살펴보았을 때 "Rating" 열만 데이터 타입이 float형이고 나머지는 object형이기 때문에 해당 데이터셋에 대해 describe 메서드를 호출하면 "Rating" 열에 대해서만 요약 통계량을 제공합니다. describe 메서드를 통해 해당 데이터셋에서 수치형 변수들에 대해 요약 통계량을 파악함으로써 데이터의 분포가 어떻게 되는지 대략적으로 파악할 수 있습니다.

describe 메서드를 호출할 때 include 인자에 "object"를 전달하면 범주형 데이터에 대해서도 describe 메서드를 호출할 수 있습니다. 이 때 결과는 결측치가 아닌 데이터의 개수, 고유값의 개수, 최빈값, 최빈값의 빈도수입니다. 아래 코드는 booking 데이터셋의 범주형 변수에 대한 describe 메서드 호출 결과입니다.

데이터를 파악하는 데에 기본이 되는 info, describe, value_counts, unique 메서드 (ch1-6.py)

```
df.describe(include='object')
```

	Hotel_Name	Review	Total_Review	Location
count	525	325	325	525
unique	498	8	255	25
top	Oakwood Residence Midtown East	Very good	1 review	Manhattan
freq	2	117	5	112

▲ 그림 11 bookings 데이터셋의 범주형 변수에 대한 describe 메서드 호출 결과

만약 범주형 변수와 연속형 변수 모두 포함하여 describe 메서드를 호출하고자 한다면 include 인자에 "all"을 전달하면 됩니다.

다음으로는 주로 범주형 변수에 유용하게 사용할 수 있는 value_counts와 unique 메서드입니다. value_counts 메서드는 특정 범주형 변수에서 모든 고유값을 구하고, 그 고유값들이 나타나는 빈도수를 반환합니다. bookings 데이터셋의 "Review" 열에 대해 value_counts 메서드를 호출해 보겠습니다.

데이터를 파악하는 데에 기본이 되는 info, describe, value_counts, unique 메서드 (ch1-6.py)

```
df['Review'].value_counts()


Review
Very good       117
Good            116
Review score     31
Fabulous         30
Superb           16
Superb 9.0        8
Exceptional       5
Exceptional 10    2
Name: count, dtype: int64
```

그 결과, "Review" 열에는 "Very good", "Good", "Review score", "Fabulous", "Superb", "Superb 9.0", "Exceptional", "Exceptional 10"이라는 고유값들이 있고, 각각 117, 116, 31, 30, 16, 8, 54, 2번 반복되어 나타난 것을 확인할 수 있습니다. 그런데, 각 고유값들을 살펴보니 "Superb"과 "Superb 9.0", "Exceptional"과 "Exceptional 10"은 서로 비슷해 보이지만 값이 틀리기 때문에 각각 구분하여 카운트된 것을 확인할 수 있습니다. 여기서는 각각이 서로 동일하다고 가정하고, "Superb 9.0"를 "Superb"로, "Exceptional 10"을 "Exceptional"로 변경하도록 하겠습니다. 실무에서는 다루는 데이터셋에 대한 배경 지식을 좀 더 자세히 살펴본 후, 비슷한 이름을 가진 값들을 통합하여도 데이터를 분석하는데 큰 문제가 없을 지 보다 신중하게 따져 보는 것이 좋습니다.

데이터를 파악하는 데에 기본이 되는 info, describe, value_counts, unique 메서드 (ch1-6.py)

```
df.loc[df['Review'] == "Superb 9.0", "Review"] = "Superb "
df.loc[df['Review'] == "Exceptional 10", "Review"] = "Exceptional "

df['Review'].value_counts()
```

```
Review
Very good        117
Good             116
Review score      31
Fabulous          30
Superb            24
Exceptional        7
Name: count, dtype: int64
```

변경 후 다시 value_counts 메서드를 실행해 보니 "Superb 9.0"이 "Superb"로, "Exceptional 10"이 "Exceptional"로 잘 통합된 것을 확인할 수 있습니다.

다음으로는 unique 메서드입니다. value_counts 메서드는 특정 열의 고유값을 구하고, 그 값들에 대한 빈도수를 반환하였지만, unique 메서드는 특정 열의 고유값만 반환합니다. bookings 데이터셋의 "Total_Review" 열에 대해 unique 메서드를 적용해 보도록 하겠습니다.

데이터를 파악하는 데에 기본이 되는 info, describe, value_counts, unique 메서드 (ch1-6.py)

```python
df['Total_Review'].unique()
```

```
array(['28', '52', '2,870', '975', '13,951', '8,044', '16,148', '343',
       '6,038', '2,028', '9,659', '4,435', '7,298', '11,455', '2,802',
       '1,847', '2,189', '703', '1,382', '4,646', '951', '4,498', '1,475',
       '6,245', '5,866', '959', '1,876', '848', '3,097', '3,477', '1,648',
       '46', '2,289', '148', '664', '1,867', '1,067', '130', '920',
       '2,560', '3,878', '1,698', '719', '7,585', '1,180', '2,035',
       '6,144', '638', '9,240', '3,907', '3,128', '2,383', '833', '558',
       '3,170', '2,857', '981', '192', '1,449', '1,373', '598', '3,859',
       '3,639', '1,048', '2,859', '2,412', '749', '6,639', '1,143',
       '2,353', '3,002', '8,844', '57', '657', '2,535', '946', '1,087',
       '3,627', '844', '483', '1,078', '1,074', '1,797', '728', '415',
       '766', '523', '770', '178', '464', '647', '1,225', '562',
       '1 review', '1,188', '1,260', '4,246', '2,521', '586', '1,643',
       '1,243', '2,623', '621', '488', '607', '1,425', '1,389', '2,014',
       '1,000', '2,299', '595', '751', '159', '1,550', '1,030', '4,166',
       '1,089', nan, '663', '579', '1,864', '377', '832', '718', '1,294',
       '3,255', '495', '1,736', '1,918', '333', '234', '114', '2,620',
       '754', '1,105', '94', '1,097', '2,446', '665', '1,169', '2,717',
       '988', '1,046', '321', '317', '108', '76', '721', '1,420', '1,519',
       '49', '407', '193', '4,092', '965', '307', '2,317', '2,982',
       '3,832', '269', '1,834', '707', '425', '390', '985', '693',
       '1,218', '113', '1,122', '966', '711', '1,220', '13', '2,533',
       '233', '14', '553', '601', '532', '65 external ', '1,592', '855',
       '400', '386', '1,092', '259', '411', '865', '3,471', '723', '525',
       '943', '1,500', '325', '1,708', '230', '227', '1,778', '53',
...
       '1,195', '1,118', '1,471', '416', '173', '352', '385', '1,482',
       '22 external ', '241', '497', '117', '59', '79', '3',
       '3 external ', '379', '42', '255', '99', '212', '602', '9', '165',
       '146', '14 external ', '13 external ', '7 external ', '4 external  '], dtype=object)
```

"Total_Review" 열은 특정 호텔에 대한 총 리뷰 수를 뜻하는 열인 것으로 추측할 수 있는데, 앞서 info 메서드를 통해 살펴봤을 때 데이터 형식이 object형이었습니다. 위 unique 메서드의 결과를 살펴보니 "65 external "과 같이 숫자와 문자 및 공백이 함께 포함된 데이터가 있어 read_csv를 통해 데이터를 불러올 때 해당 열을 object로 인식한 것입니다. 이제 "Total_Review" 열에서 문자열이 포함된 데이터에서 문자열 및 공백을 제거하고, 콤마 (,)를 제거하여 해당 열을 float형으로 변경해 보도록 하겠습니다 (단순 리뷰의 수라고 한다면 float형보다 int형이 더 알맞지만, int형은 결측치를 가질 수 없으므로, float형으로 변경하도록 합니다.).

데이터를 파악하는 데에 기본이 되는 info, describe, value_counts, unique 메서드 (ch1-6.py)

```python
df['Total_Review'] = df['Total_Review'].map(lambda x: str(x).replace('external','').strip())
df['Total_Review'] = df['Total_Review'].map(lambda x: str(x).replace('review','').strip())
df['Total_Review'] = df['Total_Review'].map(lambda x: str(x).replace(',',''))
df['Total_Review'] = df['Total_Review'].astype('float')

df['Total_Review'].describe()
```

```
count      325.000000
mean      1771.630769
std       2530.013514
min          1.000000
25%        343.000000
50%        920.000000
75%       2189.000000
max      16148.000000
Name: Total_Review, dtype: float64
```

replace 메서드를 통해 "external", "review", "," 문자열을 공백으로 치환할 수 있으며, strip 메서드를 사용하여 문자열 양 쪽의 공백을 제거할 수 있습니다. 이후 describe 메서드를 적용한 결과 Total_Review 열이 float 형태로 정상 변환된 것을 확인할 수 있습니다.

결측치를 처리하는 fillna, dropna 메서드

다양한 데이터를 접하다 보면 결측치를 접하게 되는 경우가 많은데, 결측치는 데이터의 종류와 데이터에 대한 사전 지식, 결측치가 생성된 이유와 결측치의 비율 등에 따라 적절한 방법으로 처리해야 합니다. 전체 데이터 대비 결측치의 비중이 작은 경우 결측치를 해당 데이터를 대변하는 값으로 (평균, 중간값 등) 대체할 수 있습니다. 하지만, 결측치의 비중이 너무 크다면 해당 데이터를 대변하는 값조차 신뢰하기 어려울 것이므로, 결측치를 제외하고 데이터 분석을 하는 것이 보다 합리적일 것입니다.

이처럼 결측치를 특정 값으로 채우거나, 삭제할 때 사용할 수 있는 fillna, dropna 메서드에 대해 알아보도록 하겠습니다. 먼저 알아볼 fillna 메서드는 결측치를 특정 값으로 채워줍니다. 앞선 절에서 다뤘던 bookings 데이터셋을 다시 불러와서 info 메서드를 호출해 보겠습니다.

결측치를 처리하는 fillna, dropna 메서드 (ch1-7.py)

```
df = pd.read_csv('./datasets/bookings/bookings.csv')
df.info()
```

```
<class 'pandas.core.frame.DataFrame'>
RangeIndex: 525 entries, 0 to 524
Data columns (total 5 columns):
 #   Column        Non-Null Count  Dtype
---  ------        --------------  -----
 0   Hotel_Name    525 non-null    object
 1   Review        325 non-null    object
 2   Total_Review  325 non-null    object
 3   Rating        315 non-null    float64
 4   Location      525 non-null    object
dtypes: float64(1), object(4)
memory usage: 20.6+ KB
```

데이터의 길이가 525개인데 "Review", "Total_Review", "Rating" 열들은 결측값이 아닌 데이터의 개수가 325, 325, 315개뿐으로, 나머지는 모두 결측값이라는 뜻입니다. 여기서는 Rating 열의 결측값을 해당 열을 대표하는 값으로 대체하고, "Review", "Total_Review" 열에 대해서는 각 열이 결측치인 행을 삭제해 보도록 하겠습니다.

우선 bookings 데이터셋의 "Review" 열의 결측치를 해당 열의 평균값으로 대체해 보도록 하겠습니다. 평균값이나 중간값 대체는 결측치 대체를 위해 가장 많이 사용되는 값입니다. 우선 인덱스 변수에 bookings 데이터셋에서 "Review" 열이 결측치인 행의 상위 5개 인덱스를 저장해 보도록 하겠습니다.

결측치를 처리하는 fillna, dropna 메서드 (ch1-7.py)

```
index = df[df['Rating'].isna()].head(5).index
index


Index([167, 168, 169, 170, 171], dtype='int64')
```

이제 해당 열의 평균값으로 결측치를 대체해 보도록 하겠습니다.

결측치를 처리하는 fillna, dropna 메서드 (ch1-7.py)

```
df['Rating'] = df['Rating'].fillna(df['Rating'].mean())
```

bookings 데이터셋에서 아까 저장해 두었던 "Rating"열이 결측치였던 인덱스를 호출해 보도록 하겠습니다.

결측치를 처리하는 fillna, dropna 메서드 (ch1-7.py)

```
df.loc[index, 'Rating']


167    7.883492
168    7.883492
169    7.883492
170    7.883492
171    7.883492
Name: Rating, dtype: float64
```

위 결과에서 결측치였던 값이 해당 열의 평균값인 7.88로 모두 대체된 것을 확인할 수 있습니다.

fillna 메서드는 method 인자를 통해 결측치가 나타나기 이전 값이나 이후 값을 전파할 수 있습니다. 결측치를 포함하는 간단한 Pandas Series를 만들어서 확인해 보도록 하겠습니다.

결측치를 처리하는 fillna, dropna 메서드 (ch1-7.py)

```
import numpy as np
s = pd.Series([1, np.nan, np.nan,2, np.nan, 3])
s
```

```
0    1.0
1    NaN
2    NaN
3    2.0
4    NaN
5    3.0
dtype: float64
```

이 때 fillna 메서드의 method 인자에 ffill (front fill의 약자)을 전달하면 결측치 이전에 있던 값으로 결측치를 대체하게 됩니다. 아래 예시를 확인해 보겠습니다.

결측치를 처리하는 fillna, dropna 메서드 (ch1-7.py)

```
s.fillna(method='ffill')
```

```
0    1.0
1    1.0
2    1.0
3    2.0
4    2.0
5    3.0
dtype: float64
```

이전에 결측치였던 인덱스 1번, 2번의 값들이 결측치 이전 값인 인덱스 0번의 1로 대체되었고, 4번은 그 이전의 값인 2로 대체된 것을 확인할 수 있습니다. 이제 ffill 대신 bfill을 사용해보도록 하겠습니다. bfill은 back fill의 약어로, 결측치 이후에 나오는 값으로 이전 결측치를 대체할 수 있습니다.

결측치를 처리하는 fillna, dropna 메서드 (ch1-7.py)

```
s.fillna(method='bfill')
```

```
0    1.0
1    2.0
2    2.0
3    2.0
4    3.0
5    3.0
dtype: float64
```

위 결과에서 확인할 수 있듯이 인덱스 1번과 2번은 인덱스 3번에 해당하는 값인 2로 대체되었고, 인덱스 4번은 인덱스 5번의 값인 3으로 대체되었습니다.

다음으로는 결측치를 포함하는 행을 삭제하는 메서드인 dropna에 대해 알아보도록 하겠습니다. bookings 데이터셋을 불러와 dropna 메서드를 적용한 후 다시 info 메서드를 호출해 보도록 하겠습니다.

결측치를 처리하는 fillna, dropna 메서드 (ch1-7.py)

```
df = pd.read_csv('./datasets/bookings/bookings.csv')
df = df.dropna()
df.info()
```

```
<class 'pandas.core.frame.DataFrame'>
Index: 307 entries, 0 to 333
Data columns (total 5 columns):
 #   Column        Non-Null Count  Dtype
---  ------        --------------  -----
 0   Hotel_Name    307 non-null    object
 1   Review        307 non-null    object
 2   Total_Review  307 non-null    object
 3   Rating        307 non-null    float64
 4   Location      307 non-null    object
dtypes: float64(1), object(4)
memory usage: 14.4+ KB
```

앞선 절에서 bookings 데이터셋을 info 메서드를 호출하여 살펴봤을 때에는 데이터셋의 길이가 525개였는데, dropna 메서드를 적용한 후 307개로 줄어든 것을 확인할 수 있습니다. 이는 dropna 메서드가 결측치가 포함된 모든 행을 삭제했기 때문입니다.

dropna 메서드를 사용할 때 유용한 인자를 추가로 소개하도록 하겠습니다. dropna 메서드에 아무 인자도 전달하지 않으면 결측치가 포함된 모든 행을 삭제합니다. 이 때 axis 인자에 1 혹은 "columns"을 전달하면 결측치가 포함된 모든 열을 삭제할 수 있습니다. subset 인자를 사용하면 dropna 메서드를 적용할 레이블을 특정할 수 있습니다. 또한 특정 행 (또는 열)을 삭제할 때 각 행 (또는 열)을 기준으로 결측치가 아닌 값이 n개 미만일 경우에만 해당 메서드를 적용시킬 수 있는데, thresh 인자에 n을 전달하면 됩니다. 만약 특정 행 (또는 열)의 모든 값이 결측치인 경우에만 삭제하고 싶다면 how 인자에 'all'을 전달하면 됩니다.

데이터의 분위수를 구하는 quantile 메서드

연속형 수치 형태의 데이터에서 특정 분위수를 구하고자 한다면 quantile 메서드를 사용해 볼 수 있습니다. 앞선 절에서 사용했던 bookings 데이터셋을 사용해서 quantile 메서드 사용 예시를 들어 보도록 하겠습니다. 아래 코드에서 bookings 데이터셋을 불러온 후 Total_Review 열에서 문자열 데이터를 치환하여 수치형 데이터로 만들었습니다. 해당 데이터 처리 방법은 앞선 describe 메서드를 소개하는 절에서 이미 설명한 바 있습니다.

데이터의 분위수를 구하는 quantile 메서드 (ch1-8.py)

```python
df = pd.read_csv('./datasets/bookings/bookings.csv')

df['Total_Review'] = df['Total_Review'].map(lambda x: str(x).replace('external','').strip())
df['Total_Review'] = df['Total_Review'].map(lambda x: str(x).replace('review','').strip())
df['Total_Review'] = df['Total_Review'].map(lambda x: str(x).replace(',',''))
df['Total_Review'] = df['Total_Review'].astype('float')
```

이 때, Total_Review 열은 특정 호텔에 대한 총 리뷰의 수인데, 해당 열의 데이터를 최소값을 0, 최대값을 1로 하였을 때 quantile 메서드와 for 반복문을 통하여 0.2 단위로 각 분위수를 구하고, 그 값을 출력해 보도록 하겠습니다.

데이터의 분위수를 구하는 quantile 메서드 (ch1-8.py)

```python
quantile = [0, 0.2, 0.4, 0.6, 0.8, 1]

for idx in quantile:
    q = df['Total_Review'].quantile(idx, interpolation='lower')
    print(f'quantile({idx}) is {q}')
```

```
quantile(0) is 1.0
quantile(0.2) is 227.0
quantile(0.4) is 657.0
quantile(0.6) is 1169.0
quantile(0.8) is 2620.0
quantile(1) is 16148.0
```

위 결과에서 알 수 있듯이, quantile 메서드에 전달되는 인자의 값이 커질수록 높은 분위수에 해당하며, 낮은 값일수록 낮은 분위수에 해당하는 값을 반환합니다.

quantile 메서드에 사용할 수 있는 유용한 인자는 interpolation가 있습니다. interpolation 인자는 분위수를 구할 때 특정 값 i와 j 사이에 구하고자 하는 분위수가 존재할 경우, 그 값을 어떻게 반환할 지를 결정하는 인자입니다. 해당 인자에 전달할 수 있는 값으로는 linear, lower, higher, nearest, midpoint가 있습니다. 디폴트 값은 linear로, 선형 내삽을 통하여 분위수를 반환합니다. lower와 higher는 i와 j 중에서 각각 작은, 큰 값을 반환하며, nearest는 i와 j 중에서 보다 가까운 값을 반환하게 됩니다. 마지막으로 midpoint는 i와 j의 중간값을 반환합니다. 위 코드의 결과에서 0.2, 0.4, 0.6, 0.8 분위수가 소수로 반환된 것을 확인할 수 있습니다. 총 리뷰 수는 정수형 값을 가져야 하는데, 이는 quantile 메서드의 interpolation 인자의 기본값이 linear로 설정되어 있기 때문입니다. 아래에서 interpolation 인자를 nearest로 전달하여 그 결과를 비교해 보세요.

데이터의 분위수를 구하는 quantile 메서드 (ch1-8.py)

```python
for idx in quantile:
    q = df['Total_Review'].quantile(idx, interpolation='nearest')
    print(f'quantile({idx}) is {q}')
```

```
quantile(0.2) is 230.0
quantile(0.4) is 663.0
quantile(0.6) is 1169.0
quantile(0.8) is 2620.0
quantile(1) is 16148.0
```

원하는 데이터만 필터링 하는 query 메서드

    Pandas dataframe에서 원하는 행만 필터링 하는 방법에는 여러 가지가 있습니다. Boolean 인덱스를 전달하는 방법, loc이나 iloc 메서드를 이용하는 방법, 그리고 query 메서드를 이용하는 방법이 있습니다. 파이썬 기초 서적에는 보통 Boolean 인덱스를 전달하는 방법과 loc이나 iloc 메서드를 이용하는 방법에 대해서 많이 다룹니다. 여기서는 또 다른 방법 중 하나인 query 메서드에 대해서 다뤄보도록 하겠습니다.

    query 메서드는 필터링할 조건을 문자열 형태의 인자로 전달하는데, Boolean 인덱스 전달 방법, loc이나 iloc 메서드를 전달하는 방법에 비해 가독성이 좋고, 여러 가지 조건을 and나 or로 동시에 적용할 때에 더욱 깔끔하게 코드를 작성할 수 있습니다. query 메서드를 살펴보기 위해 우선 데이터셋을 불러와 보도록 하겠습니다. Seaborn 라이브러리는 데이터 분석에 자주 사용되는 유용한 시각화 라이브러리로, 테스트해 볼 수 있는 여러 가지 기본 데이터셋을 제공하고 있습니다. Seaborn 라이브러리에 대해서는 3장에서 자세히 살펴보기로 하고, 이번 절에서는 seaborn 라이브러리의 penguins 데이터셋만 불러와 query 메서드에 대해 알아보도록 하겠습니다.

원하는 데이터만 필터링 하는 query 메서드 (ch1-9.py)

```python
import seaborn as sns

df = sns.load_dataset('penguins')
df.head()
```

	species	island	bill_length_mm	bill_depth_mm	flipper_length_mm	body_mass_g	sex
0	Adelie	Torgersen	39.1	18.7	181.0	3750.0	Male
1	Adelie	Torgersen	39.5	17.4	186.0	3800.0	Female
2	Adelie	Torgersen	40.3	18.0	195.0	3250.0	Female
3	Adelie	Torgersen	NaN	NaN	NaN	NaN	NaN
4	Adelie	Torgersen	36.7	19.3	193.0	3450.0	Female

▲ 그림 12 Seaborn 라이브러리를 통해 불러온 penguins 데이터셋의 맨 앞 5개 행

---

    penguins 데이터셋은 펭귄의 종과 서식지, 성별, 부리, 물갈퀴의 길이 등을 포함하고 있습니다. 이제 query 메서드를 이용해 데이터를 필터링해 보도록 하겠습니다. query 메서드는 특정 수치형 변수 (열)의 대소비교나 부등식에 관한 >, >=, <, <=, ==, !=를 사용할 수 있습니다. 이때 query 메서드의 인자에는 문자열 형태로 '(변수명) (등호나 부등호) (값)' 형태로 전달하면 됩니다. 아래 예시 코드에서는 펭귄의 부리 길이 (bill_length)가 55mm 이상인 행만 필터링 해보도록 하겠습니다.

```
df.query('bill_length_mm > 55')
```

	species	island	bill_length_mm	bill_depth_mm	flipper_length_mm	body_mass_g	sex
169	Chinstrap	Dream	58.0	17.8	181.0	3700.0	Female
215	Chinstrap	Dream	55.8	19.8	207.0	4000.0	Male
253	Gentoo	Biscoe	59.6	17.0	230.0	6050.0	Male
321	Gentoo	Biscoe	55.9	17.0	228.0	5600.0	Male
335	Gentoo	Biscoe	55.1	16.0	230.0	5850.0	Male

▲ 그림 12 penguins 데이터셋에서 query 메서드를 사용하여 부리의 길이가 55 mm 이상인 데이터만 필터링

이와 같은 결과를 아래 코드와 같이 boolean 인덱스를 전달하는 방법이나 loc 메서드를 통해서도 동일하게 얻을 수 있습니다.

```
df[df['bill_length_mm'] > 55]
```

```
df.loc[df['bill_length_mm'] > 55]
```

이번에는 부리의 길이가 55 mm 이상이면서 종이 "Gentoo"인 데이터만 필터링 해보겠습니다. 이처럼 and 혹은 or로 여러 조건을 묶을 때에는 query 인자로 전달하는 문자열에 and나 or를 중간에 삽입하여 필터링 조건을 이어 나가면 됩니다. 여기서 주의할 점은 조건식에 문자열 값이 들어가면 (이번 예시에서 Gentoo 와 같이) 문자열 값은 따로 따옴표 처리를 해야 한다는 것입니다.

```
df.query('bill_length_mm > 55 and species == "Gentoo"')
```

	species	island	bill_length_mm	bill_depth_mm	flipper_length_mm	body_mass_g	sex
253	Gentoo	Biscoe	59.6	17.0	230.0	6050.0	Male
321	Gentoo	Biscoe	55.9	17.0	228.0	5600.0	Male
335	Gentoo	Biscoe	55.1	16.0	230.0	5850.0	Male

▲ 그림 14 penguins 데이터셋에서 query 메서드를 이용한 여러 조건식의 and 연결

위 예시 코드에서 query 메서드에 전달한 문자열이 작은따옴표 (')로 시작하므로, Gentoo라는 특정 문자열 조건 값은 큰따옴표 (")로 묶어준 것을 알 수 있습니다. 만약 이렇게 문자열 조건 값을 따로 따옴표로 묶어주지 않는다면 UndefinedVariableError가 발생하게 됩니다.

query 메서드에 인자로 전달하는 조건문은 외부 변수를 참조할 수 있습니다. 이 때 문자열 내에서 변수명 앞에 @를 붙이면 외부 변수를 참조하게 됩니다. 위 예시 코드와 동일하게 query

메서드를 통해 부리의 길이가 55 mm 이상이고 Gentoo 종만 필터링해 보도록 하겠습니다. 이때 조건 값인 55와 Gentoo를 따로 변수에 저장하여 query 메서드가 해당 외부 변수들을 참조하도록 query문을 작성해 보도록 하겠습니다.

원하는 데이터만 필터링 하는 query 메서드 (ch1-9.py)

```python
length = 55
species = 'Gentoo'

df.query('bill_length_mm >= @length and species == @species')
```

	species	island	bill_length_mm	bill_depth_mm	flipper_length_mm	body_mass_g	sex
253	Gentoo	Biscoe	59.6	17.0	230.0	6050.0	Male
321	Gentoo	Biscoe	55.9	17.0	228.0	5600.0	Male
335	Gentoo	Biscoe	55.1	16.0	230.0	5850.0	Male

▲ 그림 15 penguins 데이터셋에서 외부 변수를 참조하는 query문을 통한 행 필터링

query 메서드에서 특정 문자열 값을 통해 데이터를 필터링 하고자 하는 경우, 문자열 관련 여러 메서드를 활용할 수 있습니다. 예시로는 문자열 내 특정 문자열의 일부(알파벳의 조합 등)를 포함하는지를 확인하는 contains 메서드, 특정 문자열의 일부로 시작하는지, 끝나는지 확인하는 startswith, endswith 메서드가 있습니다. 아래 예시 코드에서 우선 contains 메서드를 이용하여 island 변수의 각 데이터 값이 "oe"를 포함하는 행만 필터링 해보도록 하겠습니다. 만약 아래 코드를 실행했을 때 TypeError가 발생한다면 engine 인자에 'python'을 추가로 전달해 보시기 바랍니다.

원하는 데이터만 필터링 하는 query 메서드 (ch1-9.py)

```python
df.query('island.str.contains("oe")', engine='python')
```

	species	island	bill_length_mm	bill_depth_mm	flipper_length_mm	body_mass_g	sex
20	Adelie	Biscoe	37.8	18.3	174.0	3400.0	Female
21	Adelie	Biscoe	37.7	18.7	180.0	3600.0	Male
22	Adelie	Biscoe	35.9	19.2	189.0	3800.0	Female
23	Adelie	Biscoe	38.2	18.1	185.0	3950.0	Male
24	Adelie	Biscoe	38.8	17.2	180.0	3800.0	Male
...	...	...	...	...	...	...	...
339	Gentoo	Biscoe	NaN	NaN	NaN	NaN	NaN
340	Gentoo	Biscoe	46.8	14.3	215.0	4850.0	Female
341	Gentoo	Biscoe	50.4	15.7	222.0	5750.0	Male
342	Gentoo	Biscoe	45.2	14.8	212.0	5200.0	Female
343	Gentoo	Biscoe	49.9	16.1	213.0	5400.0	Male

▲ 그림 16 penguins 데이터셋에서 query 메서드를 사용하여 island 열에 'oe'를 포함하는 행만 필터링

contains 메서드는 각 데이터 내에서 contains 메서드에 전달한 문자열의 일부가 각 데이터 내에서의 위치와 상관없이 검색을 합니다. 이와 다르게 startswith메서드와 endswith 메서드는 각각 특정 문자열의 일부로 시작하거나 끝나는 경우만 필터링하게 됩니다. 아래에서

endswith 메서드를 사용하여 species 변수에서 e로 끝나는 데이터들만 필터링 해보도록 하겠습니다.

원하는 데이터만 필터링 하는 query 메서드 (ch1-9.py)

```python
df.query('species.str.endswith("e")', engine='python')
```

	species	island	bill_length_mm	bill_depth_mm	flipper_length_mm	body_mass_g	sex
0	Adelie	Torgersen	39.1	18.7	181.0	3750.0	Male
1	Adelie	Torgersen	39.5	17.4	186.0	3800.0	Female
2	Adelie	Torgersen	40.3	18.0	195.0	3250.0	Female
3	Adelie	Torgersen	NaN	NaN	NaN	NaN	NaN
4	Adelie	Torgersen	36.7	19.3	193.0	3450.0	Female
...	...	...	...	...	...	...	...
147	Adelie	Dream	36.6	18.4	184.0	3475.0	Female
148	Adelie	Dream	36.0	17.8	195.0	3450.0	Female
149	Adelie	Dream	37.8	18.1	193.0	3750.0	Male
150	Adelie	Dream	36.0	17.1	187.0	3700.0	Female
151	Adelie	Dream	41.5	18.5	201.0	4000.0	Male

▲ 그림 17 penguins 데이터셋에서 query 메서드를 사용하여 species 열에서 'e'로 끝나는 행만 필터링

penguins 데이터셋의 species 열에는 "e"를 포함하는 값이 Gentoo와 Adelie가 있지만, endswith 메서드는 전달된 값 "e"으로 끝나는 경우만 탐색하므로 "Gentoo"는 제외하고 "Adelie"만 검색된 것을 확인할 수 있습니다.

마지막으로, 특정 변수에서 리스트에 포함되어 있는 값들만 필터링 하는 isin을 query 메서드에 적용할 수도 있습니다. 아래 예시 코드에서는 filtering이라는 변수에 "Adelie"와 "Chinstrap"을 리스트 형으로 지정하고, penguins 데이터셋의 "species" 열에서 filtering 변수에 저장한 값들만 필터링 해보도록 하겠습니다.

원하는 데이터만 필터링 하는 query 메서드 (ch1-9.py)

```python
filtering = ["Adelie", "Chinstrap"]
df.query('species.isin(@filtering)', engine='python')
```

	species	island	bill_length_mm	bill_depth_mm	flipper_length_mm	body_mass_g	sex
0	Adelie	Torgersen	39.1	18.7	181.0	3750.0	Male
1	Adelie	Torgersen	39.5	17.4	186.0	3800.0	Female
2	Adelie	Torgersen	40.3	18.0	195.0	3250.0	Female
3	Adelie	Torgersen	NaN	NaN	NaN	NaN	NaN
4	Adelie	Torgersen	36.7	19.3	193.0	3450.0	Female
...	...	...	...	...	...	...	...
215	Chinstrap	Dream	55.8	19.8	207.0	4000.0	Male
216	Chinstrap	Dream	43.5	18.1	202.0	3400.0	Female
217	Chinstrap	Dream	49.6	18.2	193.0	3775.0	Male
218	Chinstrap	Dream	50.8	19.0	210.0	4100.0	Male
219	Chinstrap	Dream	50.2	18.7	198.0	3775.0	Female

▲ 그림 18 penguins 데이터셋에서 query 메서드를 사용하여 species 열에서 Adelie와 Chinstrap을 포함하는 행만 필터링

Pandas의 꽃, 그룹별 연산을 위한 groupby 메서드

Pandas 라이브러리의 많은 장점들 중 하나가 groupby 메서드를 이용하여 특정 변수의 그룹별 연산을 편리하게 할 수 있다는 것입니다. groupby 메서드를 이용하면 그룹별 데이터의 개수, 평균, 합계와 같은 통계적 값뿐만 아니라 임의로 정의된 함수에 대하여서도 그룹 연산을 수행할 수 있습니다.

groupby 메서드는 아래 그림과 같이 그룹별로 분리-연산-병합의 절차를 거쳐서 그룹별 연산을 진행합니다. 우선 지정한 그룹 별로 (아래 그림에서는 "Group" 열) 데이터셋을 쪼갠 후, 각 서브데이터셋마다 연산을 한 후 (아래 그림에서는 "Value" 열의 총합) 다시 나뉘었던 서브데이터들을 병합하게 됩니다. 아래에서 코드 예시를 직접 확인해 보겠습니다.

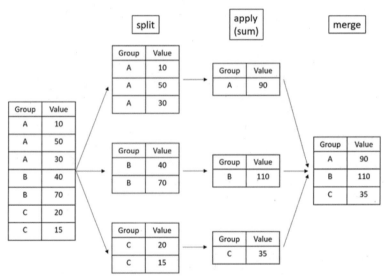

▲ 그림 19 pandas groupby 메서드의 연산 process

우선 seaborn 라이브러리의 기본 데이터셋 중 titanic 데이터셋을 불러와 보도록 하겠습니다. 해당 데이터셋은 타이타닉호 사건의 생존자 및 사망자 일부에 대한 좌석등급, 성별, 나이 등에 대한 데이터를 가지고 있습니다.

> **Pandas의 꽃, 그룹별 연산을 위한 groupby 메서드 (ch1-10.py)**

```
import seaborn as sns

df = sns.load_dataset('titanic')
df.head()
```

	survived	pclass	sex	age	sibsp	parch	fare	embarked	class	who	adult_male	deck	embark_town	alive	alone
0	0	3	male	22.0	1	0	7.2500	S	Third	man	True	NaN	Southampton	no	False
1	1	1	female	38.0	1	0	71.2833	C	First	woman	False	C	Cherbourg	yes	False
2	1	3	female	26.0	0	0	7.9250	S	Third	woman	False	NaN	Southampton	yes	True
3	1	1	female	35.0	1	0	53.1000	S	First	woman	False	C	Southampton	yes	False
4	0	3	male	35.0	0	0	8.0500	S	Third	man	True	NaN	Southampton	no	True

▲ 그림 20 titanic 데이터셋의 맨 앞 5개 행

위 데이터셋에서 "survived" 열은 생존여부를 나타내는 변수로 0이면 사망, 1이면 생존했음을 뜻합니다. 위 데이터셋에 대해 성별에 대한 생존율을 비교해 보고 싶다면 groupby 메서드를 적용해 볼 수 있습니다. 이 때 그룹으로 묶을 변수명은 "sex"가 될 것이고, 해당 그룹에 대해 연산할 항목은 "survived" 변수의 평균입니다 (사망:0, 생존:1이므로, 이들의 평균이 생존율입니다.). 이 때 groupby 인자에는 그룹할 변수명을 전달하고, 연산을 적용할 변수명과 연산의 종류는 Pandas dataframe에서 열을 선택하여 연산을 적용할 때와 동일하게 적어주면 됩니다. 아래 코드를 참고하세요.

Pandas의 꽃, 그룹별 연산을 위한 groupby 메서드 (ch1-10.py)

```
df.groupby('sex')['survived'].mean()


sex
female    0.742038
male      0.188908
Name: survived, dtype: float64
```

그룹 연산 결과 여성의 생존율이 74%로, 남성의 19%보다 훨씬 높은 것을 확인할 수 있습니다. 데이터를 좀 더 들여다보기 위해서는 성별 뿐만 아니라 좌석 등급도 동시에 그룹 해 보는 것이 좋을 것 같습니다. 이 때 그룹으로 묶을 변수가 두개 이상이라면 groupby 메서드에 리스트 형태로 그룹 할 인자를 전달하면 됩니다.

Pandas의 꽃, 그룹별 연산을 위한 groupby 메서드 (ch1-10.py)

```
df.groupby(['sex','class'])['survived'].mean()


sex     class
female  First     0.968085
        Second    0.921053
        Third     0.500000
male    First     0.368852
        Second    0.157407
        Third     0.135447
Name: survived, dtype: float64
```

결과를 확인해 보니, 좌석 등급에 따라서 일등석에 탑승한 여성 승객의 생존율이 97%로 가장 높고, 삼등석에 탑승한 여성은 50%까지 떨어지는 것을 확인할 수 있습니다. 남성 승객의 경우 일등석 생존율은 37%가량으로 높지만, 이등석과 삼등석의 생존율은 약 16%, 14%로 거의 차이가 없습니다.

위에서는 성별과 좌석 등급에 따른 승객의 생존율을 확인해 보았지만, 각 그룹별 생존율 데이터가 얼마나 많은 승객들에 대한 값인지 궁금할 수 있습니다. 이 때 groupby를 통한 그룹 연산에서 mean 메서드와 각 데이터의 크기(길이)를 구할 수 있는 count 메서드를 동시에 적용할 수 있습니다. 이 때에는 agg 메서드에 'mean'과 'count'를 리스트 형식으로 전달하면 됩니다.

Pandas의 꽃, 그룹별 연산을 위한 groupby 메서드 (ch1-10.py)

```
df.groupby(['sex','class'])['survived'].agg(['mean','count'])
```

sex	class	mean	count
female	First	0.968085	94
	Second	0.921053	76
	Third	0.500000	144
male	First	0.368852	122
	Second	0.157407	108
	Third	0.135447	347

▲ 그림 21 agg 메서드를 이용한 여러 통계치 그룹 연산

Pandas groupby에서 agg 메서드를 이용한 연산 시 함께 사용할 수 있는 통계치는 'mean', 'count', 'size', 'median', 'std', 'min', 'max' 등이 있습니다.

agg 메서드를 사용할 때 연산 대상이 되는 열 별로 연산에 사용하는 함수를 다르게 지정할 수 있습니다. 이 때 연산을 적용할 열 명과 해당하는 집계함수명을 사전 형태로 전달하면 됩니다. 아래 예시 코드에서는 성별과 좌석 등급을 그룹으로 나누고, 생존율을 평균을 통해 구하고, 각 그룹별 승객 나이의 최대값을 함께 구해보았습니다.

Pandas의 꽃, 그룹별 연산을 위한 groupby 메서드 (ch1-10.py)

```
df.groupby(['sex','class'])[['survived','age']].agg({'survived':'mean', 'age':'max'})
```

sex	class	survived	age
female	First	0.968085	63.0
	Second	0.921053	57.0
	Third	0.500000	63.0
male	First	0.368852	80.0
	Second	0.157407	70.0
	Third	0.135447	74.0

▲ 그림 22 agg 메서드를 이용한 여러 통계치 그룹 연산. 열 별로 서로 다른 집계 함수 사용하기

Pandas groupby는 apply 메서드를 이용하여 다양한 사용자 정의 함수를 그룹 연산에 사용하게 해줍니다. 아래 예시 코드에서는 titanic 데이터셋의 승객 성별과 좌석 등급 그룹별별로 데이터의 제 3사분위수 (quantile 메서드에 0.75를 대입하여 적용한 값)와 제 1사분위수의 차에 1.5배에 해당하는 값을 구해보았습니다. 이를 위하여 각 그룹별 dataframe을 받아서 원하는 값을 실수 형태로 반환하는 사용자 정의 함수 get_IQR을 정의하였습니다. 정의한 get_IQR 함수를 apply 메서드에 아래와 같이 전달하면 됩니다.

Pandas의 꽃, 그룹별 연산을 위한 groupby 메서드 (ch1-10.py)

```
def get_IQR(data):
    _3rd = data.quantile(.75)
    _1st = data.quantile(.25)
    return (np.abs(_3rd - _1st) * 1.5)

df.groupby(['sex','class'])['age'].apply(get_IQR)


sex     class
female  First    31.5000
        Second   20.6250
        Third    23.4375
male    First    31.5000
        Second   20.6250
        Third    19.5000
Name: age, dtype: float64
```

groupby와 apply 메서드를 조합하는 예시를 하나 더 들어보도록 하겠습니다. 이전 절에서 사용했던 penguins 데이터셋은 펭귄 부리의 길이, 깊이, 물갈퀴의 길이, 몸무게와 같은 수치형 변수들에 일부 결측치를 가지고 있습니다. 우선 penguins 데이터셋을 다시 불러와서 각 열들에 몇 개의 결측치가 있는지를 isna 메서드와 sum 메서드를 통해 살펴보도록 하겠습니다.

---

andas의 꽃, 그룹별 연산을 위한 groupby 메서드 (ch1-10.py)

```
df = sns.load_dataset('penguins')
df.isna().sum()


species             0
island              0
bill_length_mm      2
bill_depth_mm       2
flipper_length_mm   2
body_mass_g         2
sex                 11
dtype: int64
```

위 결과에서 알 수 있듯이, 펭귄의 부리 길이, 깊이, 물갈퀴의 길이, 몸무게 열들에 각각 2개의 결측치가 있고, 펭귄의 성별 열에 11개의 결측치가 있습니다. 이제 결측치에 펭귄의 종에 따라서 각 종의 평균 값으로 결측치를 채워보도록 하겠습니다. 이 때 "sex" 열은 범주형 변수이므로, 결측치에 평균값을 채울 수 없기 때문에 아래 예시에서는 "sex" 열의 결측치는 제외하고 나머지 수치형 열들 중 결측치를 가지는 열들에 대해서만 groupby 를 적용해 보도록 하겠습니다. 우선 펭귄의 3가지 종에 따라 결측치를 가지는 열들의 평균값을 구해보도록 하겠습니다.

Pandas의 꽃, 그룹별 연산을 위한 groupby 메서드 (ch1-10.py)

```
df.groupby('species')[['bill_length_mm','bill_depth_mm','flipper_length_mm','body_mass_g']].mean()
```

species	bill_length_mm	bill_depth_mm	flipper_length_mm	body_mass_g
Adelie	38.791391	18.346358	189.953642	3700.662252
Chinstrap	48.833824	18.420588	195.823529	3733.088235
Gentoo	47.504878	14.982114	217.186992	5076.016260

▲ 그림 23 penguins 데이터셋에서 펭귄의 각 종에 따른 펭귄 신체 사이즈의 평균

위에서 구한 평균값들을 각 열들의 결측치에 대입하기 위해서는 apply 메서드와 lambda 함수를 사용하면 됩니다. 아래 코드를 참고하세요.

Pandas의 꽃, 그룹별 연산을 위한 groupby 메서드 (ch1-10.py)

```
df.groupby('species')[['bill_length_mm','bill_depth_mm','flipper_length_mm','body_mass_g']].ap-
ply(lambda x: x.fillna(x.mean()))
```

species		bill_length_mm	bill_depth_mm	flipper_length_mm	body_mass_g
Adelie	0	39.100000	18.700000	181.000000	3750.000000
	1	39.500000	17.400000	186.000000	3800.000000
	2	40.300000	18.000000	195.000000	3250.000000
	3	38.791391	18.346358	189.953642	3700.662252
	4	36.700000	19.300000	193.000000	3450.000000
...	...	...	...	...	...
Gentoo	339	47.504878	14.982114	217.186992	5076.016260
	340	46.800000	14.300000	215.000000	4850.000000
	341	50.400000	15.700000	222.000000	5750.000000
	342	45.200000	14.800000	212.000000	5200.000000
	343	49.900000	16.100000	213.000000	5400.000000

▲ 그림 24 penguins 데이터셋에서 펭귄의 종별 신체 사이즈의 평균값으로 결측치가 대체된 결과

원본 penguins 데이터셋의 339번 인덱스를 가지는 행의 펭귄 신체 사이즈 열들의 값은 모두 결측치인데, 각 결측치가 "Gentoo" 종의 평균값으로 대체된 것을 확인할 수 있습니다. 위 예시와 같이 groupby 메서드는 결측치를 가지는 데이터셋에서 특정 변수 값의 그룹별로 결측치를 채우는 데에 유용하게 사용될 수 있습니다.

Pandas groupby 메서드를 이용하여 그룹별 연산을 적용할 때 반드시 groupby 메서드를 적용하는 데이터셋 내에 열명을 전달해야 하는 것은 아닙니다. groupby 메서드를 적용하는 데이터셋과 길이가 동일한 기준만 전달하면 됩니다. 이 때 기준이란 Pandas series, list등이 해당될 수 있습니다. 이해를 돕기 위해 우선 간단한 dataframe을 생성해 보도록 하겠습니다.

Pandas의 꽃, 그룹별 연산을 위한 groupby 메서드 (ch1-10.py)

```python
df = pd.DataFrame(
    {'group':['A','A','A','B','B'],
    'value':[1, 1, 1, 10, 10]}
)
df
```

	group	value
0	A	1
1	A	1
2	A	1
3	B	10
4	B	10

▲ 그림 25 pandas groupby 메서드의 그룹 전달 방식의 활용을 설명하기 위해 생성한 임의의 dataframe

이제 위 dataframe에서 그룹별 "value"의 합을 위에서 설명한 groupby 메서드를 통해 구해 보도록 하겠습니다.

Pandas의 꽃, 그룹별 연산을 위한 groupby 메서드 (ch1-10.py)

```python
df.groupby('group')['value'].sum()


group
A     3
B    20
Name: value, dtype: int64
```

만약 위 데이터셋에서 인덱스를 기준으로 0~1번 행과 2~4번 행을 각각의 그룹으로 하여 "value"의 합을 구하고 싶다면 어떻게 해야 할까요? 해당 데이터셋에서 0~1번 행과 2~4번 행

을 그룹으로 구분하여 줄 변수가 없는 상황입니다. 이 때에는 총 길이가 5인 (위에서 정의한 df의 길이가 5이므로) list나 Pandas series 데이터 형식으로 0~1을 같은 값으로, 2~4를 또 다른 값으로 묶어서 goupby 메서드에 전달하면 됩니다. 아래 예시 코드를 살펴보겠습니다.

Pandas의 꽃, 그룹별 연산을 위한 groupby 메서드 (ch1-10.py)

```
df.groupby([0,0,1,1,1])['value'].sum()
```

```
0     2
1    21
Name: value, dtype: int64
```

위 코드에서는 groupby 메서드의 인자에 0~1번째 행을 0이라는 값에, 2~4번째 행을 1이라는 값에 대응하도록 리스트 형태로 전달했습니다. 그 결과 쉽게 예상할 수 있는 대로 나온 것을 확인할 수 있습니다.

아래 예시 코드는 Pandas series를 groupby 메서드에 전달했습니다. 이 때 0~1번째 인덱스는 boolean 형식으로 False에, 2~4번째 인덱스의 값은 True에 대응합니다. 결과는 위 코드와 동일하므로 생략하도록 하겠습니다.

Pandas의 꽃, 그룹별 연산을 위한 groupby 메서드 (ch1-10.py)

```
s = pd.Series([False, False, True, True, True])
df.groupby(s)['value'].sum()
```

위 예시들을 통해 groupby 메서드의 인자로 전달하는 인자가 꼭 groupby 메서드를 적용하는 데이터셋 내의 변수일 필요가 없다는 것을 알 수 있습니다.

시계열 데이터의 특징

분석 대상 데이터가 시간에 따라 변화하는 특성을 가지고, 분석의 기준이 시간이 되는 경우를 넓은 의미에서 시계열 데이터라고 하는데, pandas에서 시계열 데이터 분석을 위해 자주 사용하는 몇 가지 기본적인 내용을 소개하도록 하겠습니다.

이번 절에서는 애플 사의 1980년부터 2020년까지의 주식 시가, 종가, 고가, 저가, 거래량 등을 담고 있는 APPL_price 데이터셋을 사용해 보도록 하겠습니다.

시계열 데이터의 특징 (ch1-11.py)

```
df = pd.read_csv('datasets/APPL_price/APPL_price.csv')
df.head()
```

	Date	Open	High	Low	Close	Adj Close	Volume
0	1980-12-12	0.128348	0.128906	0.128348	0.128348	0.100178	469033600
1	1980-12-15	0.122210	0.122210	0.121652	0.121652	0.094952	175884800
2	1980-12-16	0.113281	0.113281	0.112723	0.112723	0.087983	105728000
3	1980-12-17	0.115513	0.116071	0.115513	0.115513	0.090160	86441600
4	1980-12-18	0.118862	0.119420	0.118862	0.118862	0.092774	73449600

▲ 그림 26 APPL_price 데이터셋의 상위 5개 행

APPL_price 데이터셋처럼 주식 데이터는 대표적인 시계열 데이터 중 하나입니다. 이러한 시계열 데이터는 시간 변수를 dataframe의 인덱스로 설정하면 데이터 분석에 이점이 많습니다. Pandas의 to_datetime 메서드를 이용하여 "Date" 열을 datetime 데이터 형식으로 바꾼 후 인넥스로 지정하도록 하겠습니다.

시계열 데이터의 특징 (ch1-11.py)

```
df['Date'] = pd.to_datetime(df['Date'])
df = df.set_index('Date')
df.head()
```

Date	Open	High	Low	Close	Adj Close	Volume
1980-12-12	0.128348	0.128906	0.128348	0.128348	0.100178	469033600
1980-12-15	0.122210	0.122210	0.121652	0.121652	0.094952	175884800
1980-12-16	0.113281	0.113281	0.112723	0.112723	0.087983	105728000
1980-12-17	0.115513	0.116071	0.115513	0.115513	0.090160	86441600
1980-12-18	0.118862	0.119420	0.118862	0.118862	0.092774	73449600

▲ 그림 27 APPL_price 데이터셋의 index를 Date 열로 지정한 결과

이렇게 datetime 데이터 타입의 변수를 인덱스로 지정할 경우 큰 장점은 시간의 범위로 행을 슬라이싱 할 수 있다는 것입니다. 예를 들어, 위 그림에서 첫 번째 데이터는 1980년 12월 12일에 해당하는 주식 가격인데, 그 다음 데이터는 동년 12월 15일입니다. 12월 13일과 14일에 대한 데

이터가 빠져 있는데, 이는 주식 거래가 휴일에는 이루어지지 않기 때문입니다. 비록 12월 13일에 대한 데이터가 없다고 하더라도 아래 코드처럼 1980년 12월 13일부터 12월 18일까지의 데이터를 시간의 범위 형식으로 슬라이싱 할 수 있습니다. 이 때 데이터는 범위의 시작점인 12월 13일에 해당하는 데이터가 없더라도 바로 다음 데이터인 12월 15일 데이터부터 슬라이싱 됩니다.

시계열 데이터의 특징 (ch1-11.py)

```
df['1980-12-13':'1980-12-18']
```

Date	Open	High	Low	Close	Adj Close	Volume
1980-12-15	0.122210	0.122210	0.121652	0.121652	0.094952	175884800
1980-12-16	0.113281	0.113281	0.112723	0.112723	0.087983	105728000
1980-12-17	0.115513	0.116071	0.115513	0.115513	0.090160	86441600
1980-12-18	0.118862	0.119420	0.118862	0.118862	0.092774	73449600

▲ 그림 28 APPL_price 데이터셋에서 1980년 12월 13일부터 18일까지의 행 슬라이싱 결과

　APPL_price 데이터셋의 Date 열은 년-월-일 형식으로 날짜를 나타내고 있으며, 이 때 가장 작은 단위는 '일'입니다. 이처럼 datetime 데이터 형식의 인덱스를 가지는 dataframe은 보다 상위 레벨의 시간 단위로도 행을 필터링 할 수 있습니다. 예를 들어, APPL_price 데이터셋에서 2015년 2월에 해당하는 행을 필터링하고자 한다면 아래 코드와 같이 간단하게 표현할 수 있습니다.

시계열 데이터의 특징 (ch1-11.py)

```
df['2015-02':'2015-02']
```

Date	Open	High	Low	Close	Adj Close	Volume
2015-02-02	29.512501	29.792500	29.020000	29.657499	26.777473	250956400
2015-02-03	29.625000	29.772499	29.402500	29.662500	26.781982	207662800
2015-02-04	29.625000	30.127501	29.577499	29.889999	26.987389	280598800
2015-02-05	30.004999	30.057501	29.812500	29.985001	27.180010	168984800
2015-02-06	30.004999	30.062500	29.612499	29.732500	26.951132	174826400
2015-02-09	29.637501	29.959999	29.607500	29.930000	27.130157	155559200
2015-02-10	30.042500	30.537500	30.040001	30.504999	27.651367	248034000
2015-02-11	30.692499	31.230000	30.625000	31.219999	28.299484	294247200
2015-02-12	31.514999	31.870001	31.392500	31.615000	28.657528	297898000
2015-02-13	31.820000	31.820000	31.412500	31.770000	28.798038	217088800
2015-02-17	31.872499	32.220001	31.730000	31.957500	28.967993	252609600
2015-02-18	31.907499	32.195000	31.862499	32.180000	29.169676	179566800
2015-02-19	32.119999	32.257500	32.082500	32.112499	29.108494	149449600
2015-02-20	32.154999	32.375000	32.012501	32.375000	29.346434	195793600
2015-02-23	32.505001	33.250000	32.415001	33.250000	30.139582	283896400
2015-02-24	33.235001	33.400002	32.792500	33.042500	29.951496	276912400
2015-02-25	32.889999	32.900002	32.037498	32.197498	29.185539	298846800
2015-02-26	32.197498	32.717499	31.652500	32.605000	29.554924	365150000
2015-02-27	32.500000	32.642502	32.060001	32.115002	29.110762	248059200

▲ 그림 29 APPL_price 데이터셋에서 2015년 2월에 해당하는 행 필터링

시계열 데이터 그루핑을 위한 resample 메서드

앞선 절에서 사용했던 APPL_price 데이터셋은 매 주식 거래일 단위로 데이터가 나타나 있습니다. 이러한 시계열 데이터를 resample 메서드를 사용하여 다른 시간 단위로 업샘플링 혹은 다운샘플링할 수 있습니다. 아래 코드를 통해 기존 매 주식 거래일 단위로 나타나 있던 APPL_price 데이터셋을 일주일 단위로, 각 데이터 값들은 해당 일주일의 평균을 통해 나타내 보도록 다운샘플링 해보도록 하겠습니다. 이 때 resample 메서드에 샘플링 구간을 전달하는 rule 인자에 전달할 값은 7 days를 나타내는 "7d" 입니다 (rule 인자를 생략하고 아래 예시와 같이 값만 전달해도 됩니다).

시계열 데이터 그루핑을 위한 resample 메서드 (ch1-12.py)

```python
df = pd.read_csv('datasets/APPL_price/APPL_price.csv')
df['Date'] = pd.to_datetime(df['Date'])
df = df.set_index('Date')

df.resample('7d').mean()
```

Date	Open	High	Low	Close	Adj Close	Volume
1980-12-12	0.119643	0.119978	0.119420	0.119420	0.093209	182107520.0
1980-12-19	0.135324	0.135882	0.135324	0.135324	0.105623	45236800.0
1980-12-26	0.157366	0.157645	0.157087	0.157087	0.122610	63341600.0
1981-01-02	0.144755	0.144978	0.144308	0.144308	0.112636	39612160.0
1981-01-09	0.139509	0.139955	0.139174	0.130174	0.108628	19322240.0
...	...	...	...	...	...	...
2022-05-20	138.701996	142.411996	136.613998	141.072000	141.072000	108473860.0
2022-05-27	148.047501	150.837502	146.659996	149.600002	149.600002	85332900.0
2022-06-03	146.788001	148.672000	144.690003	146.166003	146.166003	70260240.0
2022-06-10	134.529999	135.915997	132.235999	133.451999	133.451999	99617240.0
2022-06-17	130.070007	133.080002	129.809998	131.559998	131.559998	134118500.0

▲ 그림 30 APPL_price 데이터셋을 일주일 단위로 다운샘플링

위 그림에서 dataframe의 인덱스가 resample 메서드의 인자로 전달한 대로 일주일 단위로 변경된 것을 확인할 수 있습니다. 이 때 각 인덱스는 다운샘플링을 하는 시간 범위의 왼쪽 (시간이 앞선) 입니다. 만약 샘플링한 후 dataframe의 인덱스를 시간 범위의 오른쪽으로 설정하고 싶다면 resample 메서드의 label 인자에 "right"를 전달하면 됩니다.

	Open	High	Low	Close	Adj Close	Volume
Date						
1980-12-19	0.119643	0.119978	0.119420	0.119420	0.093209	182107520.0
1980-12-26	0.135324	0.135882	0.135324	0.135324	0.105623	45236800.0
1981-01-02	0.157366	0.157645	0.157087	0.157087	0.122610	63341600.0
1981-01-09	0.144755	0.144978	0.144308	0.144308	0.112636	39612160.0
1981-01-16	0.139509	0.139955	0.139174	0.139174	0.108628	19322240.0
...	...	...	...	...	...	...
2022-05-27	138.701996	142.411996	136.613998	141.072000	141.072000	108473860.0
2022-06-03	148.047501	150.837502	146.659996	149.600002	149.600002	85332900.0
2022-06-10	146.788001	148.672000	144.690003	146.166003	146.166003	70260240.0
2022-06-17	134.529999	135.915997	132.235999	133.451999	133.451999	99617240.0
2022-06-24	130.070007	133.080002	129.809998	131.559998	131.559998	134118500.0

▲ 그림 31 resample 메서드를 통해 시계열 데이터를 샘플링 한 후 index를 샘플링 범위의 오른쪽으로 설정

추가로, resample 메서드를 통해 샘플링 하고자 하는 시간 범위의 양 끝 중 어떤 쪽을 포함할지를 지정할 수 있습니다. 아래 코드와 같이 resample 메서드의 closed 인자에 "left" 혹은 "right"를 전달할 수 있는데, 전달되는 쪽이 닫힌 구간 (값을 포함하는)이 됩니다. closed인자의 기본값은 "left"입니다. 단, 샘플링 구간을 지정하기 위해 전달하는 rule 인자가 "M", "A", "Q", "BM", "BA", "BQ", "W"인 경우 closed의 기본값이 "right" 입니다. rule 인자에 전달하여 자주 쓰이는 일부 offset string를 아래 표로 정리했습니다. 더 많은 예시는 pandas 공식 문서를 참고하시기 바랍니다.

Offset string	의미
B	Business day
W	주
M	Month end
MS	Month begin
BMS	Business month begin
BM	Business month end
Q	Quarter end
QS	Quarter begin

▲ 표 1 Pandas resample 메서드의 rule 인자에 전달할 수 있는 offset string 예시

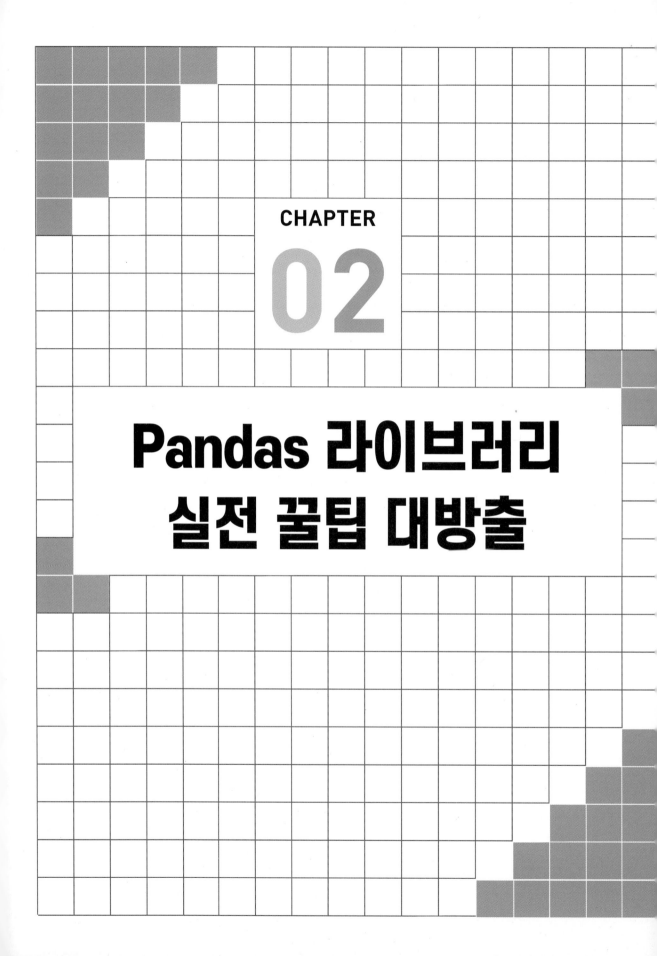

CHAPTER

02

Pandas 라이브러리 실전 꿀팁 대방출

앞서 1장에서는 Pandas 라이브러리에 대한 기본적인 내용을 소개하는 데에 초점을 맞추었다면, 이 장에서는 Pandas 라이브러리를 이용하여 데이터 분석을 분석함에 있어서 자주 사용되는 메서드들을 실무적인 관점에서 어떻게 활용 및 응용할 수 있는지를 바탕으로 데이터 분석 실무에서 유용한 다양한 팁들을 소개하고자 합니다.

데이터를 처음 만나면 하는 것들

실무에서 다양한 데이터를 처음 만날 때 마다 각 데이터의 모양, 각 변수의 형태, 값들의 분포 등을 확인하는 것이 중요합니다. 이러한 과정을 보다 전문적으로 진행하는 것을 탐색적 데이터 분석 (EDA: Exploratory Data Analysis)이라고 하는데, EDA는 데이터의 구조 및 특징을 파악한 후 데이터 분석을 깊이 진행하고 관련 통계 모델을 세우는 등 복잡한 데이터를 분석하는데 활용할 수 있습니다. 특히 EDA는 빅데이터를 분석하고 인공지능 모델을 구축하는데 널리 사용되고 있습니다. 이번 절에서는 EDA 과정에서 사용되는 몇 가지 기초적이면서도 유용한 개념들을 일부 소개하고, 이를 통하여 처음 만나는 데이터를 파악하는 과정을 간단히 소개하고자 합니다.

우선 Uber 데이터셋을 불러와 보도록 하겠습니다. 해당 데이터셋은 미국, 스리랑카, 파키스탄의 2016년 1월부터 동년 12월까지 우버 운행 기록에 대한 데이터를 포함하고 있습니다. 데이터를 불러온 후 우선 head 메서드를 이용하여 맨 앞 5개의 행을 살펴봅니다.

데이터를 처음 만나면 하는 것들 (ch2-1.py)

```python
import pandas as pd
import numpy as np

df = pd.read_csv('datasets/Uber/Uber.csv')
df.head()
```

	START_DATE*	END_DATE*	CATEGORY*	START*	STOP*	MILES*	PURPOSE*
0	1/1/2016 21:11	1/1/2016 21:17	Business	Fort Pierce	Fort Pierce	5.1	Meal/Entertain
1	1/2/2016 1:25	1/2/2016 1:37	Business	Fort Pierce	Fort Pierce	5.0	NaN
2	1/2/2016 20:25	1/2/2016 20:38	Business	Fort Pierce	Fort Pierce	4.8	Errand/Supplies
3	1/5/2016 17:31	1/5/2016 17:45	Business	Fort Pierce	Fort Pierce	4.7	Meeting
4	1/6/2016 14:42	1/6/2016 15:49	Business	Fort Pierce	West Palm Beach	63.7	Customer Visit

▲ 그림 32 Uber 데이터셋을 불러와 첫 5개 행을 살펴본 결과

각 열을 살펴보면, "START_DATE*" 열과 "END_DATE*" 열은 각 우버 택시의 운행의 시작 시간과 종료 시간을 나타내는 것으로 보입니다. "CATEGORY*" 열은 첫 다섯 개 행의 데이터가 모두 "Business"인데, 우버 택시 이용 목적을 나타내는 것으로 추정됩니다. 해당 열은 추후 다시 자세히 살펴보겠습니다. 다음으로 "START*", "STOP*" 열은 각각 우버 운행의 시작 위치와 종료 위치를 나타내는 것으로 보이고, "MILES*" 열은 총 운행거리, "PURPOSE*" 열은 "CATEGORY*" 열과 비슷하게 운행 목적으로 보이는데, 보다 다양한 값이 있는 것으로 보입니다.

다음으로 info 메서드를 이용하여 각 열의 정보와 결측값의 유무를 확인해 보겠습니다.

데이터를 처음 만나면 하는 것들 (ch2-1.py)

```
df.info()
```

```
<class 'pandas.core.frame.DataFrame'>
RangeIndex: 1156 entries, 0 to 1155
Data columns (total 7 columns):
 #   Column       Non-Null Count  Dtype
---  ------       --------------  -----
 0   START_DATE*  1156 non-null   object
 1   END_DATE*    1155 non-null   object
 2   CATEGORY*    1155 non-null   object
 3   START*       1155 non-null   object
 4   STOP*        1155 non-null   object
 5   MILES*       1156 non-null   float64
 6   PURPOSE*      653 non-null   object
dtypes: float64(1), object(6)
memory usage: 63.3+ KB
```

위 결과에서 볼 수 있듯이 Uber 데이터셋은 총 1156개의 행과 7개의 열을 가진 dataframe입니다. 그 중 첫번째 열인 "START_DATE*"와 "STOP*"까지 5개의 열에서 각각 1개씩의 결측값이 존재하는 것을 확인할 수 있습니다. "PURPOSE*"열은 총 1156개의 행 중 653개만 결측값이 아니어서, 나머지 열들보다 결측값의 비율이 훨씬 많은 것을 알 수 있습니다.

우선 "START_DATE*"와 "END_DATE*"열은 시간에 관한 데이터이므로 해당 데이터셋이 언제부터 언제까지의 데이터인지를 확인할 수 있을 것이라 생각됩니다. 우선 Pandas의 to_datetime 메서드를 이용해 "START_DATE*"와 "END_DATE*"열에 대해 데이터 형식을 datetime으로 바꾼 후, 각각 unique 메서드를 사용하여 각 열의 고유값들을 살펴보도록 하겠습니다.

```
df['START_DATE*'] = pd.to_datetime(df['START_DATE*'], errors='coerce')
df['END_DATE*'] = pd.to_datetime(df['END_DATE*'], errors='coerce')
df = df.sort_values(['START_DATE*','END_DATE*'])

df['START_DATE*'].unique()
```

```
<DatetimeArray>
['2016-01-01 21:11:00', '2016-01-02 01:25:00', '2016-01-02 20:25:00',
 '2016-01-05 17:31:00', '2016-01-06 14:42:00', '2016-01-06 17:15:00',
 '2016-01-06 17:30:00', '2016-01-07 13:27:00', '2016-01-10 08:05:00',
 '2016-01-10 12:17:00',
 ...
 '2016-12-30 11:31:00', '2016-12-30 15:41:00', '2016-12-30 16:45:00',
 '2016-12-30 23:06:00', '2016-12-31 01:07:00', '2016-12-31 13:24:00',
 '2016-12-31 15:03:00', '2016-12-31 21:32:00', '2016-12-31 22:08:00',
                'NaT']
Length: 1155, dtype: datetime64[ns]
```

위에서 to_datetime 메서드에 errors 인자로 전달한 "coerce"는 전달된 데이터에 시간 형식이 아닌 데이터가 포함되어 있을 경우, NaT로 변환되게끔 해줍니다. 위 결과에서 마지막에 NaT가 포함되어 있는데, 이는 원 데이터의 "START_DATE*"열에 시간 형식이 아닌 데이터가 포함되어 있다는 뜻입니다. 이번에는 "END_DATE*" 열을 unique 메서드를 사용하여 살펴보도록 하겠습니다.

```
df['END_DATE*'].unique()
```

```
<DatetimeArray>
['2016-01-01 21:17:00', '2016-01-02 01:37:00', '2016-01-02 20:38:00',
 '2016-01-05 17:45:00', '2016-01-06 15:49:00', '2016-01-06 17:19:00',
 '2016-01-06 17:35:00', '2016-01-07 13:33:00', '2016-01-10 08:25:00',
 '2016-01-10 12:44:00',
 ...
 '2016-12-30 11:56:00', '2016-12-30 16:03:00', '2016-12-30 17:08:00',
 '2016-12-30 23:10:00', '2016-12-31 01:14:00', '2016-12-31 13:42:00',
 '2016-12-31 15:38:00', '2016-12-31 21:50:00', '2016-12-31 23:51:00',
                'NaT']
Length: 1155, dtype: datetime64[ns]
```

앞의 결과에서 볼 수 있듯이 "START_DATE*"와 "END_DATE*"열 모두 2016년 1월 1일부터 2016년 12월 31일까지를 나타내고 있습니다. "END_DATE*"열 역시 NaT가 반환된 값이 있는 것으로 보아 "START_DATE*"열과 동일하게 시간 형식이 아닌 데이터가 있었던 모양입니다.

다음으로 "CATEGORY*" 열을 살펴보도록 하겠습니다. 해당 열을 head 메서드로 살펴보았을 때 범주형 데이터를 가졌으므로 value_counts 메서드를 통해 해당 열의 고유값과 빈도를 확인해 보겠습니다.

데이터를 처음 만나면 하는 것들 (ch2-1.py)

```
df['CATEGORY*'].value_counts()
```

```
CATEGORY*
Business    1078
Personal      77
Name: count, dtype: int64
```

"CATEGORY*" 열은 "Business"와 "Personal" 두 가지의 교유값을 가지고 있고, "Business"가 "Personal" 대비 14배 높은 빈도를 가지고 있습니다.

다음으로 "START*"열과 "STOP*"열을 살펴보겠습니다. 이 열들은 object 형태의 범주형 데이터로, value_counts 메서드를 이용하여 각 고유값들과 각 값들의 빈도를 확인해볼 수 있을 것 같습니다.

데이터를 처음 만나면 하는 것들 (ch2-1.py)

```
df['START*'].value_counts()
```

```
START*
Cary                201
Unknown Location    148
Morrisville          85
Whitebridge          68
Islamabad            57
                    ...
Florence              1
Ridgeland             1
Daytona Beach         1
Sky Lake              1
Gampaha               1
Name: count, Length: 177, dtype: int64
```

```
df['STOP*'].value_counts()
```

```
STOP*
Cary                    203
Unknown Location        149
Morrisville              84
Whitebridge              65
Islamabad                58
                        ...
Daytona Beach             1
Sand Lake Commons         1
Sky Lake                  1
Vista East                1
Ilukwatta                 1
Name: count, Length: 188, dtype: int64
```

출발 장소에 해당하는 "START*" 열과 도착 장소를 나타내는 "STOP*"열 모두 가장 높은 빈도를 가지는 장소는 "Cary" 입니다. 이를 통해 "Cary"라는 장소는 해당 데이터셋이 조사된 지역 중 가장 번화가일 것이라는 합리적 추론을 해 볼 수 있습니다. 다음으로 빈도수가 높은 값은 "Unknown Location"입니다. 앞서 info 메서드를 통해 살펴봤을 때 위 열들은 1개의 결측치를 가지는 것처럼 보였지만, 이렇게 보다 자세히 살펴봤을 때에는 "Unknown Location"이라는 결측치가 150개가량 숨어있는 것을 확인할 수 있습니다. 해당 데이터를 보다 자세하게 분석할 때에는 이러한 결측치를 어떻게 다룰 지 고심해 봐야 할 필요가 있습니다.

다음으로 "MILES*" 열입니다. 이 열은 수치형 데이터인 운행 거리를 나타내고 있는데, describe 메서드를 사용하여 해당 열을 요약해볼 수 있을 것 같습니다.

```
df['MILES*'].describe()
```

```
count    1156.000000
mean       21.115398
std       359.299007
min         0.500000
25%         2.900000
50%         6.000000
75%        10.400000
max     12204.700000
Name: MILES*, dtype: float64
```

평균 운행거리는 21.1마일인데 반해 표준편차가 359.3마일로 평균값에 비에 훨씬 높은 것을 확인할 수 있습니다. 위 열의 제3사분위수 (quantile(0.75)에 해당하는 값)가 10.4마일인데 반해 최대값은 12204.7마일로 최대값이 이상치에 해당할 만큼 큰 것을 확인할 수 있습니다. "MILES*"열의 최대값을 가지는 행이 어떤 데이터인지 확인해 볼 필요가 있습니다.

데이터를 처음 만나면 하는 것들 (ch2-1.py)

```
df[df['MILES*'] == df['MILES*'].max()]
```

	START_DATE*	END_DATE*	CATEGORY*	START*	STOP*	MILES*	PURPOSE*
1155	Totals	NaN	NaN	NaN	NaN	12204.7	NaN

▲ 그림 33 Uber 데이터셋에서 MILES*열이 최대값을 가지는 행

인덱스가 1155인 것을 보니 가장 마지막 행인데, "START_DATE*"열의 값이 "Totals"인 것을 보아 해당 행은 나머지 행들의 주행거리를 모두 합한 열인 것이라 생각됩니다. 해당 데이터셋을 분석하기 위해서는 이 행을 지우는 것이 좋아 보입니다. 해당 행을 drop 메서드를 통해 삭제한 후, 다시 describe 메서드를 확인해 보겠습니다.

데이터를 처음 만나면 하는 것들 (ch2-1.py)

```
df = df.drop(1155)
df['MILES*'].describe()


count    1155.000000
mean       10.566840
std        21.579106
min         0.500000
25%         2.900000
50%         6.000000
75%        10.400000
max       310.300000
Name: MILES*, dtype: float64
```

총계 값을 제거하기 전에 비해 평균과 표준편차가 각각 10.6, 21.6마일로 크게 줄었고 최대값이 310으로 나타나고 있습니다. 여전히 최대값이 크지만, 310이라는 값을 이상치라고 판단하기에는 그 근거가 충분하지 않으므로 해당 값을 지우기는 섣부릅니다.

다음으로 "PURPOSE*"열을 살펴보도록 하겠습니다. 해당 열도 이전에 head 메서드를 통해 살펴봤을 때 범주형 변수였으므로 value_counts 메서드를 사용해 보도록 하겠습니다.

데이터를 처음 만나면 하는 것들 (ch2-1.py)

```
df['PURPOSE*'].value_counts()
```

```
PURPOSE*
Meeting           187
Meal/Entertain    160
Errand/Supplies   128
Customer Visit    101
Temporary Site     50
Between Offices    18
Moving              4
Airport/Travel      3
Charity ($)         1
Commute             1
Name: count, dtype: int64
```

"PURPOSE*" 열에는 총 열개의 고유값이 존재하며, 가장 높은 빈도수를 가지는 상위 3개의 변수는 "Meeting", "Meal/Entertain", "Errand/Supplies"입니다. 각 빈도수의 합은 653으로 원 데이터셋에서 마지막 행을 제외한 총 길이인 1155의 절반보다 조금 큰 수입니다. 해당 열에서 결측치의 개수를 isna와 sum 메서드를 통해 구해보도록 하겠습니다. isna 메서드는 특정 값이 null 값인지 아닌지를 True/False로 반환합니다. null 값이면 True를 반환하게 되는데 이 결과를 sum 메서드를 통해 총합을 구하면 결측치의 총 개수를 구할 수 있습니다 (True는 1에 해당하므로).

데이터를 처음 만나면 하는 것들 (ch2-1.py)

```
df['PURPOSE*'].isna().sum()
```

```
502
```

위에서 결측치가 아닌 값이 653이었고 결측치가 502개이므로 둘의 합은 데이터의 길이인 1155와 동일한 것을 알 수 있습니다.

이제 Uber 데이터셋의 모든 열에 대해서 데이터의 분포 및 형태를 알아보았습니다. 이제 해당 데이터셋을 재구성해서 얻을 수 있는 정보가 있는지 확인해 볼 필요가 있습니다. 앞서 데이터셋의 각 열을 살펴본 바로는 우버를 이용하는 목적을 구분하는 "CATEGORY*" 열과 "PURPOSE*"이 있었는데, 이를 활용하여 각 이용 목적에 따른 이동거리와 ("MILES*" 열) 운행 시간 ("START_DATE*" 열과 "END_DATE*" 열을 이용하여 계산)에 대한 통계치를 확인해 볼 수 있을 것 같습니다. 이를 위해 우선 "START_DATE*" 열과 "END_DATE*" 열을 이용하여 운행 시간에 해당하는 "DURATION*" 열을 생성해 보도록 하겠습니다.

두 개의 datetime형식의 데이터에 대해 날짜/시간 차이를 구하기 위해서는 사칙연산 중 빼기를 이용할 수 있습니다. 그 결과 timedelta 형의 데이터가 반환되게 되는데, 이를 초 단위로 바꾸기 위해서 아래처럼 total_seconds 메서드를 이용할 수 있습니다. 이렇게 구한 초 단위의 운행 시간을 60으로 나눠 분 단위로 나타내 보도록 하겠습니다.

데이터를 처음 만나면 하는 것들 (ch2-1.py)

```
df['DURATION*'] = (df['END_DATE*'] - df['START_DATE*']).dt.total_seconds() / 60
df['DURATION*']


0        6.0
1       12.0
2       13.0
3       14.0
4       67.0
        ...
1150     7.0
1151    18.0
1152    35.0
1153    18.0
1154   103.0
Name: DURATION*, Length: 1155, dtype: float64
```

이제 groupby 메서드를 이용하여 각 운행 목적에 대해 운행 거리와 운행 시간에 대한 평균, 표준편차, 데이터의 개수를 구해보도록 하겠습니다.

데이터를 처음 만나면 하는 것들 (ch2-1.py)

```
df.groupby(['CATEGORY*','PURPOSE*'])[['MILES*','DURATION*']].agg(['mean','std','count'])
```

		MILES*			DURATION*		
		mean	std	count	mean	std	count
CATEGORY*	PURPOSE*						
Business	Airport/Travel	5.500000	1.852026	3	26.000000	9.848858	3
	Between Offices	10.944444	8.458913	18	25.500000	15.553513	18
	Customer Visit	20.688119	40.632891	101	33.415842	42.891087	101
	Errand/Supplies	3.968750	3.464619	128	12.976562	9.656677	128
	Meal/Entertain	5.698125	5.019690	160	16.125000	10.477739	160
	Meeting	15.247594	25.093394	187	29.737968	26.662381	187
	Temporary Site	10.474000	7.757440	50	25.860000	18.233195	50
Personal	Charity ($)	15.100000	NaN	1	27.000000	NaN	1
	Commute	180.200000	NaN	1	185.000000	NaN	1
	Moving	4.550000	1.181807	4	15.000000	4.546061	4

▲ 그림 34 Uber 데이터셋에서 운행 목적에 대해 이동 거리와 이동 시간에 대한 통계치를 계산한 결과

운행 목적이 "Business"인 경우 이동 거리가 긴 순서대로 상위 3개는 순서대로 "Customer Visit", "Meeting", "Between Offices" 입니다. 이동 시간이 긴 순서대로 상위 3개의 값은 "Customer Visit", "Meeting", "Temporary Site" 입니다. 반면 운행 목적이 "Personal"인 경우는 3개의 세부 목적이 있는데, 데이터의 개수가 각각 5개보다 적어 평균 및 표준편차에 대한 신뢰성이 높지 않을 것이라 생각됩니다. 특히, 세부 목적이 "Commute"인 경우 하나의 데이터가 있는데, 그 값이 180마일로 다른 값 대비 매우 커서 이상치로 간주하는 것을 고려할 필요가 있습니다.

추가로 원 데이터셋의 운행 거리를 앞서 구한 운행 시간과 비교해서 두 변수 간의 상관관계를 구해볼 수 있습니다. 이러한 상관관계는 시각화 라이브러리인 seaborn의 regplot을 이용해 나타내 볼 수 있는데, 자세한 시각화 방법은 다음 장에서 다룰 예정이니 여기서는 시각화 방법 자체보다는 데이터 탐색에 초점을 맞추어 따라오시기 바랍니다.

데이터를 처음 만나면 하는 것들 (ch2-1.py)

```python
import matplotlib.pyplot as plt
import seaborn as sns
from scipy.stats import linregress

df = df.dropna()
s, i, r, _, _ = linregress(df['MILES*'], df['DURATION*'])

fig, ax = plt.subplots()
sns.regplot(x='MILES*', y='DURATION*', data=df, ax=ax,
        line_kws={'label':'y={:.2f}x+{:.2f}, R^2={:.2f}'.format(s, i, r**2)})
plt.legend()
```

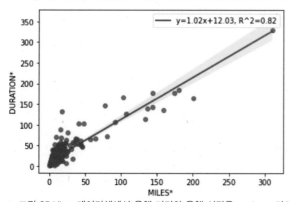

▲ 그림 35 Uber 데이터셋에서 운행 거리와 운행 시간을 seaborn 라이브러리 regplot으로 시각화

앞의 예시 코드에서 우선 scipy 라이브러리의 linregress를 이용하여 "MILES*", "DURATION*" 두 변수 간 선형 회귀의 기울기, y 절편, 피어슨 상관계수를 계산했습니다. 이때 데이터에 결측치가 있으면 선형 회귀 계산이 되지 않으므로 그 전에 dropna 메서드를 이용하여 결측치를 제거했습니다. 다음으로 seaborn 라이브러리의 regplot (regression plot의 약자)를 이용하여 두 변수를 각각 x축, y축으로 하여 선형 회귀선과 함께 시각화 하였습니다. 이때 결정계수 R^2 값이 0.82로, 두 변수는 서로 강한 상관관계를 가지고 있다고 할 수 있습니다.

지금까지 Uber 데이터셋을 이용하여 각 변수의 분포와 형태를 살펴보았고, 특정 변수의 그룹별 데이터의 통계치를 확인해 보았습니다. 추가로, 원 데이터셋의 변수들을 통해 새로운 변수(운행 시간)를 생성해 보았으며, 두 개의 수치형 변수에 대해 상관관계를 확인해 보았습니다. 이와 같이 기초적인 탐색 방법을 이용하여 실무에서 만나는 다양한 데이터셋을 파악해 볼 수 있습니다. 후속 절에서는 1장에서 배운 기초적인 내용을 바탕으로 실무에서 데이터셋을 다루는 데에 유용하게 쓰일 수 있는 여러 팁들을 알아보도록 하겠습니다.

연속 데이터를 그룹화하여 범주형 데이터로 분석하기

데이터 분석 업무를 수행함에 있어 다양한 데이터들을 만나다 보면, 연속 수치형 변수들을 특정 그룹으로 묶어서 그룹화했을 때 기존에는 보지 못했던 새로운 의미를 찾아내는 경우가 종종 있습니다. 예를 들어보기 위해 German_credit 데이터셋을 불러와 보도록 하겠습니다. 해당 데이터셋은 임의의 독일인에 대해 나이, 성별, 직업, 주택 보유 유무, 만기, 부채의 목적 및 크기 등을 나타내고 있습니다.

연속 데이터를 그룹화하여 범주형 데이터로 분석하기 (ch2-2.py)

```
df = pd.read_csv('datasets/German_credit/German_credit.csv')
df.head()
```

	Age	Sex	Job	Housing	Saving accounts	Checking account	Credit amount	Duration	Purpose
0	67	male	2	own	NaN	little	1169	6	radio/TV
1	22	female	2	own	little	moderate	5951	48	radio/TV
2	49	male	1	own	little	NaN	2096	12	education
3	45	male	2	free	little	little	7882	42	furniture/equipment
4	53	male	2	free	little	little	4870	24	car

▲ 그림 36 German_credit 데이터셋을 불러와 head 메서드를 통해 처음 5개 행을 불러온 결과

여기서 "Age" 열은 나이를 나타내는 변수로, 연속형 정수로 이루어져 있습니다. 이러한 나이 변수는 특정 나이 범위를 묶어서 그룹화하여 범주형 변수로 나타낼 수 있는 대표적인 항목입니다. 우선 describe 메서드를 사용하여 "Age" 열를 살펴보도록 하겠습니다.

연속 데이터를 그룹화하여 범주형 데이터로 분석하기 (ch2-2.py)

```
df['Age'].describe()
```

```
count    1000.000000
mean       35.546000
std        11.375469
min        19.000000
25%        27.000000
50%        33.000000
75%        42.000000
max        75.000000
Name: Age, dtype: float64
```

"Age" 열의 최소값은 19, 최대값은 75, 평균은 대략 36세입니다. 여기서는 각 나이를 10 단위로 쪼개서 그룹화 해보도록 하겠습니다. 이 때 유용한 메서드는 Pandas 라이브러리의 cut과 qcut입니다. cut 메서드는 특정 수치 범위를 일정한 길이를 가지는 n개의 구간으로 나눌 때 유용하게 사용할 수 있으며, qcut 메서드는 특정 수치 범위에 데이터가 분포해 있을 때 각 구간별로 일정한 개수의 데이터가 포함되게끔 n개의 구간으로 나눌 때 (각 구간의 길이는 일정하지 않을 수 있습니다.) 유용한 메서드입니다. 우선 cut 메서드를 사용하여 아래처럼 German_credit 데이터셋의 "Age" 변수를 8개의 구간으로 나눠보도록 하겠습니다.

연속 데이터를 그룹화하여 범주형 데이터로 분석하기 (ch2-2.py)

```
pd.cut(df['Age'], bins=8)
```

```
0        (61.0, 68.0]
1        (18.944, 26.0]
2        (47.0, 54.0]
3        (40.0, 47.0]
4        (47.0, 54.0]
              ...
995      (26.0, 33.0]
996      (33.0, 40.0]
997      (33.0, 40.0]
998      (18.944, 26.0]
999      (26.0, 33.0]
Name: Age, Length: 1000, dtype: category
Categories (8, interval[float64, right]): [(18.944, 26.0] < (26.0, 33.0] < (33.0, 40.0] < (40.0,
47.0] < (47.0, 54.0] < (54.0, 61.0] < (61.0, 68.0] < (68.0, 75.0]]
```

위 예시 코드와 같이 cut 메서드에 구간을 나눌 데이터와 bins 인자에 8을 전달한 것을 확인할 수 있습니다. 이 때 bins 인자에 정수형 값이 전달되면 해당 정수만큼의 개수로 전달받은 데이터를 구간화합니다. 위 코드 결과의 아래쪽에 8개의 category형 변수가 포함되어 있다고 나와 있습니다. 각 구간마다 몇 개의 데이터를 포함하고 있을까요? 2장에서 다루었던 groupby 메서드를 이용해 보겠습니다.

연속 데이터를 그룹화하여 범주형 데이터로 분석하기 (ch2-2.py)

```
pd.cut(df['Age'], bins=8).reset_index().groupby('Age').size()
```

```
Age
(18.944, 26.0]    240
(26.0, 33.0]      276
(33.0, 40.0]      210
(40.0, 47.0]      123
(47.0, 54.0]       72
(54.0, 61.0]       41
(61.0, 68.0]       31
(68.0, 75.0]        7
dtype: int64
```

(26, 33] 구간에 가장 많은 데이터가 분포하고 있으며, 각 구간이 포함하는 데이터의 개수는 전부 상이한 것을 확인할 수 있습니다.

만약 구간을 직접 지정하고 싶다면 cut 메서드의 bins 인자에 해당 구간을 리스트 형태로 전달하면 됩니다. 아래 예시 코드에서는 10부터 시작하여 80까지 10의 간격을 가지는 구간으로 Age 변수를 나눠보았습니다.

연속 데이터를 그룹화하여 범주형 데이터로 분석하기 (ch2-2.py)

```
bins = [10, 20, 30, 40, 50, 60, 70, 80]
pd.cut(df['Age'], bins=bins)
```

```
0      (60, 70]
1      (20, 30]
2      (40, 50]
3      (40, 50]
4      (50, 60]
         ...
995    (30, 40]
996    (30, 40]
997    (30, 40]
998    (20, 30]
999    (20, 30]
Name: Age, Length: 1000, dtype: category
Categories (7, interval[int64, right]): [(10, 20] < (20, 30] < (30, 40] < (40, 50] < (50, 60] < (60,
70] < (70, 80]]
```

위 결과에서 확인할 수 있듯이 cut 메서드는 쪼개진 각 구간에서 왼쪽을 열린 구간, 오른쪽을 닫힌 구간으로 설정합니다. 만약 구간의 왼쪽을 닫힌 구간, 오른쪽을 열린 구간으로 설정하고 싶다면 right 인자에 False를 전달하면 됩니다.

```
bins = [10, 20, 30, 40, 50, 60, 70, 80]
pd.cut(df['Age'], bins=bins, right=False)


0      [60, 70)
1      [20, 30)
2      [40, 50)
3      [40, 50)
4      [50, 60)
         ...
995    [30, 40)
996    [40, 50)
997    [30, 40)
998    [20, 30)
999    [20, 30)
Name: Age, Length: 1000, dtype: category
Categories (7, interval[int64, left]): [[10, 20) < [20, 30) < [30, 40) < [40, 50) < [50, 60) < [60,
70) < [70, 80)]
```

다음으로, qcut 메서드를 통해 똑같이 bins 인자에 8을 전달해 보도록 하겠습니다. 위에서는
cut 메서드에 8을 전달하면 각 구간의 길이가 7에 근접하게 모두 일정했습니다. 아래에서 qcut
메서드의 결과를 확인해 보겠습니다. qcut 메서드에는 bins 대신 q 인자를 전달합니다.

```
pd.qcut(df['Age'], q=8)


0      (49.125, 75.0]
1      (18.999, 24.0]
2      (42.0, 49.125]
3      (42.0, 49.125]
4      (49.125, 75.0]
            ...
995     (30.0, 33.0]
996     (36.0, 42.0]
997     (36.0, 42.0]
998    (18.999, 24.0]
999     (24.0, 27.0]
Name: Age, Length: 1000, dtype: category
Categories (8, interval[float64, right]): [(18.999, 24.0] < (24.0, 27.0] < (27.0, 30.0] < (30.0,
33.0] < (33.0, 36.0] < (36.0, 42.0] < (42.0, 49.125] < (49.125, 75.0]]
```

위 결과에서 확인할 수 있듯이 각 구간의 길이가 일정하지 않은데, 이는 각 구간별로 데이터의 개수를 동일하게 하기 위함입니다. 아래 코드를 통해 각 구간별 각각 몇 개의 데이터를 포함하는지 확인해 보도록 하겠습니다.

연속 데이터를 그룹화하여 범주형 데이터로 분석하기 (ch2-2.py)

```
pd.qcut(
    df['Age'], q=8, duplicates='drop'
).reset_index().groupby('Age').size()
```

```
Age
(18.999, 24.0]     149
(24.0, 27.0]       142
(27.0, 30.0]       120
(30.0, 33.0]       105
(33.0, 36.0]       111
(36.0, 42.0]       138
(42.0, 49.125]     110
(49.125, 75.0]     125
dtype: int64
```

분명 qcut 메서드는 각 구간별 데이터의 개수가 동일하게끔 구간을 나눈다고 설명드렸는데, 데이터의 개수가 같지 않습니다. 왜 그런걸까요? 이는 German_credit 데이터셋의 "Age" 변수가 정수형 데이터이고, 각 값마다 (나이마다) 중복되는 데이터가 많아서 각 구간별로 동일한 데이터 개수를 가지는 특정 구간으로 나눌 수 없기 때문입니다. 이처럼 qcut 메서드를 사용한다고 해도 각 구간별 데이터의 개수가 완전히 똑같지 않은 경우도 있으며, 이 때 각 구간은 구간별 데이터 개수의 편차가 가장 작은 방향으로 나눠지게 됩니다.

조건을 만족하는 최대 연속 횟수 구하기

때때로 어떤 데이터셋에서 특정 조건을 만족하는 횟수가 얼마나 연속하여 나타나는지를 고려해야 할 때가 있습니다. 예를 들어, 주식 자동 거래 시스템을 제작하는 과정에서 특정 조건이 얼마동안 연속적으로 만족했을 때 매수 혹은 매도주문을 전달할지 설정하고자 할 때, 공장의 제품 검수 시스템에서 불량품이 특정 횟수 이상 연속적으로 나왔을 때 알람을 울리도록 설정할 때 등의 경우 이번 절에서 소개할 내용이 유용하게 사용될 수 있습니다. 이번 절에서는 보다 명확한 이해를 위해 외부 데이터셋을 불러오지 않고, 아래처럼 임의로 만든 데이터셋을 사용해 보겠습니다.

조건을 만족하는 최대 연속 횟수 구하기 (ch2-3.py)

```
s = pd.Series([0, 0, 1, 1, 0, 1, 1, 1, 1, 0])
s
```

```
0    0
1    0
2    1
3    1
4    0
5    1
6    1
7    1
8    1
9    0
dtype: int64
```

위와 같이 정수형 Series 형태의 데이터셋을 만들고, 행을 따라서 1이 나타나는 반복 횟수를 구해 보도록 하겠습니다. 왜 0과 1만으로 단순한 데이터셋을 만들었을까요? 0은 False에 대응되고, 1은 True에 대응되기 때문에 실전에서 특정 조건식의 결과가 위처럼 True, False, 즉 0과 1로 나올 수 있기 때문입니다. 위에서 생성한 s 데이터셋은 결국 특정 조건에 대한 만족 여부를 순서대로 False, False, True, True, False, True, True, True, True, False처럼 나타내고 있는 것이고, 아래에서 구해 볼 1이 얼마나 연속해서 나오는지는 특정 조건을 얼마나 연속적으로 만족하는지 연속 횟수를 구하는 것과 같은 의미입니다.

우선 위에서 생성한 s 데이터셋에 cumsum 메서드를 사용하여 행을 따라 누적합을 구하여 sc라는 변수에 할당해 보도록 하겠습니다.

```
sc = s.cumsum()
sc
```

```
0    0
1    0
2    1
3    2
4    2
5    3
6    4
7    5
8    6
9    6
dtype: int64
```

위에서 구한 원 데이터 s의 누적합인 sc를 다시 원 데이터 s와 곱해보도록 하겠습니다. 그 결과 아래처럼 원 데이터가 0이 아니던 구간만 0이 아닌 값을 갖게 됩니다.

```
s.mul(sc)
```

```
0    0
1    0
2    1
3    2
4    0
5    3
6    4
7    5
8    6
9    0
dtype: int64
```

이제 diff 메서드를 사용하여 원 데이터를 한 칸씩 아래로 shift 시켜 원 데이터에서 빼도록 하겠습니다.

```
s.mul(sc).diff()
```

```
0    NaN
1    0.0
2    1.0
3    1.0
4   -2.0
5    3.0
6    1.0
7    1.0
8    1.0
9   -6.0
dtype: float64
```

위 결과에서 음수는 연속되어 나타난 1이 끝났음을 뜻합니다. 이제 위 결과에서 음수만 남기고 모두 NaN으로 만든 다음, 남은 음수 값을 ffill 메서드를 사용하여 아래쪽으로 전파해 보도록 하겠습니다.

```
s.mul(sc).diff().where(lambda x: x<0)
```

```
0    NaN
1    NaN
2    NaN
3    NaN
4   -2.0
5    NaN
6    NaN
7    NaN
8    NaN
9   -6.0
dtype: float64
```

```
s.mul(sc).diff().where(lambda x: x<0).ffill()
```

```
0    NaN
1    NaN
2    NaN
3    NaN
4   -2.0
5   -2.0
6   -2.0
7   -2.0
8   -2.0
9   -6.0
dtype: float64
```

마지막으로, 위에서 구한 값을 원 데이터 s의 누적합인 sc와 더해보도록 하겠습니다. 이 때 NaN 값은 모두 0으로 치환합니다.

조건을 만족하는 최대 연속 횟수 구하기 (ch2-3.py)

```
s.mul(sc).diff().where(lambda x: x<0).ffill().add(sc, fill_value=0)
```

```
0    0.0
1    0.0
2    1.0
3    2.0
4    0.0
5    1.0
6    2.0
7    3.0
8    4.0
9    0.0
dtype: float64
```

위 결과를 원 데이터인 s와 비교하여 확인해 봤을 때 원 데이터에서 1이 연속해서 나올 때 마다 값이 1씩 더해지며 늘어나고, 1의 연속이 중단되면 값이 0으로 초기화되는 것을 확인할 수 있습니다. 앞서 설명했듯이 s 변수를 사용자가 임의로 정의한 특정 조건을 만족하는지 여부를 True, False 형태로 나타낸 것과 동일하다고 생각하면, 이를 다양한 경우에서 활용할 수 있을 것입니다.

앞서 설명한 바 있는 APPL_price 데이터셋을 불러와서 예를 하나 들어보도록 하겠습니다. 해당 데이터셋은 1980년 12월부터 2022년 6월까지 애플 사의 주식 가격을 나타낸 데이터입니다. 해당 데이터에서 애플의 종가 기준 주식가격이 연속적으로 175불 이상이었던 주식거래일 기준 날짜들 중 가장 긴 연속일을 구해보도록 하겠습니다.

조건을 만족하는 최대 연속 횟수 구하기 (ch2-3.py)

```python
df = pd.read_csv('datasets/APPL_price/APPL_price.csv')
s = df['Close'] > 175
s.sum()
```

```
22
```

우선 위 결과를 통해 애플의 종가 기준 주식가격이 175불인 날짜는 연속을 고려하지 않고 총 22일 인 것을 확인할 수 있습니다. 이제 위에서 배웠던 메서드들을 이용하여 종가가 연속적으로 175불인 주식거래일 중 가장 긴 연속일을 구해보도록 하겠습니다.

조건을 만족하는 최대 연속 횟수 구하기 (ch2-3.py)

```python
sc = s.cumsum()
s.mul(sc).diff().where(lambda x: x<0).ffill().add(sc, fill_value=0).max()
```

```
9.0
```

위에서 볼 수 있듯이 가장 마지막에 max 메서드를 사용함으로써 가장 긴 연속일을 구할 수 있습니다. 위 결과를 종합하여, APPL_price 데이터셋에서 애플의 종가가 175불 이상이었던 날은 총 22일이며, 그 중 연속적으로 175불 이상이었던 주식거래일 중 가장 긴 연속은 9일인 것을 확인할 수 있습니다.

이상치를 다루는 방법: clip, quantile 메서드

이상치 제거는 데이터를 분석하기 위해 데이터를 정제하는 과정에서 매우 중요한 단계입니다. 이상치의 존재는 해당 데이터를 이용한 통계 분석에 큰 영향을 끼칠 수 있고, 분석 결과에 왜곡을 일으킬 수 있기 때문입니다. 데이터를 처음 접했을 때 각 변수 (열)들에 대해 반드시 탐색적 데이터 분석 단계를 수행하여 이상치가 존재한다면 제거하거나 다른 값으로 대체하는 것을 고려해 봐야 합니다. 이번 절에서는 이상치를 포함한 데이터를 살펴보고 이상치를 제거하거나 다른 값으로 대체하는 방법에 대해서 설명하고자 합니다.

우선 weight_height 데이터셋을 불러와 보도록 하겠습니다. 이 데이터셋은 임의의 사람의 성별, 키, 몸무게가 나와 있는 데이터셋입니다. 우선 describe 메서드를 사용하여 해당 데이터셋을 탐색해 보도록 하겠습니다.

이상치를 다루는 방법: clip, quantile 메서드 (ch2-4.py)

```python
df = pd.read_csv('datasets/weight_height/weight_height.csv')
df.describe()
```

	Height	Weight
count	10000.000000	10000.000000
mean	66.367560	161.452378
std	3.847528	32.171523
min	54.263133	64.700127
25%	63.505620	135.818051
50%	66.318070	161.212928
75%	69.174262	187.169525
max	78.998742	390.200000

▲ 그림 37 weight_height 데이터셋을 불러와 describe 메서드를 적용한 결과

Weight 변수를 살펴보면, 평균값이 161.5 정도이고, 표준편차가 32.2입니다. 그런데 최대값이 390.2인데, 이는 평균에서 표준편차의 7배가량 큰 값입니다. 조금 더 자세히 데이터를 살펴보기 위해 seaborn 라이브러리를 이용하여 해당 데이터를 x축을 "Weight"로, y축을 "Height"로 하여 산점도 그래프를 그려보도록 하겠습니다. 그래프를 그리는 보다 자세한 방법은 다음 장에 잘 소개되어 있으니, 이번 절에서는 코드를 따라 작성해 보면서 weight_height 데이터셋의 데이터가 어떤 형태로 분포되어 있는지 살펴보는 것에 집중해 보시기 바랍니다.

이상치를 다루는 방법: clip, quantile 메서드 (ch2-4.py)

```
import seaborn as sns
sns.scatterplot(x='Weight', y='Height', data=df)
```

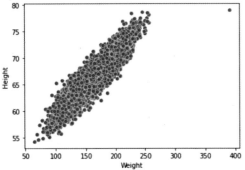

▲ 그림 38 Seaborn 라이브러리를 이용한 weight_height 데이터셋의 산점도 그래프. 이상치를 눈으로 확인할 수 있습니다.

위 그래프를 살펴보면 "Weight"가 대략 390, "Height"가 80정도인 데이터 한 포인트가 다른 데이터들의 분포에 비해 유달리 떨어져 있는 것을 확인할 수 있습니다. 위 데이터를 이상치인 것으로 가정하고, 삭제하는 방법을 알아보도록 하겠습니다. 위처럼 이상치가 다른 데이터에 비해 명확하게 떨어져 있는 경우 query 메서드를 통해 손쉽게 삭제할 수 있습니다.

이상치를 다루는 방법: clip, quantile 메서드 (ch2-4.py)

```
df_new = df.query('Weight < 350')
df_new.describe()
```

	Height	Weight
count	9999.000000	9999.000000
mean	66.366297	161.429501
std	3.845646	32.091686
min	54.263133	64.700127
25%	63.505347	135.817009
50%	66.317899	161.201891
75%	69.172069	187.152394
max	78.621374	255.863326

▲ 그림 39 query 메서드를 이용한 weight_height 데이터셋의 이상치 제거. weight가 350 이하인 데이터만 필터링

위 예시 코드에서는 query 메서드를 이용하여 "Weight"가 350 이하인 데이터만 필터링했습니다. 하지만 데이터가 보다 복잡하여 필터링 기준을 알기가 까다로운 경우가 많은데, 이럴 때에는 quantile 메서드를 사용할 수 있습니다. quantile 메서드는 앞선 장에서 살펴보았듯이

데이터셋에서 분위수를 구하는 것으로, 여기서는 "Weight" 변수가 상위 99.99% 이상인 데이터를 삭제해 보도록 하겠습니다. 참고로, 아래 예시 코드에서 알 수 있듯이 "Weight" 변수의 99.99% 지점의 값은 255.9입니다.

이상치를 다루는 방법: clip, quantile 메서드 (ch2-4.py)

```
criteria = df['Weight'].quantile(0.9999)
criteria
```

```
255.876760167255
```

이제 해당 값보다 큰 값을 삭제 후 다시 "Weight"에 대한 "Height"의 산점도 그래프를 그려 보겠습니다.

이상치를 다루는 방법: clip, quantile 메서드 (ch2-4.py)

```
df_new = df[df['Weight'] < criteria]

sns.scatterplot(x='Weight', y='Height', data=df_new)
```

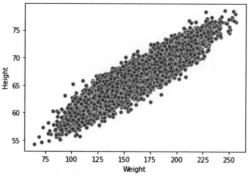

▲ 그림 40 quantile 메서드를 이용하여 weight_height 데이터셋의 이상치 삭제

원 데이터셋에 있던 "Weight"가 390 이상인 데이터가 삭제된 것을 확인할 수 있습니다. 본 예시에서는 quantile 메서드의 인자 값으로 0.9999를 사용했지만, 각 데이터셋의 크기와 이상치의 개수에 따라 적절한 값을 인자로 넣어볼 수 있습니다.

다음으로는 clip 메서드를 이용하는 방법을 소개하도록 하겠습니다. clip 메서드는 이상치를 삭제하기 보다는 이상치를 사용자가 설정한 boundary 값으로 치환할 때 사용됩니다. clip 메서드의 인자로 lower, upper bondary를 전달하게 되는데, 이 값들보다 각각 작거나 큰 데이터는 해당 boudary로 설정한 값으로 치환되게 됩니다. 아래 예시 코드를 살펴보도록 하겠습니다.

```
df[df['Weight'] > 390].index
```

```
Index([2014], dtype='int64')
```

weight_height 데이터셋에서 이상치에 해당하는 ("Weight" 변수의 값이 390보다 큰) 데이터의 인덱스는 2014임을 알 수 있습니다. 이제 clip 메서드를 통해 weight_height 데이터셋 Weight 변수의 lower, upper boundary를 각각 50, 300으로 설정 후 2014번 인덱스의 값이 어떻게 치환되었는지 살펴보도록 하겠습니다.

```
df['Weight'] = df['Weight'].clip(50, 300)
df.iloc[2014]
```

```
Gender          Male
Height     78.998742
Weight         300.0
Name: 2014, dtype: object
```

위 결과에서 알 수 있듯이 2014번 인덱스의 "Weight" 값이 300으로 치환된 것을 확인할 수 있습니다. 이처럼 clip 메서드는 앞서 소개한 방법처럼 이상치를 삭제하는 것이 아니라 특정 경계 값으로 치환하는 방법이라는 것을 확인하시기 바랍니다.

결측치 내삽/외삽하기

앞서 1장에서 결측치를 처리하는 fillna 메서드를 사용하여 해당 데이터의 평균으로 결측치를 대체하는 법, 결측치가 있는 위치의 전/후 결측치가 아닌 값으로 결측치를 대체하는 법을 알아보았습니다. 이번 절에서는 결측치를 내삽하거나 외삽하는 방법에 대해 알아보도록 하겠습니다.

우선 이해를 돕기 위해 간단한 데이터셋을 만들어 보도록 하겠습니다. 0부터 8까지의 연속된 인덱스를 가지며, 1부터 시작하여 1씩 증가하는 데이터셋입니다. 아래처럼 총 4개의 결측치를 가지게끔 설정했는데, 간단한 데이터셋이므로 해당 결측치를 내삽이나 외삽했을 때 결측치에 들어갈 값이 어떤 것인지 손쉽게 예측할 수 있습니다.

결측치 내삽/외삽하기 (ch2-5.py)

```
df[df['Weight'] > 390].index
```

```
0    1.0
1    2.0
2    3.0
3    NaN
4    NaN
5    6.0
6    7.0
7    NaN
8    NaN
dtype: float64
```

이 때 각 값들을 선형적으로 (1차 함수) 내삽 및 외삽하고자 한다면 아래 예시 코드와 같이 간단히 interpolate 메서드를 이용하여 진행할 수 있습니다.

결측치 내삽/외삽하기 (ch2-5.py)

```
s.interpolate(
    method="spline", order=1, limit_direction="forward", limit=2
)
```

```
0    1.0
1    2.0
2    3.0
3    4.0
4    5.0
5    6.0
6    7.0
7    8.0
8    9.0
dtype: float64
```

위 결과에서 확인할 수 있듯이 기존 데이터에 기반하여 내삽과 외삽이 깔끔하게 진행된 것을 확인할 수 있습니다. 이 때 쩐달한 method 인자의 "spline"은 scipy 라이브러리의 interpolate. UnivariateSpline를 통해 내삽 및 외삽 값을 계산한 것입니다.[3] 이 때 method 인자에는 "nearest", "quadratic", "polynomial" 등 다양한 값을 전달할 수 있습니다. limit_direction 인자에는 결측치를 채울 방향을 입력할 수 있습니다. "forward"를 입력하면, 결측치 앞에 결측치가 아닌 값이 없을 때에는 값이 내삽 혹은 외삽되어 채워지지 않습니다. 반대로 "backward"가 전달되면 결측치 뒤쪽에 결측치가 아닌 값이 없다면 값이 채워지지 않습니다. 이번 예시에서는 "both"를 전달하여 방향에 상관없이 내삽 혹은 외삽을 진행했습니다. 추가로, 위 예시 코드에는 나와있지 않지만 limit 인자를 0보다 큰 정수형 값으로 전달하면 연속된 결측치를 몇 개까지 채울 지를 제한할 수 있습니다. 예를 들어 2를 전달하면 결측치를 2개까지만 채우게 됩니다.

---

[3] https://docs.scipy.org/doc/scipy/reference/generated/scipy.interpolate.UnivariateSpline.html

정렬된 인덱스에서의 행 슬라이싱

일반적으로 pandas dataframe에서 특정 행을 인덱스로 검색할 때에는 인덱스명을 정확히 입력해야 합니다. 하지만 datetime 형식의 데이터나 문자열 형식의 데이터가 인덱스로 설정되어 사전식으로 정렬된 상태인 경우, 데이터셋의 인덱스를 정확히 입력하지 않아도 데이터의 행을 슬라이싱 할 수 있습니다. 예시를 들기 위해 우선 Covid19-US 데이터셋을 불러와 보도록 하겠습니다. 해당 데이터셋은 특정 기간동안 미국의 코로나19 바이러스의 확진 수를 지역으로 나누어 정리한 데이터입니다. 해당 데이터셋에서 데이터를 불러와 날짜에 해당하는 열인 "Date"를 datetime 형식으로 변경하였습니다.

정렬된 인덱스에서의 행 슬라이싱 (ch2-6.py)

```
df = pd.read_csv('datasets/Covid19-US/us_confirmed.csv')
df['Date'] = pd.to_datetime(df['Date'])
df.info()
```

```
<class 'pandas.core.frame.DataFrame'>
RangeIndex: 30000 entries, 0 to 29999
Data columns (total 5 columns):
 #   Column          Non-Null Count  Dtype
---  ------          --------------  -----
 0   Admin2          29948 non-null  object
 1   Date            30000 non-null  datetime64[ns]
 2   Case            30000 non-null  int64
 3   Country/Region  30000 non-null  object
 4   Province/State  30000 non-null  object
dtypes: datetime64[ns](1), int64(1), object(3)
memory usage: 1.1+ MB
```

우선 불러온 데이터셋에서 head 메서드를 이용하여 상위 5개 행을 살펴보도록 하겠습니다.

정렬된 인덱스에서의 행 슬라이싱 (ch2-6.py)

```
df.head()
```

	Admin2	Date	Case	Country/Region	Province/State
0	Price	2020-08-10	33	US	Wisconsin
1	Garvin	2021-08-14	3929	US	Oklahoma
2	Butte	2020-01-24	0	US	Idaho
3	Lowndes	2021-01-25	10377	US	Georgia
4	Ringgold	2020-12-06	260	US	Iowa

▲ 그림 41 Covid19-US 데이터셋을 불러와 head 메서드로 상위 5개 행을 살펴본 결과

우선 날짜에 해당하는 "Date" 열을 인덱스로 지정한 후 인덱스를 정렬해 보도록 하겠습니다. 앞선 장에서 시계열 데이터를 설명할 때 날짜 및 시간 형식으로 되어 있는 시계열 데이터의 인

덱스에 날짜 및 시간의 상위 개념, 즉 월 까지나 년 까지만 입력해도 해당 범위에 해당하는 데이터를 슬라이싱할 수 있다고 설명한 바 있습니다. 여기서는 아래 예시 코드를 통해 간단히 다시 한번 짚고 넘어가 보도록 하겠습니다. 아래 코드에서는 Covid19-US 데이터셋의 2020년 1월과 2020년 2월까지의 데이터를 슬라이싱 했습니다.

정렬된 인덱스에서의 행 슬라이싱 (ch2-6.py)

```
df = df.set_index('Date').sort_values('Date')
df['2020-01':'2020-02']
```

Date	Admin2	Case	Country/Region	Province/State
2020-01-22	Winnebago	0	US	Illinois
2020-01-22	Barceloneta	0	US	Puerto Rico
2020-01-22	Montgomery	0	US	Indiana
2020-01-22	Johnson	0	US	Iowa
2020-01-22	Barron	0	US	Wisconsin
...	...	...	...	...
2020-02-29	Butte	0	US	California
2020-02-29	Essex	0	US	Massachusetts
2020-02-29	Alleghany	0	US	Virginia
2020-02-29	Cayey	0	US	Puerto Rico
2020-02-29	Del Norte	0	US	California

▲ 그림 42 Covid19-US 데이터셋에서 Date 열을 인덱스로 하여 2020년 1월부터 2020년 2월까지의 데이터를 슬라이싱

이번 절에서는 시계열 데이터뿐만 아니라 정렬된 문자열을 인덱스로 하는 데이터셋 또한 사전식으로 데이터를 슬라이싱 할 수 있음을 설명드리고자 합니다. Covid19-US 데이터셋을 이용하여 예를 들어보기 위해 위에서 Date 열을 인덱스로 지정한 것을 reset_index 메서드를 이용하여 초기화한 후 다시 "Province/State" 열을 인덱스로 지정 후 정렬해 보도록 하겠습니다.

정렬된 인덱스에서의 행 슬라이싱 (ch2-6.py)

```
df = df.reset_index().set_index('Province/State').sort_index()
df.index.unique()
```

```
Index(['Alabama', 'Alaska', 'American Samoa', 'Arizona', 'Arkansas',
       'California', 'Colorado', 'Connecticut', 'Delaware', 'Diamond Princess',
       'District of Columbia', 'Florida', 'Georgia', 'Grand Princess', 'Guam',
       'Hawaii', 'Idaho', 'Illinois', 'Indiana', 'Iowa', 'Kansas', 'Kentucky',
       'Louisiana', 'Maine', 'Maryland', 'Massachusetts', 'Michigan',
       'Minnesota', 'Mississippi', 'Missouri', 'Montana', 'Nebraska', 'Nevada',
       'New Hampshire', 'New Jersey', 'New Mexico', 'New York',
       'North Carolina', 'North Dakota', 'Northern Mariana Islands', 'Ohio',
       'Oklahoma', 'Oregon', 'Pennsylvania', 'Puerto Rico', 'Rhode Island',
       'South Carolina', 'South Dakota', 'Tennessee', 'Texas', 'Utah',
       'Vermont', 'Virgin Islands', 'Virginia', 'Washington', 'West Virginia',
       'Wisconsin', 'Wyoming'],
      dtype='object', name='Province/State')
```

만약 인덱스가 "California"부터 사전 순선대로 "Delaware"까지의 모든 행을 선택하고 싶다면 어떻게 해야 할까요? 물론 아래처럼 입력해도 됩니다.

```
df['California':'Delaware']
```

하지만, 아래처럼 인덱스의 모든 문자열을 입력하지 않더라도 행을 슬라이싱 할 수 있습니다. 아래 예시에서는 각 인덱스의 첫 두 글자만 사용하여서 슬라이싱을 했습니다. 이 때 "Delaware"의 "De"가 아니라 "Df"가 전달되었다는 점을 유의하시기 바랍니다. 정렬된 문자열 인덱스에서 문자열의 일부만 가지고 슬라이싱을 할 때 "De"처럼 슬라이싱 하게되면 말 그대로 "De"까지 슬라이싱 하게 됩니다. "Delaware"가 "De"보다 사전식 정렬에서 뒤쪽에 위치하기 때문에 "e" 다음 알파벳인 "f"를 넣어서 "Df"로 검색하면 "Delaware"까지 포함되어 슬라이싱 되는 것을 확인할 수 있습니다. 이와 같은 사전식 행 슬라이싱은 정렬된 인덱스에서만 사용할 수 있다는 점을 다시 한번 확인하시기 바랍니다.

정렬된 인덱스에서의 행 슬라이싱 (ch2-6.py)

```
df['Ca':'Df']
```

Province/State	Date	Admin2	Case	Country/Region
California	2020-06-04	Tuolumne	4	US
California	2020-06-06	San Benito	90	US
California	2021-12-18	Unassigned	330	US
California	2020-03-22	San Joaquin	33	US
California	2021-04-24	Sierra	63	US
...	...	...	...	...
Delaware	2021-08-04	Out of DE	0	US
Delaware	2020-03-22	Out of DE	0	US
Delaware	2020-06-11	Unassigned	13	US
Delaware	2020-03-16	New Castle	8	US
Delaware	2020-12-06	Out of DE	0	US

▲ 그림 43 Covid19-US 데이터셋에서 Province/State를 문자열 인덱스로 하여 사전식 행 슬라이싱

Timestamp데이터를 포함한 여러 열을 기준으로 groupby하기

Pandas 라이브러리의 여러 장점 중 하나는 그룹 연산을 손쉽게 수행할 수 있다는 것입니다. 앞 장에서 시계열 데이터에서 resample 메서드를 소개한 바 있습니다. 해당 메서드는 datetime 형식의 인덱스를 가지는 dataframe에서 특정 날짜 및 시간 그룹으로 데이터를 묶어서 여러 집계함수를 사용할 수 있다는 점에서 groupby 메서드와 유사합니다. 만약 이 둘의 개념을 섞어서 사용하고 싶을 때에는 어떻게 해야 할까요? 즉, 시계열 데이터에서 특정 날짜나 시간 그룹으로 데이터를 업샘플링 혹은 다운샘플링 한 후, 그 안에서 또 다른 변수로 데이터를 그룹화하여 집계함수를 사용하는 방법에 대해 이번 절에서 설명하도록 하겠습니다.

우선 앞선 절에서 사용하였던 Covid19-US 데이터셋을 다시 한번 불러오겠습니다. 또한, "Date"열을 인덱스로 설정 및 정렬해 보도록 하겠습니다.

Timestamp데이터를 포함한 여러 열을 기준으로 groupby하기 (ch2-7.py)

```
df = pd.read_csv('datasets/Covid19-US/us_confirmed.csv')
df['Date'] = pd.to_datetime(df['Date'])
df = df.set_index('Date').sort_values('Date')
```

앞선 절에서 "Province/State" 열을 살펴보았을 때 총 58개의 고유값을 가지고 있었는데, 보다 명확한 설명을 위하여 해당 열에서 임의로 3개의 고유값을 뽑은 후 해당 값을 가지는 데이터로만 데이터셋을 필터링 하도록 하겠습니다.

Timestamp데이터를 포함한 여러 열을 기준으로 groupby하기 (ch2-7.py)

```
states = df['Province/State '].unique()[0:3]
df = df[df['Province/State'].isin(states)]
```

이제 데이터가 보다 간소화해졌습니다. 지금까지 만든 서브 데이터셋은 2020년 1월 22일부터 2022년 4월 16일까지 임의의 날짜에서 "Province/State" 열에 3개의 고유값을 가지고 있습니다. 이제 해당 서브 데이터셋을 특정 기간으로 그룹화하고, 해당 기간 그룹 내에서 다시 "Province/State" 열의 값으로 그룹화하여 각 그룹들의 코로나19 바이러스 확진자 수의 평균을 구해보도록 하겠습니다. 아래 예시에서는 기간을 나누는 그룹을 6개월로 설정하였습니다.

Timestamp데이터를 포함한 여러 열을 기준으로 groupby하기 (ch2-7.py)

```python
df.groupby([pd.Grouper(freq='6m'), 'Province/State'])['Case'].mean()
```

```
Date        Province/State
2020-01-31  Illinois              0.000000
            Indiana               0.000000
            Puerto Rico           0.000000
2020-07-31  Illinois            488.322727
            Indiana             222.080745
            Puerto Rico          18.608187
2021-01-31  Illinois           4996.807487
            Indiana            2683.175532
            Puerto Rico         526.294798
2021-07-31  Illinois           9314.986486
            Indiana            6138.547619
            Puerto Rico        1503.891156
2022-01-31  Illinois          32778.534653
            Indiana           13475.709677
            Puerto Rico        3225.673077
2022-07-31  Illinois          43229.678161
            Indiana           17653.965909
            Puerto Rico        5938.734177
Name: Case, dtype: float64
```

위 코드와 같이 datetime 형식의 인덱스를 가지는 데이터셋에서 groupby 메서드에 pd.Grouper를 이용하여 Grouper의 freq 인자에 resample 메서드에서와 동일한 방식으로 데이터를 샘플링 할 기간/날짜를 문자열 형태로 전달하면 resample 메서드와 동일한 방식으로 시계열 데이터를 샘플링 할 수 있습니다. 이 때 Grouper의 인자에 label이나 closed와 같은 메서드를 동일하게 사용할 수 있습니다.

위 예시 코드에서는 groupby 인자에 시계열 인덱스를 6개월로 재구성하기 위한 Grouper와 함께 "Province/State" 열의 이름을 리스트 형태로 묶어서 전달하였고, 그 결과 시계열 데이터의 샘플링과 특정 변수의 값에 따른 그룹화를 동시에 수행할 수 있었습니다.

데이터셋 내 특정 그룹별 데이터 표준화

데이터 분석 과정에서 특정 변수로 데이터를 그룹화하고, 각 그룹별 통계치를 구하거나 각 그룹별 통계치로 그룹 내 데이터를 표준화 (normalization) 하는 일을 흔하게 접할 수 있습니다. 이 때 데이터셋을 특정 변수로 그룹화하고, 각 그룹별 통계치를 구하는 방법은 앞선 장의 groupby 메서드를 통해 이미 설명한 바 있지만, 이번 절에서는 한 걸음 더 나아가서 groupby로 각 그룹별 통계치를 구하고, 그 통계치를 이용하여 각 그룹별로 데이터를 표준화하는 방법에 대해 설명하고자 합니다.

이번 절에서는 product_inspection데이터셋을 사용해 보도록 하겠습니다. 이 데이터셋은 특정 제품의 생산 과정 중 "A", "B", "C" 세 가지의 종류의 검수 공정에서 측정된 값과 날짜, 해당 검수 공정에서의 관리 spec을 함께 나타내고 있습니다.

데이터셋 내 특정 그룹별 데이터 표준화 (ch2-8.py)

```
df = pd.read_csv('datasets/product_inspection/product_inspection.csv')
df['date'] = pd.to_datetime(df['date'])
df.head()
```

	date	inspection_step	value	upper_spec	target	lower_spec
0	2022-01-01	A	21.2	22.0	21.3	20.6
1	2022-01-02	A	21.7	22.0	21.3	20.6
2	2022-01-03	A	21.4	22.0	21.3	20.6
3	2022-01-04	A	21.5	22.0	21.3	20.6
4	2022-01-05	A	21.5	22.0	21.3	20.6

▲ 그림 44 product_inspection 데이터셋을 로드하여 첫 5개 행을 살펴본 결과

이 때 "inspection_step" 열에 대해서 groupby 메서드를 통해 그룹화를 진행하여 "value" 열의 평균값을 구해보도록 하겠습니다.

데이터셋 내 특정 그룹별 데이터 표준화 (ch2-8.py)

```
df.groupby('inspection_step')['value'].mean()


inspection_step
A    21.295105
B    31.628671
C    28.792308
Name: value, dtype: float64
```

일반적으로 표준화는 각 데이터에서 평균을 뺀 값을 표준편차로 나누는 방식으로 진행합니다. 이번 절에서는 위처럼 평균을 뺀 후 표준편차로 나누는 방법과, 각 그룹별 가장 첫 번째 값으로 각 데이터를 빼는 방법으로 표준화를 진행하는 두 가지 방법에 대해 소개하도록 하겠습니다. 우선, 각 데이터의 평균을 빼고 표준편차를 나눠 제외하는 방법을 수행하기 위해서는

transform 메서드와 lambda 함수를 이용할 수 있습니다. transform 메서드는 groupby와 함께 사용하여 임의의 사용자 정의 함수를 통해 그룹별 연산을 진행 후 원 데이터셋의 행 순서대로 연산 값을 반환하는데, 이 때 transform 메서드에 각 데이터에 평균을 빼서 그 값을 표준편차로 나누는 lambda 함수를 전달하면 됩니다. 아래 예시 코드에서 이와 같이 표준화를 진행하여 "normalized1" 열에 그 값을 저장한 후 그 결과를 확인해 보도록 하겠습니다.

데이터셋 내 특정 그룹별 데이터 표준화 (ch2-8.py)

```
df['normalized1'] = df.groupby('inspection_step')['value'].transform(lambda x: (x - x.mean())/
x.std())
df['normalized1']
```

```
0      -0.366795
1       1.561575
2       0.404553
3       0.790227
4       0.790227
         ...
424     1.356267
425    -1.502891
426     0.800320
427     0.482636
428    -1.344049
Name: normalized1, Length: 429, dtype: float64
```

표준화는 꼭 각 데이터에서 평균을 빼고 표준편차로 나누는 것을 의미하지는 않습니다. 보통 각 상황 및 목적에 따라 적절하게 다양한 방법으로 표준화를 진행할 수 있습니다. 이번에는 "inspection_step" 열의 고유값인 "A", "B", "C" 각 그룹별 "value"들에 대해 각 그룹에서 날짜가 가장 빠른 값을 빼는 방법으로 표준화를 진행해 보도록 하겠습니다. 이를 위해 product_inspection 데이터셋을 "inspection_step" 열과 "date" 열을 기준으로 오름차순 정렬한 후, drop_duplicates 메서드를 이용하여 "inspection_step" 열을 기준으로 첫 번째 값만 남기고 나머지 중복값을 삭제하도록 하겠습니다. 그 결과 "inspection_step" 열을 기준으로 가장 날짜가 빠른 데이터만 남게 될 것입니다. 이를 "temp"라는 변수에 저장하고, 그 결과를 확인해 보도록 하겠습니다.

데이터셋 내 특정 그룹별 데이터 표준화 (ch2-8.py)

```
temp = df.sort_values(['inspection_step','date']).drop_duplicates('inspection_step')
temp
```

	date	inspection_step	value	upper_spec	target	lower_spec	normalized
0	2022-01-01	A	21.2	22.0	21.3	20.6	-0.366795
143	2022-01-01	B	31.6	32.1	31.6	31.1	-0.159778
286	2022-01-01	C	29.7	32.5	28.9	25.3	0.720899

▲ 그림 45 product_inspection 데이터셋에서 inspection_step의 고유값별로 date가 가장 빠른 행만 남긴 결과

이제 "temp"에 저장된 서브 데이터셋에서 "inspection_step" 열을 인덱스로 설정한 후, 각 인덱스에 해당하는 값은 "value" 열만 남겨보도록 하겠습니다.

데이터셋 내 특정 그룹별 데이터 표준화 (ch2-8.py)

```
temp = temp.set_index('inspection_step')['value']
temp


inspection_step
A    21.2
B    31.6
C    29.7
Name: value, dtype: float64
```

다음으로 원 데이터셋에서도 "inspection_step" 열을 인덱스로 설정한 후, "value" 열을 위의 "temp"로 뺀 후, 그 값을 "normalized2" 열에 저장한 후 그 결과를 확인하도록 하겠습니다.

데이터셋 내 특정 그룹별 데이터 표준화 (ch2-8.py)

```
df = df.set_index('inspection_step')
df['normalized2'] = df['value'] - temp
df = df.reset_index()
```

	inspection_step	date	value	upper_spec	target	lower_spec	normalized1	normalized2
0	A	2022-01-01	21.2	22.0	21.3	20.6	-0.366795	0.0
1	A	2022-01-02	21.7	22.0	21.3	20.6	1.561575	0.5
2	A	2022-01-03	21.4	22.0	21.3	20.6	0.404553	0.2
3	A	2022-01-04	21.5	22.0	21.3	20.6	0.790227	0.3
4	A	2022-01-05	21.5	22.0	21.3	20.6	0.790227	0.3
...	...	...	...	...	...	...	...	...
424	C	2022-05-19	30.5	32.5	28.9	25.3	1.356267	0.8
425	C	2022-05-20	26.9	32.5	28.9	25.3	-1.502891	-2.8
426	C	2022-05-21	29.8	32.5	28.9	25.3	0.800320	0.1
427	C	2022-05-22	29.4	32.5	28.9	25.3	0.482636	-0.3
428	C	2022-05-23	27.1	32.5	28.9	25.3	-1.344049	-2.6

▲ 그림 46 product_inspection 데이터셋에서 "inspection_step" 변수 그룹별 평균에서 표준편차를 나눈 표준화 결과와 ("normalized1" 열) 각 그룹별 날짜가 가장 빠른 값으로 빼준 표준화 결과 ("normalized2" 열)

이 때, 두 번째 방법에서 원 데이터셋인 product_inspeciton의 데이터 길이와 "temp" 변수에 저장했던 데이터셋의 길이가 동일하지 않더라도 두 데이터셋 간의 빼기 연산이 정상적으로 수행되었다는 것을 확인하시기 바랍니다. 이 때 빼기 연산은 각 데이터셋의 인덱스의 값인 "A", "B", "C"에 대해 인덱스가 동일한 행끼리 수행되었습니다.

groupby 메서드를 이용한 문자열 연산

지금까지 groupby 메서드에 대해 여러 가지 예시들을 살펴보았는데, 대부분의 예시는 특정 변수의 그룹별로 수치형 데이터의 집계와 관련된 것이었습니다. 이번 절에서는 groupby 메서드를 이용하여 특정 변수의 그룹별로 문자열 데이터의 조작을 다뤄보도록 하겠습니다. 아래와 같이 product 데이터셋을 불러와 예시를 들어보도록 하겠습니다.

groupby 메서드를 이용한 문자열 연산 (ch2-9.py)

```
df = pd.read_csv('datasets/product/product.csv')
df.head()
```

	date	process	factory	operator	product_id	passfail
0	2023-02-01	P1	A2	1	D6523	P
1	2023-02-01	P2	A2	V	D6523	P
2	2023-02-01	P3	A2	Y	D6523	P
3	2023-02-01	P1	A2	1	D7123	P
4	2023-02-01	P2	A2	W	D7123	P

▲ 그림 47 product 데이터셋의 첫 5개 행

product 데이터셋은 두 개의 자동차 공장 "A1", "A2"에서 ("factory" 열) 자동차 조립 공정 순서 "P1", "P2", "P3" ("process" 열)에 따른 작업자 ("operator" 열)와 생산된 자동차의 차대번호 ("product_id" 열) 및 자동차 검수 통과 여부("passfail" 열)가 암호화되어 나타나 있는 데이터셋입니다. 자동차 생산 공정은 factory "A1"이나 "A2" 둘 중 하나에서 진행되며, 어느 한 공장에서 "P1", "P2", "P3" 공정을 모두 순서대로 진행하게 됩니다. 이 때 각 공정마다 "operator"가 각각 한 명씩 배정되어 생산되는데, "P1" 공정의 "operator"는 "1" 또는 "2", "P2"는 "V" 또는 "W", "P3"는 "X" 또는 "Y"중 한 명으로 배정됩니다.

즉, 위 데이터셋에서 자동차의 생산 이력을 공정 순서대로 나타낸다면 (공장 이름)_(P1 공정의 operator)_(P2 공정의 operator)_(P3 공정의 operator)와 같이 나타낼 수 있습니다. 위 데이터셋처럼 각 공정별로 행으로 구분된 데이터셋을 하나의 행으로 합쳐서 (공장 이름)_(P1 공정의 operator)_(P2 공정의 operator)_(P3 공정의 operator)와 같이 나타내려면 어떻게 해야 할까요? 이 때 groupby와 문자열 메서드 join을 이용하여 아래처럼 시도해볼 수 있습니다.

```
df['path'] = df.groupby('product_id')['operator'].transform(lambda x: '_'.join(x))
df['path']
```

```
0       1_V_Y
1       1_V_Y
2       1_V_Y
3       1_W_Y
4       1_W_Y
        ...
1057    1_V_Y
1058    1_V_Y
1059    1_V_Y
1060    1_V_Y
1061    1_V_Y
Name: path, Length: 1062, dtype: object
```

각 자동차가 ("product_id" 열) 특정 공장 내에서 어떤 "operator"에 의해 제작되었는지를 "P1", "P2", "P3" 공정 순서대로 언더바 (_)로 구분하여 나타난 것을 확인할 수 있습니다. 이제 "path" 열에 각 자동차가 생산된 공장명을 이어 붙인 후, drop_duplicates 메서드를 실행하여 각 "product_id" 값 당 하나의 행만 가지도록 데이터를 정리해 보도록 하겠습니다.

```
df['path'] = df['factory'] + '_' + df['path']
df = df.drop_duplicates('product_id')
df = df[['date','product_id','passfail','path']]
df
```

	date	product_id	passfail	path
0	2023-02-01	A259721	P	A2_1_V_Y
3	2023-02-01	A100109	P	A2_1_W_Y
6	2023-02-01	A870944	P	A2_2_W_Y
9	2023-02-01	A587346	P	A2_2_V_Y
12	2023-02-01	A525921	P	A2_2_V_X
...	...	...	...	...
1047	2023-03-31	A917956	P	A1_2_W_Y
1050	2023-03-31	A860621	P	A2_1_V_X
1053	2023-03-31	A268064	P	A2_1_V_X
1056	2023-03-31	A817755	P	A2_1_V_Y
1059	2023-03-31	A332162	P	A1_1_V_Y

▲ 그림 48 product 데이터셋에서 각 자동차가 생산된 공장과 각 공정의 "operator"를 언더바로 구분하여 "path" 열에 저장한 결과

원 데이터셋은 하나의 "product_id" 당 "process" 변수의 "P1", "P2", "P3"별로 총 3개의 행으로 구성되어 있었는데, 위처럼 하나의 "product_id" 당 하나의 행으로 데이터를 정리하니 길이도 짧아지고 훨씬 보기 편해졌습니다.

추가로, 원 데이터셋에서 제작된 자동차의 검수 통과여부를 나타내는 "passfail" 열이 있었는데, 해당 열의 값과 새로 생성한 자동차의 생산 이력 ("path" 열) 간에 상관성이 있는지 한번 확인해 보겠습니다. value_counts 메서드를 이용하여 "passfail" 열의 값이 "F" (fail을 뜻함) 인 행들은 어떤 "path" 값들을 가지는지 살펴보겠습니다.

groupby 메서드를 이용한 문자열 연산 (ch2-9.py)

```python
df.groupby('passfail')['path'].value_counts()
```

```
passfail    path
F           A2_2_W_X    3
            A2_2_V_X    3
            A2_1_V_X    2
            A2_1_W_X    1
P           A1_1_V_X    32
            A1_1_V_Y    26
            A2_1_W_Y    24
            A2_1_V_X    24
            A1_1_W_Y    23
            A1_2_W_Y    23
            A2_2_W_X    22
            A1_2_V_X    22
            A1_2_V_Y    22
            A2_2_W_Y    21
            A2_1_V_Y    20
            A2_1_W_X    20
            A2_2_V_Y    17
            A1_1_W_X    17
            A2_2_V_X    16
            A1_2_W_X    16
Name: count, dtype: int64
```

위 결과를 잘 살펴보면 "passfail"이 "F"인 항목들은 모두 "P3" 공정이 "X"값을 가지는 것을 알 수 있습니다. 하지만, "passfail"이 "P"인 값들도 "P3" 공정에 X값을 가지는 것들도 있습니다. 그렇다면 남은 변수인 "date"에 대해서도 "passfail" 변수와의 연관성을 한번 살펴보도록 하겠습니다.

```
df.groupby(['passfail'])['date'].value_counts()
```

```
passfail  date
F         2023-03-10    3
          2023-03-12    2
          2023-03-11    2
          2023-03-09    2
P         2023-02-28    6
                       ..
          2023-02-22    6
          2023-03-12    4
          2023-03-11    4
          2023-03-09    4
          2023-03-10    3
Name: count, Length: 63, dtype: int64
```

　　"passfail" 열에 대해 그룹화 하고, "date" 열에서 value_counts 메서드를 호출해 보니 2023년 3월 9일부터 3월 12일까지 연속된 4일에 대해서 fail이 발생한 것을 확인할 수 있습니다. 이를 앞선 결과와 종합해 보면, 2023년 3월 9일~12일 사이에 "P3" 공정의 operator "X"에 문제가 있었음을 추정해 볼 수 있습니다.

하나의 행을 여러 개의 행으로 쪼개기

앞선 절에서 product 데이터셋을 이용하여 하나의 기준 (제품)에 대해 공정에 따라 총 3개의 행으로 나누어져 있던 데이터를 하나의 행으로 합치는 작업을 했습니다. 그 반대로, 하나의 행으로 합쳐져 있는 데이터를 다시 여러 개의 행으로 쪼개는 방법도 있는데, 유용하게 쓰일 상황이 종종 있으니 이번 절을 통해 배워보도록 하겠습니다.

우선 앞선 절에서 product 데이터셋을 불러와 "path" 열을 추가하여 세 개의 행을 하나의 행으로 합쳤던 작업을 똑같이 수행한 후, 새로 추가한 "path" 열을 한번 살펴보도록 하겠습니다.

하나의 행을 여러 개의 행으로 쪼개기 (ch2-10.py)

```
df = pd.read_csv('datasets/product/product.csv')
df['path'] = df.groupby('product_id')['operator'].transform(lambda x: '_'.join(x))
df['path'] = df['factory'] + '_' + df['path']
df = df.drop_duplicates('product_id')
df = df[['date','product_id','passfail','path']]

df['path'].head()
```

```
0     A2_1_V_Y
3     A2_1_W_Y
6     A2_2_W_Y
9     A2_2_V_Y
12    A2_2_V_X
Name: path, dtype: object
```

위 결과를 살펴봤을 때, 언더바를 기준으로 첫 번째는 공장의 이름, 두 번째부터 네 번째 까지는 각각 자동차 생산 공정 "P1", "P2", "P3"에 대한 "operator"의 id를 나타내고 있습니다. 우선 공장명을 "factory"열로 떼서 분리하도록 하겠습니다.

하나의 행을 여러 개의 행으로 쪼개기 (ch2-10.py)

```
df['factory'] = df['path'].map(lambda x: x[0:2])
df['path'] = df['path'].map(lambda x: x[3:])

df.head()
```

	date	product_id	passfail	path	factory
0	2023-02-01	A259721	P	1_V_Y	A2
3	2023-02-01	A100109	P	1_W_Y	A2
6	2023-02-01	A870944	P	2_W_Y	A2
9	2023-02-01	A587346	P	2_V_Y	A2
12	2023-02-01	A525921	P	2_V_X	A2

▲ 그림 49 제품 id당 하나의 행으로 합쳐진 product 데이터셋에서 "factory id"를 따로 떼어 "factory" 열에 추가

이제 path 열에 있는 값을 언더바를 기준으로 쪼개어 list 형태로 만들어 보도록 하겠습니다. 이후 explode 메서드를 이용하여 이 값을 행으로 쪼갤 예정인데, 이를 위하여 리스트 형식으로 데이터를 준비해야 하기 때문입니다.

하나의 행을 여러 개의 행으로 쪼개기 (ch2-10.py)

```
df['path'] = df['path'].map(lambda x: x.split('_'))
df['path'].head()
```

```
0     [1, V, Y]
3     [1, W, Y]
6     [2, W, Y]
9     [2, V, Y]
12    [2, V, X]
Name: path, dtype: object
```

이제 explode 메서드를 이용하여 path 열의 데이터를 행으로 쪼개보도록 하겠습니다.

하나의 행을 여러 개의 행으로 쪼개기 (ch2-10.py)

```
df = df.explode('path')
df.head(9)
```

	date	product_id	passfail	path	factory
0	2023-02-01	A259721	P	1	A2
0	2023-02-01	A259721	P	V	A2
0	2023-02-01	A259721	P	Y	A2
3	2023-02-01	A100109	P	1	A2
3	2023-02-01	A100109	P	W	A2
3	2023-02-01	A100109	P	Y	A2
6	2023-02-01	A870944	P	2	A2
6	2023-02-01	A870944	P	W	A2
6	2023-02-01	A870944	P	Y	A2

▲ 그림 50 explode 메서드를 이용하여 리스트 형태의 데이터를 행으로 쪼개기

마지막으로 각 행에 대해 어떤 공정인지를 나타내는 "process" 열을 추가한 후, "path" 열 이름을 "operator"로 변경해 보도록 하겠습니다.

하나의 행을 여러 개의 행으로 쪼개기 (ch2-10.py)

```
process_map = {
    '1':'P1',
    '2':'P1',
    'V':'P2',
    'W':'P2',
    'X':'P3',
    'Y':'P3'
}

df['process'] = df['path'].map(process_map)
df = df.rename({'path':'operator'}, axis=1)

df.head(9)
```

	date	product_id	passfail	operator	factory	process
0	2023-02-01	A259721	P	1	A2	P1
0	2023-02-01	A259721	P	V	A2	P2
0	2023-02-01	A259721	P	Y	A2	P3
3	2023-02-01	A100109	P	1	A2	P1
3	2023-02-01	A100109	P	W	A2	P2
3	2023-02-01	A100109	P	Y	A2	P3
6	2023-02-01	A870944	P	2	A2	P1
6	2023-02-01	A870944	P	W	A2	P2
6	2023-02-01	A870944	P	Y	A2	P3

▲ 그림 51 explode 메서드를 이용해 행으로 나뉘어진 product 데이터셋에서 process 행을 추가하고 path 열의 이름을 operator로 변경

앞선 절에서 "path" 열을 추가하여 각 "product_id" 당 세 개의 행으로 나뉘어 있던 데이터셋을 하나의 행으로 합쳤었는데, 이번 절에서 explode 메서드를 이용하여 다시 세 개의 행으로 쪼개서 원 데이터셋과 거의 유사하게 나타난 것을 확인할 수 있습니다.

Matplotlib, Seaborn, Plotly를 이용한 파이썬 데이터 시각화

데이터를 분석하는 대부분의 이유는 특정 주제나 문제의 현상을 파악하고, 인사이트를 파악하며 이를 통하여 문제를 해결하거나 교훈을 얻기 위함일 것입니다. 과거의 주가 및 경제적 지표를 이용한 미래 주가 예측하는 것, 설비의 로그 데이터를 분석하여 설비의 어떤 파츠가 오작동을 일으켰는지를 파악하는 것, 고객의 구매 기록을 분석해서 연관된 상품을 자동으로 추천하는 연관분석 등이 그 예가 될 수 있습니다. 다양한 데이터를 획득, 정제하는 절차를 거쳐서 분석에 필요한 데이터를 준비했다고 가정해 봅시다. 아무리 데이터 정제를 잘 했다고 하더라도 데이터를 테이블로만 놓고 봤을 때 각 변수들이 서로 어떤 상관관계를 가지는지, 특정 변수 값의 평균, 사분위수 등 요약 값은 어떻게 되는지를 파악하는 것이 쉽지 않습니다. 특히 열이 많거나 데이터의 크기가 크거나, 데이터 타입 등 데이터가 조금만 복잡해지더라도 한 눈에 그 데이터의 형태를 파악하기 어려울 것입니다. 이를 해결할 수 있는 방법 중 하나가 데이터를 차트, 도표 등으로 시각화 하는 것인데, 시각화를 통해 다양한 차원에서 데이터를 바라봄으로써 어떻게 정제하고 분석하여 인사이트를 얻을 수 있을지가 보이는 경우가 많습니다.

이 책에서는 파이썬 시각화 도구로써 대중적으로 사용되는 라이브러리를 몇 가지를 소개하려고 합니다. 우선, 기본이 되는 Matplotlib와 Seaborn 라이브러리를 소개하고자 합니다. Matplotlib은 대표적인 파이썬 시각화 라이브러리로, 아주 방대하지만 그만큼 높은 자유도를 보장합니다. 이러한 Matplotlib을 기반으로 데이터 분석 영역에서 자주 쓰는 시각화 툴들을 모아 놓은 라이브러리가 Seaborn입니다. Seaborn은 Matplotlib로만 그리고자 한다면 까다로울 수 있는 다양한 시각화 차트를 손쉽게 그릴 수 있으며 보다 깔끔하고 디자인적으로 우수한 시각화를 할 수 있습니다. 또한 Seaborn은 Matplotlib를 기반으로 하기 때문에 사용법이 크게 다르지 않습니다. 따라서 이번 장에서는 이 둘을 묶어서 설명하고자 합니다.

추가로, Matplotlib과 Seaborn 외에 보다 모던한 시각화 라이브러리인 Plotly도 소개하고자 합니다. Plotly는 Javascript 기반으로 하였기 때문에 Jupyterlab과 함께 사용하였을 때 interactive한 시각화를 할 수 있다는 큰 장점이 있습니다. 이번 장에서는 Matplotlib와 Seaborn을 기반으로 파이썬 데이터 시각화 방법에 대해서 설명하며, 각 절마다 Matplotlib 및 Seaborn을 통해 시각화한 차트들을 Plotly 라이브러리로도 동일하게 구현하는 방법을 소개할 것이고, Matplotlib 및 Seaborn 외에 Plotly가 가지는 특징들에 대해서도 따로 절을 마련하여 소개하도록 하겠습니다.

Matplotlib의 구성 요소 및 특징

Matplotlib로 그래프를 그리고 보기 좋게 수정하기 위해서는 Matplotlib를 통해 그린 그래프의 구성 요소를 이해할 필요가 있습니다. Matplotlib는 하나의 도화지(figure)에 그린 여러 컷의 (axes) 만화에 비유할 수 있습니다. 하나의 figure는 여러 axes를 가질 수 있으며 개수와 각 ax의 크기는 임의로 지정할 수 있습니다. 아래 그림은 2행 2열의 총 4개의 axes를 가지고 있습니다. 아래처럼 n행 m열로 ax를 배치하게 되면 각 ax는 2차원 행렬과 동일한 형태로 인덱싱 할 수 있습니다. 이는 추후에 각 ax를 커스터마이징 하는 데에 사용될 것입니다. 아래 그림의 오른쪽에는 하나의 ax에 나타낼 수 있는 다양한 그래프 중 하나인 scatterplot이 그려져 있습니다. 제 1장에서 사용했던 bike_rentals 데이터의 "temp" 변수를 x축으로, "count" 변수를 y축으로 지정하고, "weather"에 따라서 색깔을 구분하여 나타냈습니다. 이 예시를 통해 scatterplot의 구성 요소를 확인해 둘 필요가 있습니다. 우선 x축과 y축처럼 각 축을 axis라고 합니다. x축은 xaxis, y축은 yaxis가 되겠죠. x축 변수의 이름을 아래 그림의 "temp"처럼 나타내는 x축의 제목을 xlabel이라고 합니다. y축 제목은 ylabel이 되겠죠. x축 변수는 8부터 19까지 눈금(tick)으로 나타나 있는 것을 볼 수 있는데, 이러한 눈금을 자세히 보면 긴 눈금이 있고, 작은 눈금이 있습니다. 긴 눈금을 majortick, 작은 눈금을 minortick이라고 합니다. 아래 예시의 x축 majortick의 8, 10, 12, 14…처럼 x축 위의 눈금 크기를 나타내는 항목을 xticklabel이라고 합니다. 뒤에서 다루겠지만, Matplotlib는 그래프의 이러한 요소 하나하나까지 세부적으로 튜닝이 가능합니다. 마지막으로, scatterplot은 하나의 그래프 (ax) 위에 변수들을 특정 그룹으로 묶어서 color, size, marker style을 나눠서 표시할 수 있습니다. 아래의 그림은 세 가지 종류의 "weather" 변수의 값을 색깔별로 구분하여 나타낸 것입니다. 이 때 각 그룹이 어떤 그룹에 속해 있는지를 나타내 줄 필요가 있는데, 이러한 범례를 legend라고 칭합니다.

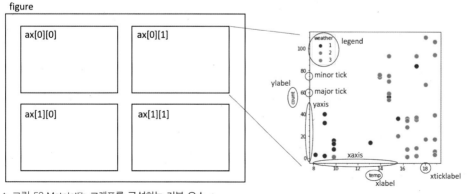

▲ 그림 52 Matplotlib 그래프를 구성하는 기본 요소

앞서 비유한 바와 같이 matplotlib는 마치 도화지와 같아서 사용자가 그 도화지를 어떻게 활용할 지에 대한 자유도가 매우 높습니다. 예를 들어 원, 삼각형과 같은 도형도 그릴 수 있고, 심지어 외부의 그림 파일을 가져와 나타낼 수도 있습니다. 하지만 데이터 분석을 위한 시각화에 초점을 맞춘다면 실제로 사용하는 그래프의 종류는 그리 많지 않고, 이 책의 범위에 맞게 데이터 분석을 위한 시각화 그래프에 초점을 맞추어 설명하도록 하겠습니다. Matplotlib에 대해 이 책의 범위를 넘어서 더 자세한 사항이 궁금한 독자들은 Matplotlib 공식 문서를 참고하시기 바랍니다.[4]

Seaborn 라이브러리는 Matplotlib를 기반으로 보다 깔끔하고 시인성이 뛰어난 그래프를 보다 편하게 그릴 수 있게 해주는 일종의 wrapper라고 생각하시면 좋을 것 같습니다. 특히, Seaborn 라이브러리는 데이터 분석에 자주 사용되는 regression plot, box plot, heatmap 등의 통계적 그래프들을 다양하게 제공하고 있습니다. Matplotlib를 통해 표현하고자 한다면 여러 줄의 코드가 필요한 변수의 그룹별 color, size, marker style 표현 등 Seaborn에서는 단 한 줄의 코드만으로 표현할 수 있어 여러 모로 편리한 점이 많아 실무에서는 Seaborn으로 필요한 그래프를 그리고 글자 크기나 legend 위치 등 세부 수정 사항은 Matplotlib 라이브러리를 사용하는 경우가 많습니다. 이 장에서도 실무에서 자주 사용되는 방식으로 Seaborn으로 plot을 그린 후, 그래프 세부 커스터마이징을 하는 방법을 소개해 드리고자 합니다.

---

[4] https://matplotlib.org/

Scatterplot

〈Matplotlib & Seaborn〉

　우선 흔히 사용되는 그래프인 scatter plot을 그리는 방법으로 시작하도록 하겠습니다. Scatter plot은 주로 두 개의 연속형 변수를 각각 x축, y축으로 설정하여 두 변수 간의 상관성을 파악하는데 유용하게 사용됩니다. Scatter plot을 그리기 위해 사용할 데이터셋으로 global_internet_users을 불러와 보도록 하겠습니다. 우선 필요한 라이브러리를 import 하도록 하겠습니다. 데이터 시각화 를 하기 위하여 matplotlib의 pyplot을 plt로, seaborn을 sns로 import하였습니다. data를 불러올 pandas 라이브러리도 import하여 global_internet_users 데이터셋을 가져와 df 변수에 할당합니다.

Scatterplot (ch3-1.py)

```python
import matplotlib.pyplot as plt
import seaborn as sns
import pandas as pd

df = pd.read_csv('./datasets/global_internet_users/global_internet_users.csv')
```

　해당 데이터셋에서 년도에 해당하는 "Year" 변수를 x축으로, 인터넷 사용자 수를 나타내는 "No. of Internet Users" 변수를 y축으로 하여 scatter plot을 그려보도록 하겠습니다. 그래프 를 그리기 위하여 matplotlib 라이브러리를 이용하여 도화지를 준비하고, 1컷 그래프를 그려보 도록 하겠습니다.

Scatterplot (ch3-1.py)

```python
fig, ax = plt.subplots()
sns.scatterplot(x='Year', y='No. of Internet Users', data=df, ax=ax)
```

　plt의 subplots을 통해 도화지 (figure)와 그래프를 그릴 컷(ax)를 각각 fig, ax 변수에 할당 하게 됩니다. subplots의 인자를 조정하여 컷의 개수와 figure의 크기 등을 조정할 수 있는데, 이는 뒤에서 다시 설명하도록 하겠습니다. 도화지와 컷을 준비했다면 이제 scatter plot을 그릴 차례입니다. seaborn의 scatterplot을 호출함으로써 scatter plot을 그리게 되는데, 이 때 전달 해야 할 인자는 아래와 같습니다.

　- x: X축으로 지정할 변수
　- y: Y축으로 지정할 변수

- data: 그래프를 그릴 데이터셋
- ax: 그래프를 그릴 ax를 지정 (이번 예시에서는 앞서 matplotlib의 subplots을 통해 할당한 ax 변수)

위 코드를 실행하면 아래와 같이 scatter plot이 그려지게 됩니다. 그래프의 좌상단에 1e9라는 표시가 있는데, 이는 y축의 값이 너무 커서 10의 9승 만큼 나눈 값으로 표시했다는 뜻입니다. 실제 y축의 값을 읽을 때는 그 값에서 10의 9승을 곱해주어야 합니다.

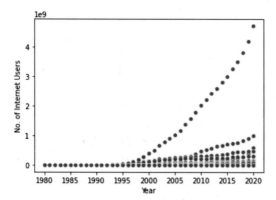

▲ 그림 53 global_internet_users 데이터셋의 "Year"와 "No. of Internet Users" 변수를 seaborn의 scatterplot을 통해 나타낸 scatter plot

그려진 scatter를 보니 1995년을 기점으로 이전에는 하나의 x 값에 하나의 y값이 대응하는 것처럼 보이지만, 이후에는 하나의 x 값에 여러 개의 y값이 대응하는 것처럼 보입니다. 그 이유는 global_internet_users 데이터셋이 사실 1980년부터 2020년까지 여러 나라의 인터넷 사용량에 대한 데이터이기 때문입니다. 실제로 이 데이터 셋의 "Entity" 변수를 unique 메서드를 이용하여 살펴보면 아래처럼 229개의 나라/지역명이 나오게 됩니다.

Scatterplot (ch3-1.py)

```
df.Entity.unique()
```

```
array(['Afghanistan', 'Albania', 'Algeria', 'American Samoa', 'Andorra',
       'Angola', 'Antigua and Barbuda', 'Argentina', 'Armenia', 'Aruba',
       'Australia', 'Austria', 'Azerbaijan', 'Bahamas', 'Bahrain',
       'Bangladesh', 'Barbados', 'Belarus', 'Belgium', 'Belize', 'Benin',
       'Bermuda', 'Bhutan', 'Bolivia', 'Bosnia and Herzegovina',
(중략)
```

그렇다면 연도별 인터넷 사용자 수를 나라/지역 별로 구분하여 보는 것이 원 데이터셋을 이해하는데 바람직할 것으로 사료됩니다. Scatter plot에서 color, size, marker size를 다르게 하여 나라/지역을 구분하여 그래프를 다시 그려보겠습니다. 229개의 나라/지역을 모두 구분하여 표현하기에는 그래프가 너무 복잡해질 것 같으니, 임의로 3개의 나라만 필터링하여 그래프를 그려보도록 하겠습니다. loc 메서드를 이용하여 "Entity"가 "China", "India", "Finland"인 행만 필터링하도록 하겠습니다.

Scatterplot (ch3-1.py)

```
entities = ['China', 'India', 'Finland']
df = df.loc[df['Entity'].isin(entities)]
```

필터링한 세 개 나라를 scatter plot에서 색깔별로 구분해 보도록 하겠습니다. 특정 그룹을 색깔별로 구분하기 위해서는 hue 인자에 구분하는 기준이 되는 변수를 전달하면 됩니다. 여기서는 "Entity"를 전달하면 됩니다. 그 결과는 아래 그림의 맨 좌측 그래프와 같습니다.

Scatterplot (ch3-1.py)

```
fig, ax = plt.subplots()
sns.scatterplot(
    x='Year', y='No. of Internet Users', data=df, ax=ax, hue='Entity', palette='bright'
)
```

이 때 각 그룹별 scatter의 색깔을 palette 인자를 통해 커스터마이징 할 수 있습니다. palette에 "bright"를 전달하면 색깔 구분이 보다 명확하게 됩니다. 그 결과는 아래 그림의 가운데 그래프와 같습니다. bright 외에도 seaborn에서 제공하는 "pastel", "deep" 등 다양한 color palette가 있는데,[5] 보다 자세한 내용은 후속 절 실전 꿀팁 대방출에서 다시 다루도록 하겠습니다.

추가로 hue 인자를 통해 구분한 그룹의 순서를 변경할 수도 있습니다. hue_order 인자에 리스트 형태로 구분하고자 하는 그룹의 순서를 전달하면 됩니다. 따로 hue_order 인자를 전달하지 않았을 때에는 "China", "Finland", "India" 순으로 표시되었지만, 아래 코드를 통하여 "India", "Finland", "China" 순으로 나타나게 해보도록 하겠습니다. 그 결과는 아래 그림의 맨 우측 그래프와 같습니다. 맨 좌측 기본 그래프와 비교했을 때 각 나라별 구분 색깔의 순서가 바뀐 것을 확인할 수 있습니다.

Scatterplot (ch3-1.py)

```
fig, ax = plt.subplots()
sns.scatterplot(
    x='Year', y='No. of Internet Users', data=df, ax=ax,
    hue='Entity', hue_order=['India', 'Finland', 'China']
)
```

---

[5] https://seaborn.pydata.org/tutorial/color_palettes.html

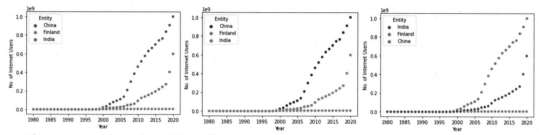

▲ 그림 54 Seaborn scatterplot의 hue 인자를 통한 특정 변수 그룹별 scatter plot 색깔 구분 (좌측), bright 인자를 통한 color 변화 (중앙), hue_order 인자를 통한 color 구분 그룹 순서 변경 (우측)

추가로, seaborn scatterplot에서는 그룹별 구분을 hue를 이용한 색깔을 통해 표현하는 것 뿐만 아니라, scatter의 모양과 크기를 통해 다르게 나타낼 수 있습니다. Scatter의 모양을 통해 그룹을 구분하고자 한다면 hue 인자 대신 style 인자를 사용하면 됩니다. 이 때 markers 인자를 사용하면 각 그룹별 scatter의 모양을 임의로 지정할 수 있습니다. 사용할 수 있는 scatter 모양 중 일부를 아래에서 확인할 수 있습니다. Seaborn 공식 홈페이지에 보다 다양한 예시가 나와 있으니 참고하시면 좋을 것 같습니다.[6]

▲ 그림 55 Seaborn에서 사용할 수 있는 maker 모양과 문자열 코드

위에서 hue를 통해 global_internet_users 데이터셋의 나라 별 인터넷 사용량을 색깔 구분으로 나타내 보았는데, hue 대신 style 인자를 사용하는 예시를 보여드리도록 하겠습니다. 아래 코드처럼 hue 대신 style 인자에 "Entity"를 전달하고, markers 인자에 순서대로 "o", "^", "X"를 전달해 보도록 하겠습니다. 아래 코드 결과를 보면 데이터셋의 그룹인 "China", "Finland", "India"가 각각 ●, ▲, X 모양으로 구분된 것을 확인할 수 있습니다. 추가로, 아래 예시에서는 s 인자에 100을 전달하였는데 이는 scatter의 size를 조절하는 인자입니다. Scatter plot에서 style을 통해 그룹을 구분하게 되면, scatter의 모양이 비슷할 경우 시인성이 떨어지는 단점이 있는데, 이 때 s 인자에 적절하게 조절하여 scatter의 크기를 보다 키워서 시인성을 향상시킬 수 있습니다.

---

❻ https://seaborn.pydata.org/tutorial/properties.html#

Scatterplot (ch3-1.py)

```
fig, ax = plt.subplots()
sns.scatterplot(
    x='Year', y='No. of Internet Users', data=df, ax=ax,
    style='Entity', markers=['o','^',' X '], s=100
)
```

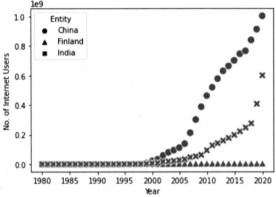

▲ 그림 56 Seaborn scatterplot의 style 인자를 통한 특정 변수 그룹별 scatter plot 모양 구분

마지막으로 seaborn scatterplot에서 그룹을 구분할 수 있는 방법으로는 size 인자를 통하여 그룹별로 scatter의 크기를 다르게 하는 것입니다. size 인자에 그룹별로 구분할 변수명을 전달하고, sizes 인자에 튜플 형태로 scatter 크기의 최소와 최대 범위를 전달하면 그룹별로 구분되는 scatter 크기를 조절할 수 있습니다.

Scatterplot (ch3-1.py)

```
fig, ax = plt.subplots()
sns.scatterplot(
    x='Year', y='No. of Internet Users', data=df, ax=ax,
    size='Entity', sizes=(40, 200)
)
```

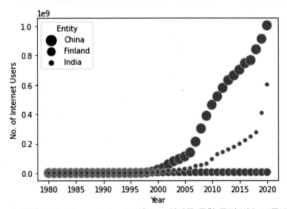

▲ 그림 57 Seaborn scatterplot의 size 인자를 통한 특정 변수 그룹별 scatter plot 크기 구분

지금까지 소개 드린 seaborn scatterplot의 세 가지 그룹별 표현방식 구분은 구분하고자 하는 변수가 하나 이상일 때 섞어서 사용할 수도 있습니다. 예를 들기 위해 새로운 데이터셋을 불러오도록 하겠습니다. seaborn 라이브러리는 테스트에 활용할 수 있는 몇 가지 기본적인 데이터셋을 제공하는데, 그 중 하나인 tips 데이터셋을 가져와 보겠습니다.

tips 데이터셋은 특정 레스토랑에서 지불한 총 가격과 그 때 지불된 팁을 float형 변수로 가지고 있으며, 성별, 흡연자 여부, 요일, 시간대, 함께 식사를 한 사람 수를 변수로 가지고 있습니다. tips 데이터셋을 seaborn scatterplot으로 나타내 보겠습니다. 이 때 x축을 "total_bill", y축을 "tip"으로 설정하고 흡연자 여부를 색깔로, 시간대를 scatter의 모양으로, 함께 식사한 인원을 size 변수로 구분해서 그래프를 그래보겠습니다.

Scatterplot (ch3-1.py)

```python
df = sns.load_dataset('tips')
fig, ax = plt.subplots()
sns.scatterplot(
    x='total_bill', y='tip', data=df, ax=ax,
    hue='smoker', style='time', size='size'
)
```

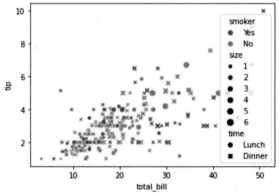

▲ 그림 58 Seaborn scatterplot의 hue, style, size 인자를 동시에 사용하여 하나 이상의 변수들의 그룹별 구분

위의 결과에서 보는 바와 같이 세 가지 다른 변수들을 scatter의 색깔, 모양, 크기를 활용하여 구분할 수 있습니다. 다만, 필자의 경험에 의하면 size 인자를 사용한 scatter 크기 구분은 그룹 간 차이를 확인할 수 있는 시인성이 떨어지기 때문에 색깔이나 모양에 따른 구분 대비 사용 빈도가 떨어지는 것 같습니다. 또한, 한 번에 세가지의 변수들을 구분하여 하나의 scatter plot에서 표현하는 방법은 오히려 그래프의 복잡도를 증가시켜 선호되는 방법은 아닙니다. 실무에서는 꼭 필요한 경우가 아니라면 hue와 style 인자를 이용하여 최대 두 개의 변수를 그룹별

로 나누어 표현하는 경우가 많습니다. 만약 나눠야 할 변수가 두개보다 많다면 size 변수를 추가로 이용하기 보다는 여러 개의 그래프를 이용하여 나눠서 시각화 하는 것이 오히려 독자의 입장에서 데이터를 해석하기 편한 경우가 많습니다.

〈Plotly〉

이번 절에서 Seaborn 및 matplotlib 라이브러리를 통해 그려 보았던 scatterplot들을 Plotly 라이브러리를 통해서도 그려보도록 하겠습니다. Plotly 라이브러리를 통해 scatterplot을 그리는 방법은 크게 2가지인데, plotly의 express 패키지를 통해 그리는 방법과 graph object를 이용하는 방법이 있습니다. Plotly express는 비교적 쉬운 코드로 차트를 그릴 수 있지만 graph object를 이용하는 방법 대비 자유도가 떨어지며, graph object는 그 반대입니다. 이 책에서는 express를 우선적으로 사용하며, express로 표현할 수 없는 그래프나 튜닝의 경우에는 graph object를 이용하도록 하겠습니다.

우선 Plotly 라이브러리의 express 패키지를 px로 임포트하고, 앞서 사용하였던 global_internet_user 데이터셋도 함께 불러와 보도록 하겠습니다.

Scatterplot (ch3-1.py)

```python
import plotly.express as px
import pandas as pd

df = pd.read_csv('./datasets/global_internet_users/global_internet_users.csv')
```

이제 Plotly를 통해 scatterplot을 그려보도록 하겠습니다. 앞서 Matplotlib 및 Seaborn 라이브러리를 통해 그래프를 그릴 때는 fig와 ax 변수를 할당했었는데, Plotly를 통해 그래프를 그릴 때에는 fig 변수만 할당합니다. Plotly express의 scatter를 통해 scatterplot을 그릴 수 있으며, 이 때 x와 y 인자는 앞서 소개한 Seaborn의 scatterplot과 동일하며, data 인자 대신 data_frame 인자를 사용하였습니다. 또한 그래프의 가로, 세로 길이를 조절할 수 있는 인자로 각각 width와 height 인자를 전달하였습니다. 이 때 width와 height 인자의 단위는 픽셀입니다.

Scatterplot (ch3-1.py)

```python
fig = px.scatter(
    data_frame=df, x='Year', y='No. of Internet Users',
    width=400, height=400
)
fig.show()
```

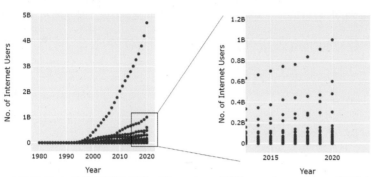

▲ 그림 59 Plotly 라이브러리를 통해 그린 scatterplot (왼쪽). Plotly는 interactive 시각화가 가능하여 왼쪽 그래프의 우하단을 드래그하여 선택하면 선택한 영역을 확대할 수 있다 (오른쪽)

위 그림에서 볼 수 있듯이 Plotly 라이브러리를 통해 그린 그래프는 우상단에 여러 기능의 모드 바를 제공합니다. 왼쪽부터 순서대로 그림 파일 다운로드, 영역 줌 인, 이동, 네모 영역 선택, 영역 선택, 줌 인, 줌 아웃, 리스케일링, 초기화, Plotly 공식 홈페이지입니다. 특히 영역 줌 인 기능은 위 그림의 오른쪽과 같이 특정 영역을 선택했을 때 그 영역을 확대할 수 있는 기능으로, Plotly를 통한 interactive 시각화의 큰 특징 중 하나라고 할 수 있습니다.

앞서 Seaborn의 scatterplot에서 각 변수 별로 scatter의 색깔을 구분하여 표시하였던 것을 Plotly를 통해서도 구현해 보도록 하겠습니다. Seaborn scatterplot에서는 hue 인자에 구분할 변수명을 전달하였지만, plotly express의 scatter에는 color 인자에 동일한 방식으로 전달하면 됩니다. 앞에서와 동일하게 "Chian", "India", "Finland" 세 개 나라에 대한 값들만 색깔로 구분하여 표시해 보도록 하겠습니다 (아래 그림의 왼쪽).

Scatterplot (ch3-1.py)

```
entities = ['China', 'India', 'Finland']
df = df.loc[df['Entity'].isin(entities)]

fig = px.scatter(
    data_frame=df, x='Year', y='No. of Internet Users',
    width=400, height=400, color='Entity'
)
fig.show()
```

앞서 Seaborn의 scatterplot에서 hue를 통해 구분한 scatter들의 색깔을 palette 인자에 "bright"를 전달함으로써 색깔의 채도를 보다 강조한 바 있습니다. 비슷한 결과를 얻기 위해서는 Plotly express의 scatter에 color_discrete_sequence 인자에 Plotly colormap을 전달하

면 됩니다. Seaborn palette의 "Bright"와 비슷한 결과를 얻기 위해서는 아래 코드처럼 Plotly colormap의 "Light24"를 사용하면 됩니다. 그 결과는 아래 그림의 오른쪽 그래프에서 확인할 수 있습니다. 보다 다양한 Plotly colormap은 공식 홈페이지에서 확인할 수 있습니다.[7]

Scatterplot (ch3-1.py)

```
color = px.colors.qualitative.Light24
fig = px.scatter(
    data_frame=df, x='Year', y='No. of Internet Users',
    width=400, height=400,
    color='Entity', color_discrete_sequence=color
)
fig.show()
```

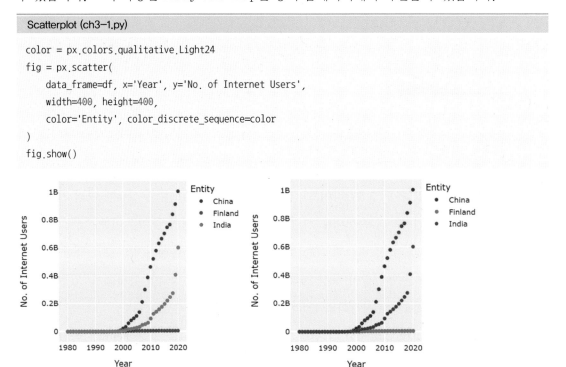

▲ 그림 60 Plotly express scatter의 color 인자를 통해 특정 변수 그룹별 scatter의 색깔을 구분 (왼쪽). color 인자를 통해 구분한 색깔의 colormap 튜닝 (오른쪽)

　　Seaborn의 scatterplot에서는 style 인자를 통해 변수 별 구분을 색깔뿐만 아니라 marker의 모양으로도 구분할 수 있었습니다. Plotly에도 symbol 인자를 이용하여 동일한 방식으로 marker의 모양으로 변수를 구분할 수 있습니다. 아래 코드를 통해 좀 전에 color 인자를 통해 색깔로 구분했던 세 개 나라를 marker의 모양으로 구분해 보도록 하겠습니다. 그 결과는 아래 그림의 왼쪽 그래프입니다.

Scatterplot (ch3-1.py)

```
fig = px.scatter(
    data_frame=df, x='Year', y='No. of Internet Users',
    width=400, height=400, symbol='Entity'
)
fig.show()
```

❼ https://plotly.com/python/discrete-color/

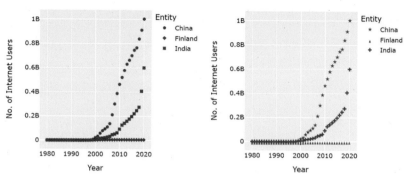

▲ 그림 61 Plotly express scatter 그래프에서 데이터의 변수 별 marker의 모양으로 구분 (왼쪽). symbol_sequence 인자를 통해 marker의 모양을 커스터마이징 (오른쪽)

앞의 그림의 오른쪽 그래프에서 보는 것과 같이 symbol 인자를 통해서 구분되는 marker의 모양을 변경하려면 아래처럼 symbol_sequence에 원하는 symbol의 이름을 문자열 형태로 묶어서 리스트로 전달하면 됩니다. Plotly 공식 홈페이지에 라이브러리에서 제공하는 보다 다양한 symbol들을 확인할 수 있습니다.[8] 아래 코드의 결과가 위 그림의 오른쪽 그래프입니다.

Scatterplot (ch3-1.py)

```
fig = px.scatter(
    data_frame=df, x='Year', y='No. of Internet Users',
    width=400, height=400, symbol='Entity',
    symbol_sequence=['star','arrow','cross']
)
fig.show()
```

앞서 Matplotlib 및 Seaborn 라이브러리에서는 size 인자를 통해 "Entity" 변수 별로 scatter의 크기를 구분하는 법을 보여드렸는데, Plotly express도 이와 비슷한 size 인자가 있지만, 본 예시 데이터처럼 카테고리형 변수에 대해서는 작동하지 않습니다. 다만, 아래처럼 그래프의 y 변수인 "No. f Internet Users"는 수치형 데이터이기 때문에 size 인자에 전달할 수 있는데, 그 결과 아래 그림과 같이 해당 변수 크기에 따라서 scatter의 크기가 유동적으로 표현되는 것을 확인할 수 있습니다.

Scatterplot (ch3-1.py)

```
fig = px.scatter(
    data_frame=df, x='Year', y='No. of Internet Users',
    width=400, height=400, size='No. of Internet Users'
)
fig.show()
```

---

❽ https://plotly.com/python/marker-style/

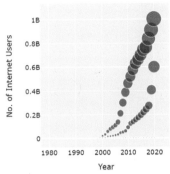

▲ 그림 62 Plotly express scatter 그래프에서 size 인자로 수치형 변수인 "No. of Internet Users"를 전달하여 해당 변수의 크기별로 scatter의 크기를 유동적으로 변화하여 표현한 그래프

이제 지금까지 학습했던 Plotly express의 scatterplot을 이용하여 tips 데이터셋을 표현해 보도록 하겠습니다. X축을 "total_bill", y축을 "tip" 변수로 하고 "smoker"변수를 색깔로 구분, "size" 변수를 scatter의 크기로 구분하고 "time" 변수를 scatter의 모양을 통해서 구분하여 나타내 보도록 하겠습니다. 아래 코드와 그 결과를 확인해 보고, 앞서 Matplotlib 및 Seaborn 라이브러리를 통해 나타낸 결과와 비교해 보시기 바랍니다.

Scatterplot (ch3-1.py)

```python
df = sns.load_dataset('tips')

fig = px.scatter(
    data_frame=df, x='total_bill', y='tip',
    color='smoker', size='size', symbol='time',
    width=600, height=400,
)
fig.show()
```

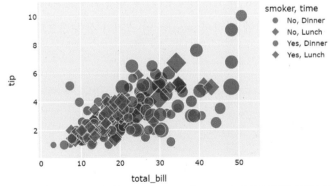

▲ 그림 63 "tips" 데이터셋을 plotly express의 scatterplot으로 나타낸 그래프 (상단 모드바 생략)

Regplot

〈Matplotlib & Seaborn〉

Seaborn regplot은 regression plot의 약자로, scatter plot 기반 그래프에 회귀선을 추가할 수 있습니다. 이 때 회귀선은 직선, 포물선, logistic 등 여러 가지 형태가 될 수 있습니다. 위에서 소개한 tips 데이터셋을 이용하여 바로 예시를 보여드리도록 하겠습니다. 우선 tips 데이터셋을 불러온 후, x축을 "total_bill"로, y축을 "tip"으로 하여 regplot을 그려보도록 하겠습니다.

Regplot (ch3-2.py)

```
df = sns.load_dataset('tips')
fig, ax = plt.subplots()
sns.regplot(x='total_bill', y='tip', data=df, ax=ax)
fig.show()
```

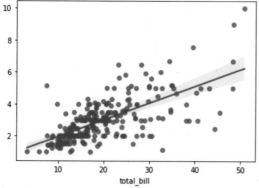

▲ 그림 64 Seaborn regplot을 이용한 회귀선 표현

앞서 살펴봤던 scatterplot과는 달리 "total_bill" 변수의 증가에 따라 "tip" 변수가 증가하는 경향을 확인할 수 있는 회귀선이 추가된 것을 볼 수 있습니다. 위 그림에서 회귀선 주변에 보다 옅은 색으로 칠해진 영역을 확인할 수 있는데, 이는 회귀 결과의 95% 신뢰 구간을 나타냅니다. 이 신뢰구간에 해당하는 영역을 나타내고 싶지 않다면 아래와 같이 ci (confidence interval) 인자에 None을 전달하면 됩니다.

Regplot (ch3-2.py)

```
fig, ax = plt.subplots()
sns.regplot(x='total_bill', y='tip', data=df, ax=ax, ci=None)
```

만약 선형회귀가 아닌 이차 이상의 함수를 통한 회귀가 필요하다면 order 인자에 적절한 차수를 전달하면 됩니다. 아래 예시에서는 임의 3차함수에 대응하는 데이터 (x, y)를 만들어서 regplot을 이용하여 fitting해 보겠습니다. numpy의 arrange(0, 10, 1)은 0부터 9 (=10 - 1)까지 1씩 증가하면서 numpy array를 만들게 됩니다. regplot의 order 인자에 3을 전달함으로써 거의 완벽한 회귀선을 도출하는 것을 확인할 수 있습니다. 95%의 신뢰구간을 나타내는 영역이 거의 보이지 않는 것을 확인할 수 있습니다. 이는 나타난 회귀선이 데이터를 매우 잘 나타낸다는 의미입니다. 데이터를 잘 설명하지 못하는 회귀선의 경우 신뢰구간을 나타내는 영역이 크게 나타납니다.

Regplot (ch3-2.py)

```python
import numpy as np

x = np.arange(0, 10, 1)
y = x**3 - 9*x**2 + x + 4


fig, ax = plt.subplots()
sns.regplot(x=x, y=y, ax=ax, order=3)
```

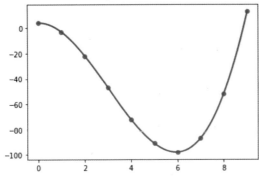

▲ 그림 65 임의의 3차 다항식에 의해 그려진 함수를 seaborn regplot으로 order 인자에 3을 전달하여 거의 완벽한 회귀선을 도출한 그래프

---

regplot을 통해 그린 그래프에서 scatter나 회귀선의 색깔, 모양, 형태 등을 변경하고 싶을 수도 있을 것입니다. scatter 관련 속성을 변경하기 위해서 scatter_kws 인자에, 회귀선 관련은 line_kws 인자에 딕셔너리 형태로 값을 전달하여 속성을 변경할 수 있습니다. 위 그림의 예시에서, scatter의 크기를 80으로 설정하고, 회귀선의 색깔을 빨간색 점선으로 변경해 보겠습니다.

Regplot (ch3-2.py)

```python
fig, ax = plt.subplots()
sns.regplot(
    x=x, y=y, ax=ax, order=3,
    scatter_kws={'s':80}, line_kws={'color':'red', 'linestyle':'--'}
)
```

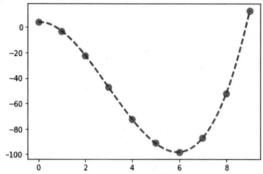

▲ 그림 66 Seaborn regplot의 scatter_kws 및 line_kws 인자를 통한 scatter와 line의 속성 변경

위 예시에서 scatter의 크기를 조절하기 위하여 s 인자를 이용하였는데, 이는 앞서 설명한 scatterplot에서 scatter의 크기를 조절할 때와 동일한 인자입니다. 추가로, 회귀선을 점선 형태로 변경하기 위해 linestyle 인자에 '—'를 전달했습니다. 이러한 점선 표현을 위한 문자열은 regplot 외에 matplotlib 및 seaborn 라이브러리에서 통용되므로 알아 두시면 좋습니다. 추가로, scatter 인자에 False를 전달하게 되면 regplot에서 scatter들을 보이지 않게 설정할 수도 있습니다.

앞서 scatterplot에서는 hue 인자를 통해 특정 변수의 그룹별로 scatter의 색깔을 다르게 표현할 수 있었습니다. 하지만 안타깝게도 seaborn의 regplot에서는 hue 인자 사용이 불가능합니다. regplot과 유사한 그래프인 lmplot에서는 hue 인자를 이용하여 scatter와 회귀선을 특정 변수 그룹별로 각각 나타낼 수 있는데, regplot은 axes-level 그래프인 반면 lmplot은 figure-level의 그래프라는 차이점이 있습니다. axes-level 그래프와 figure-level 그래프의 개념과 각각의 특징들은 뒤에서 자세히 다루도록 하겠습니다.

〈Plotly〉

Seaborn의 regplot을 통해 표현했던 회귀 그래프는 Plotly express scatterplot의 "trendline" 인자를 통해 동일하게 구현할 수 있습니다. 해당 인자에 아래 코드와 같이 "ols"를 전달하면 됩니다. 여기서 "ols"는 회귀식을 구하는 대표적인 방법들 중 하나인 최소자승법을 뜻합니다. 해당 인자에는 "ols" 외에도 "lowess", "rolling", "expanding", "ewm" 등 다양한 값들을 전달할 수 있는데, 여기서는 간단히 "ols"만 사용하도록 하겠습니다.

Regplot (ch3-2.py)

```
df = sns.load_dataset('tips')

fig = px.scatter(data_frame=df, x='total_bill', y='tip', width=400, height=400, trendline='ols')
fig.show()
```

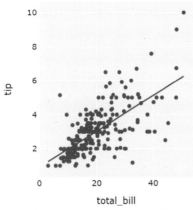

▲ 그림 67 Plotly express scatterplot의 "trendline" 인자를 통해 추가한 회귀선

만약 tips 데이터셋에서 "smoker" 변수별로 회귀선을 따로 구하고 싶다면 단순하게 "color" 인자에 해당 변수명인 "smoker"를 전달하면 됩니다. Seaborn의 regplot은 "hue" 인자를 사용할 수 없기 때문에 동일한 작업을 할 때에 보다 복잡한 방식으로 접근을 해야하기 때문에 이러한 점은 plotly 라이브러리의 장점 중 하나라고 할 수 있습니다.

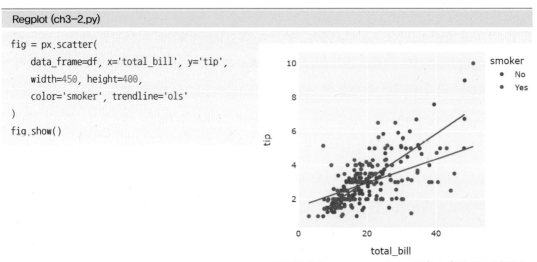

Regplot (ch3-2.py)

```
fig = px.scatter(
    data_frame=df, x='total_bill', y='tip',
    width=450, height=400,
    color='smoker', trendline='ols'
)
fig.show()
```

▲ 그림 68 Plotly express scatterplot의 "color" 인자를 이용하여 구분한 변수별로 회귀선을 추가한 그래프

만약 위 그래프에서 각 scatter들은 "smoker"변수의 값에 따라 색깔 구분을 하고싶지만, 회귀선은 전체 데이터를 대상으로 그리고 싶다면 어떻게 해야 할까요? 이 때에는 trendline_scope 인자에 "overall"을 전달하면 됩니다. 해당 인자의 기본값은 "trace" 인데, 이 때에는 위 그래프와 같이 "color", "symbol"등과 같이 특정 변수별로 구분된 데이터 내에서 각각 회귀선을 도출하지만, "overall"을 전달하게 되면 회귀선을 구하는 데 전체 데이터를 사용하게 됩니다.

Lineplot

〈Matplotlib & Seaborn〉

　Seaborn 라이브러리가 제공하는 그래프 중 연속형 변수 간 상관성을 확인할 수 있는 것으로는 lineplot이 있습니다. scatterplot이 단순히 2차원 평면에 각 데이터들이 위치한 점을 (x, y) 형태로 찍는 것이라면, lineplot은 각 점들을 이어서 x축의 변수가 변함에 따라 데이터의 추세를 확인하기 용이하다는 장점을 가지고 있습니다. Lineplot은 scatterplot과 동일한 방식으로 특정 변수가 속해 있는 그룹별로 line의 색깔과 모양 (형태)에 따라 구분할 수 있습니다. 이때 필요한 인자는 scatterplot과 동일하게 hue와 style입니다. 예시를 보여드리기 위해 global_internet_users 데이터셋을 가져와 보도록 하겠습니다. scatterplot에서 예시로 소개했던 것과 동일하게 불러온 데이터셋에서 "China", "Finland", "India" 세 개의 나라만 남긴 후, 나라 별로 line의 색깔과 형태로 구분해 보도록 하겠습니다.

Lineplot (ch3-3.py)

```python
df = pd.read_csv('./datasets/global_internet_users/global_internet_users.csv')
entities = ['China', 'India', 'Finland']
df = df.loc[df['Entity'].isin(entities)]

fig, ax = plt.subplots()
sns.lineplot(
    x='Year', y='No. of Internet Users',
    data=df, ax=ax, hue='Entity'
)
```

　그 결과는 아래 그림의 왼쪽과 같습니다. scatterplot의 scatter 대신 line의 형태로 그래프가 그려지는 것을 확인할 수 있으며, 나라 별 구분은 색깔별로 다르게 표현되었습니다. 위 코드의 맨 마지막 줄에서 hue를 style로 변경하게 되면 아래 그림의 오른쪽과 같이 나라별 구분이 색깔 대신 line의 형태에 따라서 다르게 표현됩니다.

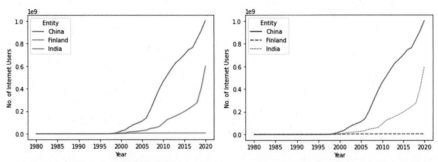

▲ 그림 69 Seaborn lineplot을 통한 global_internet_users 데이터셋의 시각화. 연도별 인터넷 사용량을 나라 별로 색깔과 (왼쪽) line의 형태 (오른쪽)로 구분하였습니다.

앞의 그림과 같은 lineplot은 얼마나 많은 개수의 데이터로 이루어져 있는지 알 수 없다는 단점이 있습니다. 이를 극복하기 위해 scatter plot과 line plot을 동시에 사용하여 line plot에서 데이터의 개수와 분포를 어느 정도 알 수 있습니다. 아래 코드와 같이 lineplot과 scatterplot을 동일한 ax 위에 그려주면 됩니다.

Lineplot (ch3-3.py)

```
fig, ax = plt.subplots()
sns.lineplot(
    x='Year', y='No. of Internet Users',
    data=df, ax=ax, hue='Entity'
)
sns.scatterplot(
    x='Year', y='No. of Internet Users',
    data=df, ax=ax, hue='Entity', legend=False
)
```

이 때 scatterplot의 legend 인자에서 False가 전달된 것을 확인할 수 있습니다. 이는 scatterplot과 관련된 legend를 표시하지 않겠다는 뜻입니다. 이 인자가 False로 전달되지 않으면 global_internet_users 데이터셋의 각 나라별 색깔 구분이 lineplot과 scatterplot에 의해 중복되어 표시되기 때문에 불필요하게 그래프가 복잡하게 됩니다.

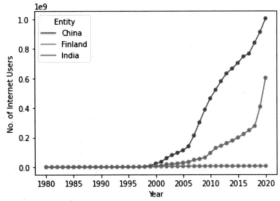

▲ 그림 70 lineplot과 scatterplot을 동일 ax 위에 그린 그래프

〈Plotly〉

Plotly express로도 손쉽게 lineplot을 그릴 수 있습니다. 앞서 Plotly 라이브러리를 통해 그린 scatterplot과 방식이 크게 다르지 않습니다. 다만, lineplot을 그릴 때에는 scatter 대신 line 함수를 사용하게 됩니다. 아래 코드와 같이 global_internet_users 데이터셋에서 "China", "Finland", "India" 세 나라의 연도별 인터넷 사용자 수를 그려보고, 선의 색깔을 "color" 인자를 통해서 구분해 보도록 하겠습니다. 그 결과는 아래 그림의 왼쪽 그래프와 같습니다.

Lineplot (ch3-3.py)

```
fig = px.line(
    data_frame=df, x='Year', y='No. of Internet Users',
    width=400, height=400, color='Entity'
)
fig.show()
```

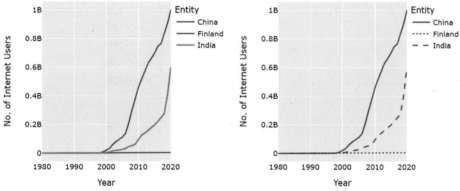

▲ 그림 71 Plotly express lineplot으로 표현한 global_internet_user 데이터셋. "color"인자를 통한 변수별 선 색깔 구분 (왼쪽), "line_dash" 인자를 통한 선 모양 구분 (오른쪽)

추가로, 위 그림의 오른쪽 그래프와 같이 특정 변수의 값 별로 선의 모양을 구분할 수 있는데, "color"인자를 사용하는 것과 동일한 방식으로 "line_dash" 인자에 값 별로 구분할 변수명을 전달하면 됩니다. 아래 코드의 결과는 위 그림의 오른쪽 그래프와 같습니다.

Lineplot (ch3-3.py)

```
fig = px.line(
    data_frame=df, x='Year', y='No. of Internet Users',
    width=400, height=400, line_dash='Entity'
)
fig.show()
```

앞서 Matplotlib 및 Seaborn 라이브러리를 통해 lineplot과 scatterplot을 동시에 표현하는 방법을 설명하였었는데, Plotly를 통해서도 비슷하게 표현할 수 있습니다. Plotly express lineplot의 "symbol" 인자를 사용하여 위 그림의 왼쪽 그래프에서 scatter를 추가한 그래프를 그려보도록 하겠습니다.

Lineplot (ch3-3.py)

```python
fig = px.line(
    data_frame=df, x='Year', y='No. of Internet Users',
    width=400, height=400,
    color='Entity', symbol='Entity'
)
fig.show()
```

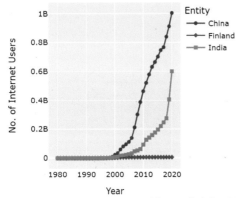

▲ 그림 72 Plotly express lineplot의 "symbol" 인자를 통해 lineplot과 scatterplot을 동시에 표현

Boxplot, Stripplot, Swarmplot

〈Matplotlib & Seaborn〉

Box plot은 범주형 하나 이상의 범주형 변수에 대한 데이터의 분포를 사분위수, 중간값, 이상치 등의 통계치를 박스 형태로 표현하는 그래프입니다. 한 그래프에서 여러 의미 있는 통계값들을 확인할 수 있어서 특정 범주형 변수의 각 값에 따른 데이터 분포를 비교하기에 용이합니다. Seaborn의 boxplot은 아래처럼 표현되는데, 그래프에서 각 구성 요소가 의미하는 바는 아래 그림을 참고하시기 바랍니다.

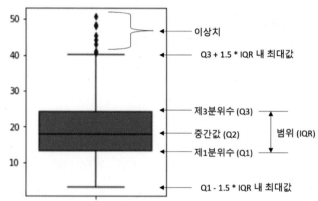

▲ 그림 73 Seaborn boxplot을 이용해 그린 그래프와 boxplot의 각 구성요소의 의미

boxplot은 제1분위수와 제3분위수 사이의 범위를 박스 형태로 표현하고, 박스 내에 제2분위수(중간값)를 선으로 표시하고 있으며, 제3분위수와 제1분위수 사이의 범위를 interquartile range (IQR)이라고 칭합니다. 박스 밖 위, 아래로는 수염 (whisker)가 있는데, 위쪽 수염의 끝은 Q3 + 1.5 · IQR 보다 작거나 같은 데이터 중 최대값을 나타내며, 아래쪽 수염의 끝은 Q1 - 1.5 · IQR 보다 크거나 같은 데이터 중 최소값을 나타냅니다. 위, 아래 수염의 끝보다 더 크거나 작은 데이터들은 scatter 형식으로 표시하는데, box plot에서는 이렇게 양쪽 수염 바깥에 위치한 데이터들을 이상치로 간주합니다.

Box plot을 이용하여 데이터를 시각화 해보겠습니다. Box plot은 범주형 변수의 데이터 분포를 통계적인 관점에서 비교하는데 용이하다고 말씀드렸습니다. 우선 EV_charge 데이터셋을 불러와 보도록 하겠습니다. EV charge 데이터셋은 각 전기자동차의 충전 이력을 기록한 로그 데이터입니다. 충전이 시작되고 끝난 날짜와 시간, 충전량, 충전요금 등이 건 별로 기록되어 있습니다. 이 데이터셋을 이용하여 요일별로 충전량을 box plot으로 그려서 요일별 전기차 충전량을 비교해 보도록 하겠습니다.

```
df = pd.read_csv('./datasets/EV_charge/EV_charge.csv')

fig, ax = plt.subplots()
sns.boxplot(x='weekday', y='kwhTotal', data=df, ax=ax)
```

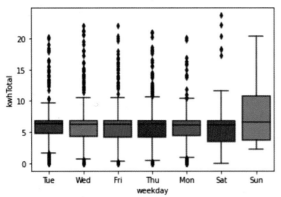

▲ 그림 74 Seaborn boxplot을 이용한 EV_charge 데이터셋의 요일 별 전기차 충전량

위 결과를 확인해 보니 월요일부터 금요일까지의 주중에는 전기차 충전량의 중간값이 거의 비슷한 것을 확인할 수 있습니다. 토요일은 충전량의 중간값은 비슷하지만, 제1분위수가 주중에 비해 약간 낮고, 충전량이 높은 이상치들의 충전량이 주중에 비해 높은 것을 확인할 수 있는데, 이는 토요일의 충전량은 주중의 충전량에 비해 산포가 크다고 해석할 수 있겠습니다. 일요일은 다른 요일들에 비해 중간값과 제3분위수가 큰 것을 확인할 수 있습니다. 이를 통해 해석해 보건대, 주말에는 나들이 등을 다녀오는 경우가 많아 데이터의 산포가 주중 대비 크며, 일요일에는 나들이에서 돌아온 사람들이 다음 주를 대비하기 위해 자동차를 충전하는 경우가 많아 다른 요일에 비해 충전량이 많다고 추측해 볼 수 있습니다.

Box plot은 데이터의 여러 통계치들을 한 눈에 알기 쉽다는 장점이 있지만, 통계치를 나타내는 것이기 때문에 원본 데이터의 분포를 알기에는 어렵다는 단점도 존재합니다. 특히, 하나의 box가 몇 개의 데이터로 이루어져 있는지 알기가 어려운데, 모집단에서 추출한 5개의 표본으로 그린 box와 100개의 표본으로 그린 box가 동일한 모양의 box처럼 그려지더라도 통계적인 관점에서는 100개의 표본으로 그린 box가 5개로 그린 box보다 모집단을 더 잘 나타낸다고 할 수 있을 것입니다. Seaborn에서는 boxplot과 stripplot 혹은 swarmplot을 이용하여 원본 데이터를 box plot과 함께 표현할 수 있습니다. 아래 예시 코드와 같이 boxplot과 stripplot 혹은 swarmplot을 동일 ax에 그려주면 됩니다.

```
fig, ax = plt.subplots()
sns.stripplot(x='weekday', y='kwhTotal', data=df, ax=ax, color='grey', alpha=0.4)
sns.boxplot(x='weekday', y='kwhTotal', data=df, ax=ax)
```

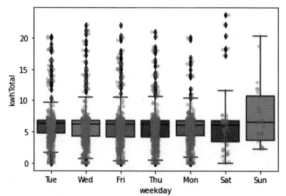

▲ 그림 75 Seaborn boxplot과 stripplot을 동시에 사용하여 boxplot을 이루는 원본 데이터를 scatter 형식으로 함께 표현

위 코드에서 stripplot을 그려줄 때 color를 grey로 설정하고, alpha 인자에 0.4를 전달했음을 확인하시기 바랍니다. color 인자에 아무것도 전달하지 않으면, box와 동일한 색으로 자동설정 됩니다. 이 때 box와 색깔이 겹치기 때문에 stripplot에 의해 그려진 scatter를 확인하기 어렵기 때문에 필자는 위 코드처럼 다른 색을 지정하여 box와는 구분될 수 있게 사용하고 있습니다. 또한 alpha는 투명도를 설정하는 인자인데, 위 예시처럼 원본 데이터가 많은 경우에 값을 낮춰서 사용하게 되면 각 scatter의 투명도가 커지기 때문에 그래프가 보다 깔끔해 보입니다. color와 alpha 인자에 적절한 값을 넣어서 테스트해 보시고, 독자분들이 보기에 깔끔하다고 생각하는 값들을 찾아보시기 바랍니다.

위 그림처럼 boxplot과 stripplot을 동시에 사용함으로써 원본 데이터를 함께 확인하니 주중 대비 주말, 특히 일요일의 충전 건수가 다른 요일에 비해 현저히 적은 것을 확인할 수 있습니다. 이처럼 box plot 자체로도 강력한 시각화 그래프이지만 만능이 아니라는 점과, 원본 데이터를 함께 봄으로써 또 다른 인사이트를 얻을 수 있다는 점을 명심하시기 바랍니다.

그렇다면 stripplot과 swarmplot의 차이점은 무엇일까요? 이 둘은 모두 하나 이상의 범주형 변수의 데이터 분포를 scatter 형식으로 표현하지만, 표현 방식에 약간의 차이가 있습니다. swarmplot은 각 scatter들의 겹침을 최소화하도록 그래프가 그려지기 때문에 각각의 scatter들을 확인하기에 보다 편리하다는 장점이 있습니다. 하지만 데이터의 크기가 커질수록 swarmplot은 stripplot에 비해 코드 실행 속도가 현저히 떨어지기 때문에, 각 상황에 따라 적절한 plot을 선택하여 사용하시기 바랍니다. 아래 그림은 boxplot과 stripplot을 함께 그린 경우(왼쪽)와 boxplot과 swarmplot을 함께 그린 경우(오른쪽)입니다. stripplot을 그리는 코드는 위의 예시에서 이미 설명했기 때문에, 아래 예시 코드는 swarmplot을 그리는 코드만 보여주겠습니다. 두 그래프의 차이점을 직접 확인해 보시기 바랍니다.

Boxplot, Stripplot, Swarmplot (ch3-4.py)

```
fig, ax = plt.subplots()
sns.swarmplot(x='weekday', y='kwhTotal', data=df, ax=ax, color='grey', alpha=0.4)
sns.boxplot(x='weekday', y='kwhTotal', data=df, ax=ax)
```

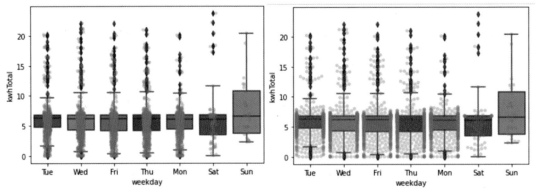

▲ 그림 76 Seaborn boxplot과 stripplot을 함께 그린 경우(왼쪽)와 boxplot과 swarmplot을 함께 그린 경우(오른쪽)

위에서 그린 box plot을 보시면 x축의 순서가 Tue, Wed, Fri, Thu, …으로 뒤죽박죽인 것을 알 수 있습니다. x축의 순서를 의도대로 변경하기 위해서는 order 인자에 리스트 형식으로 x축의 순서를 전달하면 됩니다. 위 그래프에서 x축을 월요일부터 일요일 순서대로 설정하여 그래프를 다시 그려보도록 하겠습니다.

Boxplot, Stripplot, Swarmplot (ch3-4.py)

```
weekday_order = ['Mon','Tue','Wed','Thu','Fri','Sat','Sun']

fig, ax = plt.subplots()
sns.boxplot(x='weekday', y='kwhTotal', data=df, ax=ax, order=weekday_order)
```

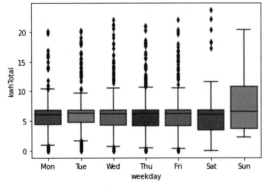

▲ 그림 77 Seaborn boxplot의 x축 순서 임의 지정

추가로, seaborn boxplot은 x축 각 변수 내에서 또 다른 변수의 특정 그룹별로 box를 나눠서 그릴 수 있습니다. 방법은 scatterplot에서와 동일하게 hue 인자를 통해 그룹별로 나눌 변수명을 전달하면 됩니다. EV_charge 데이터셋에서 "platform" 변수를 hue 인자에 전달하여 요일별 전기차 충전량을 platform 변수 그룹별로 나타내 보도록 하겠습니다. platform 변수는 각 충전 건에서 사용자가 충전을 위해 이용했던 기기를 "ios", "android", "web" 세 가지로 나눠서 나타내고 있습니다.

```
 Boxplot, Stripplot, Swarmplot (ch3-4.py)

fig, ax = plt.subplots()
sns.boxplot(
    x='weekday', y='kwhTotal',
    data=df, ax=ax, order=weekday_order, hue='platform'
)
```

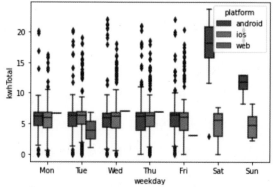

▲ 그림 78 Seaborn boxplot의 hue 인자를 이용한 특정 변수의 그룹별 box 구별 표현

위 결과에서 확인할 수 있듯이, hue 인자를 이용해서 boxplot으로 요일별 전기차 충전량을 이용자의 단말기 플랫폼으로 다시 한번 나눠서 box를 그릴 수 있습니다.

〈Plotly〉

앞에서 scatterplot, lineplot을 Plotly 라이브러리를 통해 그려본 것과 같이, boxplot 또한 Plotly 라이브러리를 사용하여 손쉽게 그릴 수 있습니다. 앞서 사용했던 EV charge 데이터셋을 이용하여 요일별 전기차 충전량을 비교해 보도록 하겠습니다. Plotly express의 box 함수를 사용하여 아래와 같이 box plot을 그릴 수 있습니다.

```
fig = px.box(
    data_frame=df, x='weekday', y='kwhTotal',
    width=500, height=400
)
fig.show()
```

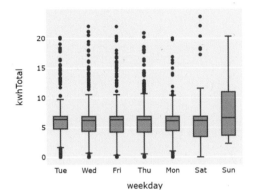

▲ 그림 79 Plotly express의 boxplot으로 표현한 EV charge 데이터셋의 요일별 전기차 충전량

앞서 Matplotlib 및 Seaborn 라이브러리를 통해 boxplot을 그린 후 각 데이터 포인트들을 stripplot추가로 그려서 box와 함께 나타내는 방법을 설명했었습니다. Plotly 라이브러리에서도 유사한 형태로 boxplot에서 각 데이터 포인트들을 나타낼 수 있는데, box 함수의 "points" 인자에 "all"을 전달하면 됩니다. 아래 코드와 그림을 통하여 결과를 확인해 보시기 바랍니다.

```
fig = px.box(
    data_frame=df, x='weekday', y='kwhTotal',
    width=500, height=400, points='all'
)
fig.show()
```

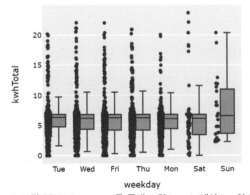

▲ 그림 80 Plotly express를 통해 그린 boxplot에서 box와 각 데이터 포인터들을 scatter로 함께 나타낸 그래프

앞의 그림의 x축을 보면 월요일부터 일요일까지 요일 순서가 뒤죽박죽인 것을 확인할 수 있습니다. 이는 x축으로 사용한 category형 column의 데이터가 원 데이터셋에서 나오는 순서에 영향을 받기 때문으로, boxplot과 같이 category형 변수를 축으로 할 때에 데이터 순서를 지정해 주기 위해서 Plotly boxplot에서는 "category_orders" 변수에 딕셔너리 형식으로 데이터 순서를 지정해 주면 됩니다. 아래 코드와 같이 x축 변수명인 "weekday"를 key로 하고, 월요일부터 일요일까지의 순서를 나타내는 리스트를 value로 하는 딕셔너리를 전달하여 boxplot의 x축 순서를 지정해 보았습니다.

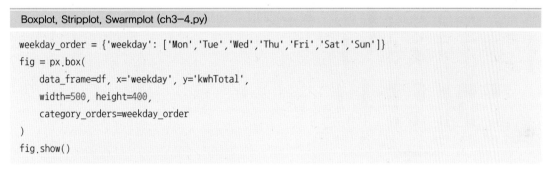

```python
weekday_order = {'weekday': ['Mon','Tue','Wed','Thu','Fri','Sat','Sun']}
fig = px.box(
    data_frame=df, x='weekday', y='kwhTotal',
    width=500, height=400,
    category_orders=weekday_order
)
fig.show()
```

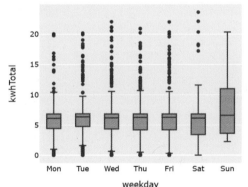

▲ 그림 81 Plotly express boxplot의 x축 데이터 순서를 "category_orders" 인자를 통해 지정하여 그린 그래프

마지막으로, Plotly를 통해 그린 boxplot 또한 특정 변수의 값 별로 색깔을 구분하여 각 x축 변수에 대한 box를 나누어서 그릴 수 있습니다. 이 때 사용하는 인자는 Plotly scatterplot, lineplot과 동일하게 "color"를 사용합니다. 아래와 같이 "color" 인자에 "platform"을 전달하여 해당 변수의 값 별로 box를 색깔별로 나누어 그려보도록 하겠습니다.

```
weekday_order = {'weekday': ['Mon','Tue','Wed','Thu','Fri','Sat','Sun']}
fig = px.box(
    data_frame=df, x='weekday', y='kwhTotal',
    width=500, height=400,
    category_orders=weekday_order, color='platform'
)
fig.show()
```

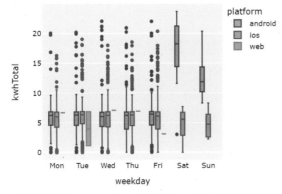

▲ 그림 82 Plotly express boxplot에서 "color" 인자를 사용하여 특정 변수의 값 별로 box를 나누어 그린 그래프

Histplot

〈Matplotlib & Seaborn〉

　Seaborn histplot은 하나 혹은 두 변수에 대한 데이터의 분포를 보여주는 그래프입니다. 여기서는 자주 사용되는 1변수 histplot에 대해서 설명하겠습니다. 이는 특정 크기의 bin에 속하는 데이터들의 개수를 하나의 막대로 표현하는 전형적인 히스토그램이라고 생각하시면 됩니다. histplot을 그리기 위해 tips 데이터셋을 불러오고, total_bill을 x축으로 하는 히스토그램을 그려보도록 하겠습니다.

Histplot (ch3-5.py)

```
df = sns.load_dataset('tips')

fig, ax = plt.subplots()
sns.histplot(df, x='total_bill', ax=ax)
```

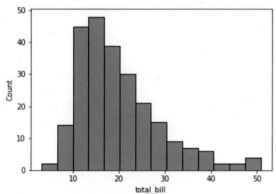

▲ 그림 83 Seaborn histplot을 이용하여 그린 tips 데이터셋의 total_bill 변수 히스토그램

　histplot에서는 bins와 binwidth 두개 인자 중 하나를 이용하여 bin의 크기를 조정할 수 있습니다. bins 인자는 총 몇 개의 bin을 (막대를) 그릴 것인지를 입력받고, binwidth는 하나의 bin 크기(길이)를 전달받습니다. 아래 코드는 bins 인자에 30을 입력하여 총 30개의 막대를 그렸습니다. 그 결과는 아래 그림의 좌측에서 확인할 수 있습니다.

Histplot (ch3-5.py)

```
fig, ax = plt.subplots()
sns.histplot(df, x='total_bill', ax=ax, bins=30)
```

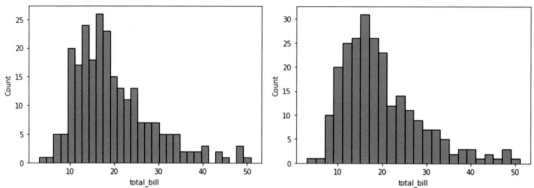

▲ 그림 84 Seaborn histplot을 이용하여 그린 히스토그램에서 bins 인자와(왼쪽) binwidth 인자(오른쪽)를 통한 막대 개수 조정

아래 코드는 binwidth 인자에 2를 전달하여 하나의 bin이 가지는 길이를 2로 하여 히스토그램을 그린 것입니다. 그 결과는 위 그림의 우측에서 확인할 수 있습니다.

Histplot (ch3-5.py)

```
fig, ax = plt.subplots()
sns.histplot(df, x='total_bill', ax=ax, binwidth=2)
```

histplot 역시 특정 변수의 그룹을 색상별로 구분하여 표시할 수 있습니다. 앞서 설명한 scatterplot과 lineplot과 동일하게 hue 인자를 통해 변수명을 전달하면 됩니다. tips 데이터셋에서 hue 인자에 "time" 변수를 전달하여 시간대에 따라 막대의 색을 구분하여 히스토그램을 그려보도록 하겠습니다. 그 결과는 아래 그림의 왼쪽 그래프와 같습니다.

Histplot (ch3-5.py)

```
fig, ax = plt.subplots()
sns.histplot(df, x='total_bill', ax=ax, hue='time')
```

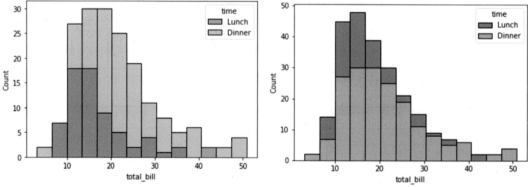

▲ 그림 85 Seaborn histplot에서 특정 변수 그룹별 색깔 구분. multiple 인자를 전달하지 않았을 때(왼쪽)와 multiple 인자로 'stack' 을 전달했을 때(오른쪽)

histplot의 hue 인자를 통해 특정 변수의 그룹별로 색깔 구분을 했을 때, multiple 인자에 아무것도 전달하지 않으면 위 그림의 왼쪽 그래프와 같이 두 색깔에 해당하는 그룹이 겹쳐서 표현됩니다. 때에 따라 그룹별 색깔 구분을 하지만 각 bin에 해당하는 데이터들을 위로 쌓아서 count (y축의 길이)가 누적되게끔 히스토그램을 그려야 할 때가 있는데, 이 때에는 multiple 인자에 'stack'을 전달하면 됩니다. 예시 코드는 아래와 같고, 그 결과는 위 그림의 오른쪽과 같습니다. 그래프의 Y축인 count의 차이를 보면 알 수 있듯이, multiple 인자에 stack이 전달되면, 막대에 해당하는 길이만큼 누적해서 계산된다는 점을 확인하시기 바랍니다.

Histplot (ch3-5.py)

```
fig, ax = plt.subplots()
sns.histplot(df, x='total_bill', ax=ax, hue='time', multiple='stack')
```

〈Plotly〉

Plotly 라이브러리의 express 패키지의 histogram 함수를 이용하여 Plotly에서도 간단하게 히스토그램을 그릴 수 있습니다. 우선 앞서 사용한 tips 데이터셋을 이용하여 "total_bill" 변수의 분포를 Plotly histogram으로 나타내 보도록 하겠습니다.

Histplot (ch3-5.py)

```
df = sns.load_dataset('tips')

fig = px.histogram(data_frame=df, x='total_bill', width=450)
fig.show()
```

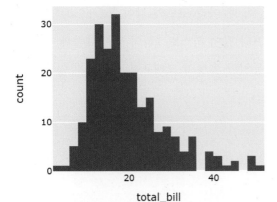

▲ 그림 86 Plotly 라이브러리로 그린 tips 데이터셋의 "total_bill" 변수의 분포 히스토그램

Plotly로 그린 히스토그램의 bin 크기를 조절하기 위해서는 "nbins" 인자에 bin의 개수를 전달하는 방법이 있습니다. 아래 코드에서 "nbins" 인자에 20을 전달해 보도록 하겠습니다. 그 결과 아래 그림처럼 하나의 bin에 포함된 데이터의 개수(count)가 증가한 것을 확인할 수 있습니다. "nbins" 인자에 전달되는 값이 클수록 bin 개수가 증가하고, 작을수록 감소합니다.

Histplot (ch3-5.py)

```python
fig = px.histogram(
    data_frame=df, x='total_bill', width=450, nbins=20
)
fig.show()
```

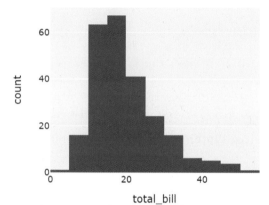

▲ 그림 87 Plotly로 그린 tips 데이터셋의 "total_bill" 히스토그램에서 bin의 크기를 증가시킨 그래프

Plotly로 그린 히스토그램에서도 "color"인자를 사용하여 특정 변수의 값 별로 히스토그램 막대를 나누어서 그릴 수 있습니다. 해당 인자에 "time"을 전달하여 시간대 별로 "total_bill" 변수의 값 분포를 확인해 보도록 하겠습니다. 이 때 아래 코드와 같이 "barmode" 인자에 "overlay"를 지정하게 되면 아래 그림의 좌측 그래프와 같이 히스토그램의 각 막대들에 대한 값이 0부터 시작되면서 중첩되어 그려지게 됩니다. 동일한 유형의 그래프를 중첩하지 않게끔 그리고 싶다면 "overlay" 대신 "group"을 전달하면 됩니다.

Histplot (ch3-5.py)

```python
fig = px.histogram(
    data_frame=df, x='total_bill', width=450,
    color='time', barmode='overlay'
)
fig.show()
```

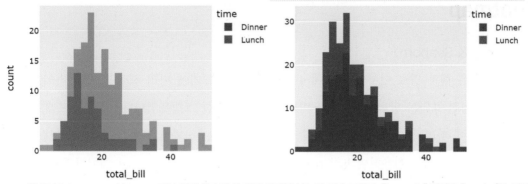

▲ 그림 88 Plotly express histogram에서 특정 변수의 값 별로 막대를 나누어 그린 그래프. "barmode" 인자를 "overlay"로 지정했을 때와 (왼쪽) "relative"로 지정했을 때 (오른쪽)

앞과 같이 "color" 인자를 이용하여 각 bin 별로 특정 변수 값에 따라 막대를 분리하여 그리고 싶은데, 각 막대를 누적하여 그리고 싶다면 "barmode" 인자에 "relative"를 전달하거나, 아래 코드와 같이 해당 인자를 따로 지정하지 않으면 됩니다 (기본 값이 "relative" 입니다). 이 경우, 위 그림의 오른쪽 그래프와 같이 특정 bin 별로 막대가 누적되어 그려지게 되고, 색깔 구분만 없다면 앞서 "color" 인자를 지정하지 않은 그래프와 막대의 길이가 동일하게 됩니다. 즉, 누적된 막대의 총 길이는 해당 bin에 해당하는 총 빈도수입니다.

Histplot (ch3-5.py)

```
fig = px.histogram(
    data_frame=df, x='total_bill', width=450, color='time'
)
fig.show()
```

Heatmap

⟨Matplotlib & Seaborn⟩

Heatmap은 행과 열로 이루어진 표에서 각 셀의 값의 크기에 따라 색깔을 달리 하여, 단순 숫자로 이루어진 표와는 달리 값의 대소 비교를 용이하게 한 그래프입니다. 엑셀 스프레드시트에서 특정 값에 따라 셀의 색을 달리 입힐 수 있는 조건부서식과 유사하다고 할 수 있습니다. Seaborn 라이브러리를 이용하여 heatmap을 그려보기 위해 medical_cost 데이터셋을 불러온 후 첫 5개 행을 살펴보도록 하겠습니다.

```
Heatmap (ch3-6.py)

df = pd.read_csv('./datasets/medical_cost/medical_cost.csv')
df.head()
```

	age	sex	bmi	children	smoker	region	charges
0	19	female	27.900	0	yes	southwest	16884.92400
1	18	male	33.770	1	no	southeast	1725.55230
2	28	male	33.000	3	no	southeast	4449.46200
3	33	male	22.705	0	no	northwest	21984.47061
4	32	male	28.880	0	no	northwest	3866.85520

▲ 그림 89 medical_cost 데이터셋에서 첫 5개 행을 살펴본 결과

Medical_cost 데이터셋은 의료보험 회사가 지불한 비용을 의료보험 혜택을 받은 수혜자의 나이, 성별, BMI, 의료 보험 혜택을 받을 수 있는 아이 수, 흡연 여부, 지역 정보와 함께 나타내고 있습니다. Seaborn 라이브러리의 heatmap을 그리려면 2차원 Numpy array 형태의 데이터나, pivot 함수로 정제된 Pandas dataframe이 필요합니다. 우리는 위 데이터셋에서 가로 지역으로, 세로축을 구간화된 나이로 하고, 각 셀에는 해당 나이 구간과 지역에 해당하는 의료보험료의 중간값을 갖는 pivot table을 만들어 보도록 하겠습니다.

```
Heatmap (ch3-6.py)

age_bin_list = np.arange(10, 80, 10)
df['age_bin'] = pd.cut(df['age'], bins=age_bin_list)

pivot_df = df.pivot_table(
    index='age_bin', columns='region', values='charges', aggfunc='median'
)
```

Numpy의 arange를 이용하여 10부터 70까지, 10 단위로 하는 구간을 만들었고, Pandas의 cut 함수를 이용하여 데이터셋의 나이 ('age' 열) 데이터를 이용하여 각 나이 구간에 해당하는 열 age_ bin을 새로 추가하였습니다. 이제 Seaborn 라이브러리로 heatmap을 그려보도록 하겠습니다.

Heatmap (ch3-6.py)

```
fig, ax = plt.subplots()
sns.heatmap(pivot_df, ax=ax, annot=True)
```

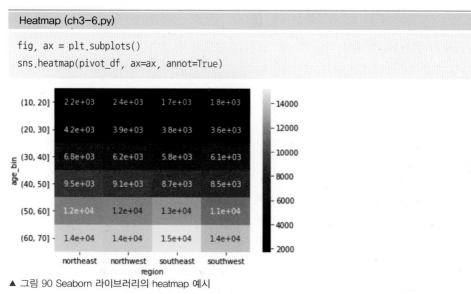

▲ 그림 90 Seaborn 라이브러리의 heatmap 예시

여기서 annot 인자에 True를 전달하면 위 그림처럼 각 셀에 해당하는 값이 숫자로 함께 표현 되게 됩니다. 여기서 fmt 인자에 적절한 formatting 문자열을 전달하면 표현되는 annotation 숫자의 형식을 변경할 수 있습니다. 위 그림에서 각 셀의 값이 소수점 아래 1자리까지 가지는 exponential 형태로 표현되고 있는데, 이를 소수점 2자리까지 표현되도록 변경해 보도록 하겠 습니다. 이를 위해 fmt 인자에 '.2e'를 전달합니다.

Heatmap (ch3-6.py)

```
fig, ax = plt.subplots()
sns.heatmap(pivot_df, ax=ax, annot=True, fmt='.2e')
```

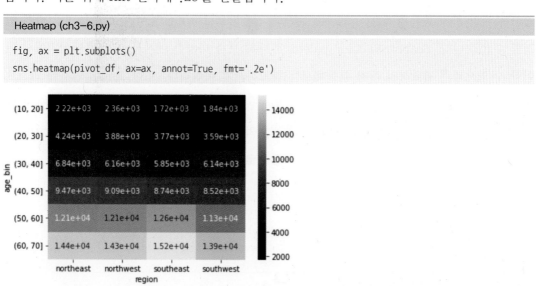

▲ 그림 91 Seaborn heatmap에서 annotation 되는 숫자의 형식 지정하기

heatmap의 오른편에는 값의 크기에 따라 적용되는 색깔을 표시해 주는 color bar가 있는데, color bar의 최대 및 최소값의 범위를 vmax, vmin 인자를 설정해 줌으로써 변경할 수 있습니다. 또한 셀 값의 크기에 따라 표현되는 색깔을 cmap 인자를 전달함으로써 변경할 수 있습니다. 아래 코드로 color bar의 최대, 최소를 각각 16000, 0으로 설정하고, cmap 인자를 변경하여 셀 값이 작을수록 빨간색, 클수록 파란색으로 표현해 보도록 하겠습니다.

Heatmap (ch3-6.py)

```
fig, ax = plt.subplots()
sns.heatmap(
    pivot_df, ax=ax, annot=True, fmt='.2e',
    vmax=16000, vmin=0, cmap='RdBu'
)
```

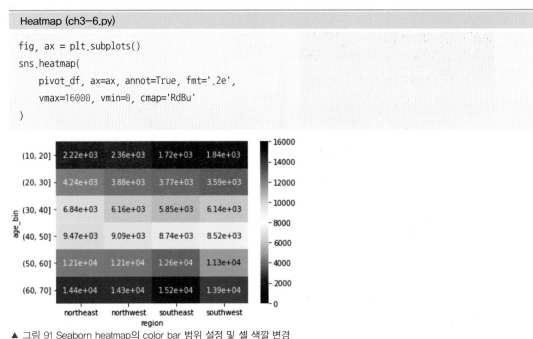

▲ 그림 91 Seaborn heatmap의 color bar 범위 설정 및 셀 색깔 변경

cmap 인자에는 matplotlib에서 제공하는 colormap 이름이나, seaborn 라이브러리에서 제공하는 여러 가지 종류의 color_palette 객체를 전달함으로써 heatmap의 색상을 다양하게 변경할 수 있습니다. Seaborn의 color_palette에 대해 보다 다양한 예시를 공식 홈페이지에서 확인할 수 있으니,[9] 필요하신 독자 분들께서는 참고하시기 바랍니다. 또한, cmap 인자에 리스트 형태로 matplotlib에서 제공하는 색상 이름(blue, red, white 등)을 전달할 수 있습니다. 이 때 heatmap을 통해 그려지는 데이터셋의 셀 값 범위와 전달한 색상 리스트의 길이를 고려하여 자동으로 각 색상에 해당하는 셀 값의 범위가 자동으로 지정됩니다.

---

[9] https://seaborn.pydata.org/tutorial/color_palettes.html

〈Plotly〉

Plotly express에서 heatmap을 그리기 위해서는 imshow 함수를 사용합니다. Scatterplot, lineplot, boxplot과 같은 그래프는 Matplotlib 및 Seaborn을 통해 구현하든 Plotly를 통해 구현하든 x, y축을 지정하는 방식은 크게 다르지 않았습니다. 하지만 Plotly imshow를 통해 그리는 heatmap 은 Matplotlib 및 Seaborn을 이용하여 그리는 heatmap과 그 인자의 전달에 약간 차이가 있습니다.

우선 앞서 사용했던 medical_cost 데이터셋을 이용하여 동일한 heatmap을 그려보도록 하겠습니다. 이 때 아래 코드와 같이 imshow 함수에 데이터뿐만 아니라 x축 및 y축을 함께 전달하게 되는데, 이는 단순 dataframe만 전달했던 Seaborn heatmap과는 다른 점이라는 것을 확인하시기 바랍니다. 이 때 x축으로는 pivot_df 데이터프레임의 column을 전달하였고, y축으로는 index를 전달하였습니다. Index를 전달할 때 문자열로 데이터 타입을 변경하였는데, 이는 pivot_df 데이터프레임의 index가 [10, 20)과 같은 interval 형식이기 때문에 imshow 함수의 "y" 인자로 바로 사용할 수 없기 때문입니다. 추가로, imshow를 통해 그리는 heatmap의 각 셀에 그 값을 표시하기 위해 "text_auto" 인자에 숫자 표현식을 ".2e"로 전달하였습니다. 그 결과는 아래 그림에서 확인하시기 바랍니다.

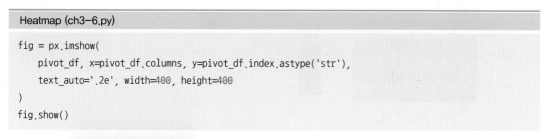

```
Heatmap (ch3-6.py)

fig = px.imshow(
    pivot_df, x=pivot_df.columns, y=pivot_df.index.astype('str'),
    text_auto='.2e', width=400, height=400
)
fig.show()
```

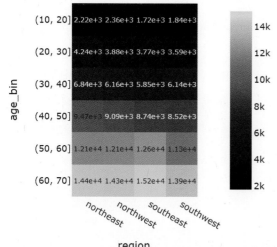

▲ 그림 93 Plotly express의 imshow를 통해 그린 heatmap

Plotly 라이브러리도 Seaborn과 비슷하게 다양한 color palette를 제공하고 있습니다. Plotly의 imshow를 통해 그린 heatmap에서는 "color_continuous_scale" 인자를 통해 color map을 변경할 수 있는데, 해당 인자에 전달할 수 있는 다양한 예시들은 Plotly 공식 홈페이지에 소개되어 있습니다.[10] 여기서는 앞서 Seaborn을 통해 그려봤던 예시와 유사한 결과를 얻기 위하여 "RdBu"를 전달해 보도록 하겠습니다.

Heatmap (ch3-6.py)

```
fig = px.imshow(
    pivot_df, x=pivot_df.columns, y=pivot_df.index.astype('str'),
    text_auto='.2e',width=400, height=400,
    color_continuous_scale='RdBu'
)
fig.show()
```

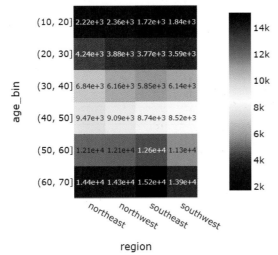

▲ 그림 94 "color_continuous_scale" 인자를 이용한 Plotly imshow heatmap의 color map 튜닝

---

❿ https://plotly.com/python/builtin-colorscales/

Matplotlib의 axes-level plot과 figure-level plot

Seaborn 라이브러리에서 지금까지 소개한 scatterplot, distplot 등은 axes-level plot입니다. Axes-level plot은 figure 안에 사용자가 임의로 설정한 하나 이상의 axes에 각각 그래프를 그리고 커스터마이징 할 수 있습니다. 반면, figure-level plot은 axes 위에 그래프를 그리는 것이 아니기 때문에 인자로 ax를 받지 않으며, 하나의 figure 위에 그려집니다. 이러한 figure-level plot은 특정 변수 내 데이터 그룹별로 그래프를 각각 그려야 하는 경우 구분할 변수명과 관련된 관련 인자 몇개만 전달하면 손쉽게 그래프를 나눠서 그릴 수 있습니다. 반면 axes-level plot으로 동일한 작업을 하기 위해서는 변수 내 그룹의 개수에 해당하는 ax들을 생성하고, 반복문을 통하여 특정 그룹별 서브 데이터셋을 생성하여 생성한 각 ax들에 하나하나 그래프를 생성하는 작업을 해야 하기 때문에 상대적으로 복잡합니다. 이번 절에서는 위에서 이미 다룬 axes-level plot들을 일부 사용하여 하나의 figure 내에 있는 두개 이상의 axes에 각각 그래프를 그려보고, 유용한 figure-level plot들을 몇 가지 소개하도록 하겠습니다.

앞서 소개한 다양한 seaborn 라이브러리 내 그래프를 그린 예시 코드를 보면 아래처럼 Matplotlib의 pyplot 라이브러리 내의 subplots를 통해 fig와 ax 변수를 정의한 것을 확인할 수 있습니다. 이 때 subplots에 행, 열의 개수를 정수형으로 순서대로 전달하게 되면 하나 이상의 axes를 생성할 수 있습니다. 아래 예시 코드를 통해 2행 2열로 총 4개의 axes를 생성해 보도록 하겠습니다. 이 때 figsize 인자를 함께 전달하면 해당 figure의 크기를 조절할 수 있습니다. 아래 코드에서는 figuresize를 12x12 인치 크기로 생성한 것입니다.

Matplotlib의 axes-level plot과 figure-level plot (ch3-7.py)

```
fig, ax = plt.subplots(2, 2, figsize=(12, 12))
```

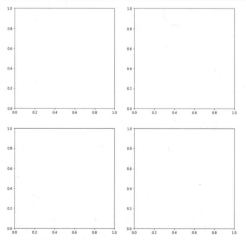

▲ 그림 95 Matplotlib pyplot의 subplots을 이용하여 하나 이상의 axes를 가지는 그래프 그리기 및 그래프 크기 설정

위 코드의 실행 결과에서 볼 수 있듯이 1행 3열 총 3개의 빈 axes가 생성된 것을 확인할 수 있습니다. 이 때 각 ax는 ax[행 번호][열 번호]처럼 2차원 리스트 형태로 호출할 수 있습니다. 위에서 생성한 4개의 axes에 medical_cost 데이터셋을 이용하여 그래프를 그려보도록 하겠습니다. 앞에서 배운 axes-level plot을 통해 각 ax 하나하나 설정하여 그래프를 그릴 수 있습니다.

Matplotlib의 axes-level plot과 figure-level plot (ch3-7.py)

```
df = pd.read_csv('./datasets/medical_cost/medical_cost.csv')

fig, ax = plt.subplots(2, 2, figsize=(12, 12))
sns.regplot(
    x='bmi', y='charges', data=df.query('region == "southwest"'),
    ax=ax[0][0]
)
ax[0][0].set_title('region : southwest')

sns.regplot(
    x='bmi', y='charges', data=df.query('region == "southeast"'),
    ax=ax[0][1]
)
ax[0][1].set_title('region : southeast')

sns.regplot(
    x='bmi', y='charges', data=df.query('region == "northwest"'),
    ax=ax[1][0]
    )
ax[1][0].set_title('region : northwest')

sns.regplot(
    x='bmi', y='charges', data=df.query('region == "northeast"'),
    ax=ax[1][1]
    )
ax[1][1].set_title('region : northeast')
```

---

medical_cost 데이터셋은 "region" 변수에 "southwest", "southeast", "northwest", "northeast" 네 가지 데이터를 가지고 있는데, 각각의 "region"에 대해 따로 x축을 "bmi"로 하고, y축을 "charges"로 하는 총 4개의 regplot을 그렸습니다. 추가로, 각 ax마다 그래프의 제목으로 어떤 region에 대한 데이터인지를 표시했습니다. 위 코드의 결과는 아래 그림과 같습니다.

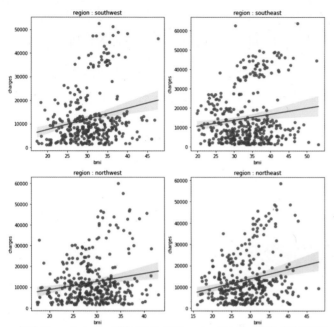

▲ 그림 96 medical_cost 데이터셋의 4가지 region 변수의 그룹에 대해 각각을 seaborn regplot으로 나타낸 그림

이처럼 각 ax에 대해 그래프를 그리는 것을 axes-level plot이라고 합니다. 위 데이터셋은 region 변수에 4개의 데이터 그룹밖에 존재하지 않았기 때문에 비교적 간단히 4개의 axes를 사용하여 그래프를 그릴 수 있었지만, 보다 데이터의 크기가 크고 변수 내 그룹의 수도 많아진다면 for 같은 반복문을 사용하여 그래프를 그리는 것이 더 편합니다. 하지만 이 또한 반복문을 작성하여야 한다는 번거로움이 존재하는데, figure-level plot을 이용한다면 이와 같은 상황에서 보다 간단히 그래프를 그릴 수 있습니다.

Matplotlib의 axes-level plot과 figure-level plot (ch3-7.py)

```
sns.lmplot(
    x='bmi', y='charges', data=df,
    col='region', col_wrap=2,
    sharex=False, sharey=False
)
```

Seaborn 라이브러리의 lmplot을 이용하면 위 그림과 같은 regplot을 변수 그룹별로 나누어서 보다 편하게 그릴 수 있습니다. 위에서 col 인자에 "region"을 전달하게 되면, "region" 변수별로 열을 나누어서 그래프를 그리겠다는 뜻입니다. col_wrap 인자는 하나의 figure에서 몇 개의 열을 그린 다음 행으로 넘어갈지를 입력하는 인자입니다. 위 예시에서 2행 2열의 그래프를 그렸었으므로, 이번에도 동일한 결과를 얻기 위하여 col_wrap에 2를 전달하여 2열까지만 그리고 다음 행에 이어서 그래프를 그리게끔 설정합니다. 마지막으로 sharex와 sharey 인자는 x축과 y축의 범위를 공유(동일하게)하도록 설정하는 인자입니다. 이 인자들을 False로 설정하여 각각의 그래프마다 다른 x와 y 범위를 가지게끔 설정합니다. 그 결과는 아래와 같습니다.

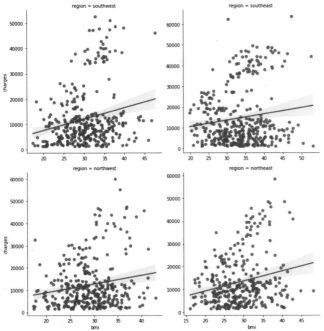

▲ 그림 97 Seaborn lmplot을 이용하여 medical_cost 데이터셋의 "region" 별로 regression plot을 나타낸 그림

좀 전의 axes-level plot인 regplot을 이용한 것과 동일한 결과이지만, 코드는 훨씬 간단한 것을 확인할 수 있습니다. lmplot을 이용한 코드에서는 ax 인자를 따로 전달하지 않았음을 유의하시기 바랍니다. lmplot과 같은 figure-level plot은 ax인자를 전달하게 되면 에러가 발생합니다. 위에서는 col 인자를 이용하여 "region" 변수를 열로 구분하였지만, row 인자에 전달하여 행으로 구분할 수도 있습니다. 또한, col 인자와 row 인자를 각각 따로 지정하게 되면 열과 행 각각 다른 변수의 그룹별로 구분하여 그래프를 그릴 수도 있습니다. 아래 코드를 통해 row 인자에 "region"을, col 인자에 "smoker"를 지정하여 row으로는 medical_cost 데이터셋의 "region"을 구분하여 그래프를 그리고, col는 "smoker"를 구분하여 그래프를 그려보도록 하겠습니다. 추가로 lmplot은 regplot에서는 사용할 수 없었던 hue 인자를 사용할 수 있습니다. 아래 예시에서 hue 인자를 sex로 지정하여 추가해 보도록 하겠습니다.

```
sns.lmplot(
    x='bmi', y='charges', data=df,
    col='smoker', row='region', hue='sex',
    sharex=False, sharey=False
)
```

아래 결과 그림을 보면 "region", "smoker" 변수가 그룹별로 각각 행, 열로 나눠서 그려진 것을 확인할 수 있으며, 한 그래프 안에서 hue 인자를 통해 "sex" 변수가 색깔로 구분되어 있는 것을 확인할 수 있습니다.

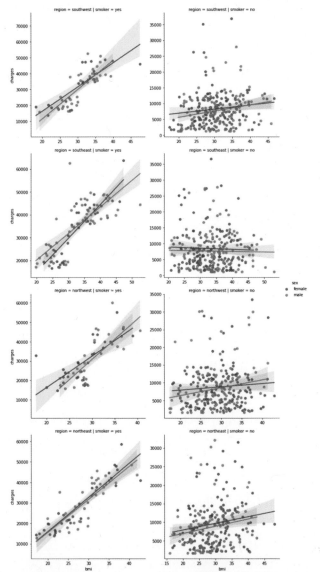

▲ 그림 98 Seaborn lmplot의 col, row, hue 인자를 모두 사용하여 여러 변수의 각 그룹 별 그래프를 나눠 그리기

앞의 예시에서 Seaborn의 대표적인 figure-level plot중 하나로 lmplot을 소개했습니다. 그렇다면 boxplot과 같은 axes-level plot을 figure-level plot처럼 변수들의 그룹별로 열과 행으로 손쉽게 확장할 수 있는 방법은 없을까요? Seaborn의 FacetGrid 객체를 이용하면 가능합니다. FacetGrid는 특정 데이터셋을 인자로 받아서 지정한 변수의 그룹별로 데이터를 열 및 행으로 나누어 놓을 수 있습니다. 이를 통하여 ax-level plot을 figure-level plot처럼 다룰 수 있는데, FacetGrid를 통하여 데이터를 특정 변수의 그룹 별로 나눈 후에 boxplot과 같이 원하는 ax-level plot을 각 열 및 행에 mapping하여 뿌려줄 수 있습니다. 마치, 앞의 axes-level plot 예시에서 Matplotlib pyplot의 subplots를 통해 빈 axes들을 원하는 개수만큼 만들고 (FacetGrid를 통해 분리해서 나타낼 여러 서브 데이터셋으로 나눔) 각 ax마다 원하는 plot을 그리는 (나눠진 FacetGrid에 원하는 plot을 mapping) 절차와 비슷하지만, 코드로 작성해 보면 ax-level plot을 여러 개 그릴 때 보다 훨씬 간단합니다.

FacetGrid를 이용하여 medical_cost 데이터셋을 region 변수별로 나누어서 "smoker"에 대한 "charges"를 보여주는 boxplot을 그려보도록 하겠습니다. 추가로, hue 인자에 "sex"를 전달하여 성별로 box를 나누어 그려보도록 하겠습니다.

Matplotlib의 axes-level plot과 figure-level plot (ch3-7.py)

```
g = sns.FacetGrid(
    data=df, col='region', col_wrap=2, sharex=False, sharey=False
)
g.map_dataframe(
    sns.boxplot, x='smoker', y='charges', hue='sex'
)
```

위 예시 코드 첫번째 줄에서 "g" 변수를 선언하여 FacetGrid 객체를 할당했습니다. 여기서 medical_cost 데이터셋의 region 코드별로 데이터를 서브 데이터셋으로 나누고 (지역별로 4개의 서브 데이터셋) col_wrap 인자에 전달된 2로 인하여 열의 개수가 최대 2개로 제한되어 2행 2열의 axes가 생성되어, 각 ax마다 각 서브 데이터셋이 하나씩 할당되게 됩니다. 다음 줄에서 map_dataframe 메서드를 통해 선언된 FacetGrid 객체에 boxplot을 mapping하게 됩니다. 이 때 map_dataframe 메서드의 인자로는 그려줄 plot의 종류(여기서는 sns.boxplot)와 x 및 y축으로 지정할 변수 및 hue 인자를 전달하게 됩니다. 그 결과는 아래 그림과 같습니다.

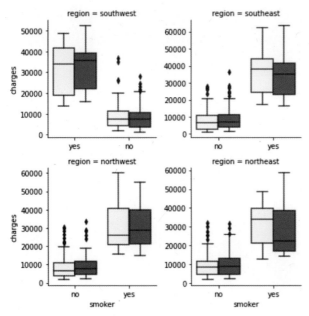

▲ 그림 99 Seaborn FacetGrid를 이용한 특정 변수 그룹별 행과 열을 구분하여 axes-level 그래프 그리기

⟨Plotly⟩

지금까지 Matplotlib 및 Seaborn의 axes-level plot과 figure-level plot의 차이를 설명했는데, Plotly 라이브러리에서는 이 둘의 개념이 모호합니다. Seaborn의 boxplot을 특정 변수들의 값에 따라서 행과 열로 나누어서 그리고자 한다면 FacetGrid와 boxplot을 함께 이용하여야 하는데, Plotly 라이브러리에서는 각 그래프 함수에서 facet을 나눌 수 있도록 하는 인자를 제공하고 있습니다. 대표적인 예시를 몇 가지만 들어보도록 하겠습니다.

앞서 Seaborn을 통해 선형회귀 그래프를 그릴 때, 특정 변수들의 값에 따라 행과 열을 나누어 그래프를 그리고자 한다면 axes-level plot인 regplot보다는 figure-level plot인 lmplot을 이용하는 것이 보다 편하다는 것을 설명하였습니다. 앞서 소개한 Plotly 라이브러리의 scatter 함수는 Seaborn의 lmplot과 유사하게 "facet_row" 및 "facet_col"에 각각 행과 열로 구분할 변수명을 전달하여 손쉽게 그래프를 행과 열로 나누는 기능을 제공합니다. 아래 코드에서 Plotly scatter를 이용하여 medical_cost 데이터셋의 "bmi"에 대한 "charges" 그래프를 "region" 변수와 "smoker" 변수 값에 따라 행과 열로 나누어 그리고, 이 때 각 그래프에서 성별에 따른 색깔 구분까지 해보도록 하겠습니다.

```python
fig = px.scatter(
    data_frame=df, x='bmi', y='charges',
    color='sex', facet_row='region', facet_col='smoker',
    width=700, height=1200, trendline='ols'
)
fig.show()
```

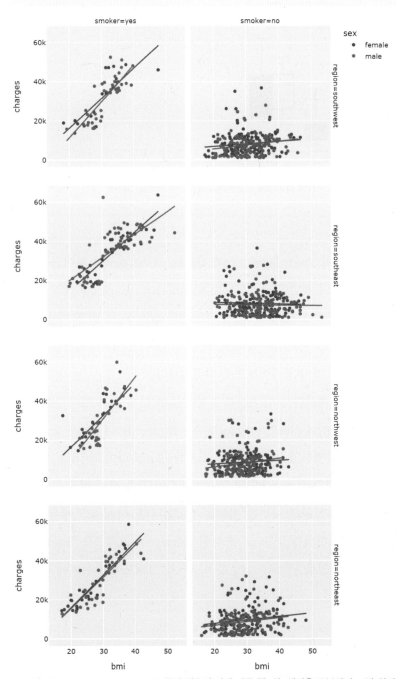

▲ 그림 100 Plotly express scatter로 특정 변수의 값에 따른 행, 열, 색깔을 구분하여 그린 회귀 그래프

동일한 방법으로 Plotly 라이브러리를 이용한 boxplot을 그려보도록 하겠습니다. 앞서 설명한 바와 같이 Seaborn boxplot을 행과 열로 쪼개어 그리고자 한다면 FacetGrid와 boxplot을 묶어서 사용해야 하지만, Plotly에서는 boxplot을 그리는 box 함수에 행, 열을 나눌 수 있는 인자가 있습니다.

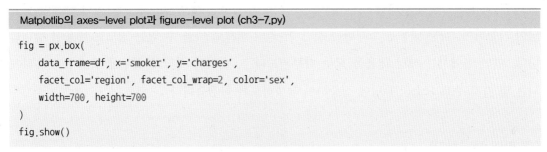

```
fig = px.box(
    data_frame=df, x='smoker', y='charges',
    facet_col='region', facet_col_wrap=2, color='sex',
    width=700, height=700
)
fig.show()
```

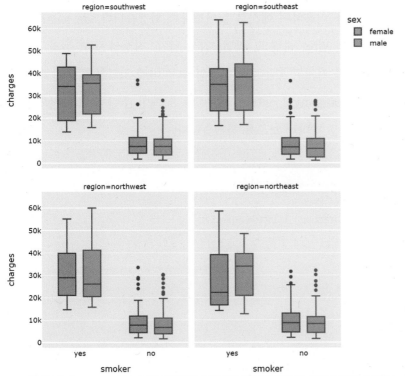

▲ 그림 101 Plotly express boxplot을 이용하여 특정 변수의 값에 따라 행, 열을 구분하여 그린 boxplot

그래프 세부 요소 튜닝

이번 절에서는 Seaborn 및 Plotly 라이브러리를 통해 그린 그래프의 세부 요소를 튜닝하는 방법을 소개하려고 합니다.

이번 장의 처음에서 소개한 바와 같이 그래프를 구성하는 세부 요소는 하나하나 세세하게 튜닝이 가능하여, 해당 내용을 소개하는 것만 한 권의 책으로 나올 수 있는 정도로 내용이 방대합니다. 이번 절에서는 해당 내용을 모두 다루기보다는, 데이터 시각화 실무에서 자주 사용하게 되는 몇 가지 주요 요소의 튜닝에 집중하여 설명하도록 하겠습니다.

〈축 라벨 튜닝하기〉

이번에는 ds_salaries 데이터셋을 이용하여 예시를 들어보도록 하겠습니다. ds_salaries 데이터셋은 데이터 사이언스 분야에서 년도, 숙련도, 직업, 직장 위치, 직장의 규모 등의 변수에 대해 피고용인의 임금에 대한 정보를 가지고 있는 데이터셋입니다. 아래 코드를 이용해 해당 데이터셋을 불러온 후 직장의 위치("company_location" 변수) 중 30개만 추린 후에 직장의 위치에 따른 임금을 Seaborn boxplot으로 나타내 보도록 하겠습니다.

그래프 세부 요소 튜닝 (ch3-8.py)

```
df = pd.read_csv('./datasets/ds_salaries/ds_salaries.csv')
companies = df.company_location.unique()[0:30]
df_10companies = df.loc[df['company_location'].isin(companies)]

fig, ax= plt.subplots()
sns.boxplot(
    x='company_location', y='salary_in_usd',
    data=df_10companies, ax=ax
)
```

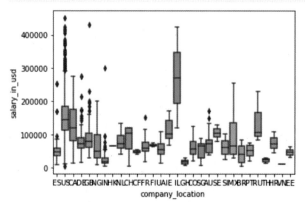

▲ 그림 102 Seaborn boxplot을 이용하여 ds_salaries 데이터셋의 임의 30개 직장 위치에 따른 임금을 나타낸 그래프

위 결과 그림을 보면 x축의 항목이 너무 많아서 각 tick이 어떤 항목을 나타내는지 구분하기가 어렵기 때문에 xticklabel을 회전시켜서 시인성을 보다 개선할 수 있습니다. ticklabel의 회전은 회전시키고자 하는 tick이 포함된 그래프가 그려진 ax에서 tick_params 메서드를 통해 할 수 있습니다. 아래 코드와 같이 회전하고자 하는 축 (여기서는 x축)을 지정하고, labelrotaion에 원하는 회전각을 입력하면 됩니다. 이번 예시에서는 아래 코드와 같이 왼쪽으로 90도 회전시켜 보도록 하겠습니다.

그래프 세부 요소 튜닝 (ch3-8.py)

```python
fig, ax= plt.subplots()
sns.boxplot(
    x='company_location', y='salary_in_usd',
    data=df_10companies, ax=ax
)
ax.tick_params(axis='x', labelrotation=90)
```

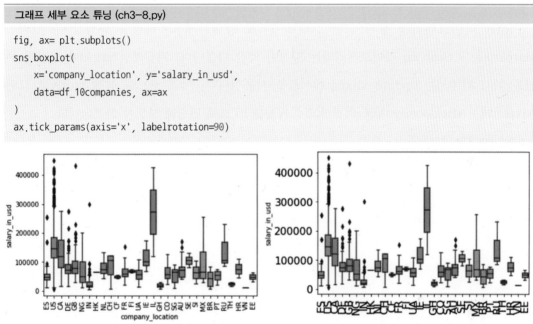

▲ 그림 103 matplotlib tick_params 메서드를 이용한 xticklabel 회전(왼쪽)과 폰트 사이즈 조절(오른쪽)

위 그림의 왼쪽 결과를 확인해 보면 xticklabel을 회전시켰을 때 회전시키지 않은 것보다 훨씬 시인성이 좋아지는 것을 확인할 수 있습니다.

추가로 각 ticklabel의 글씨 크기를 변경할 수도 있습니다. 코드는 아래와 같습니다. 맨 아래 줄이 추가되었는데, ticklabel을 회전시킬 때와 동일한 tick_params 메서드를 사용하여 x축과 y축 모두 글씨 크기를 조절하기 위해 axis 인자에 both를 전달했습니다. 또한 major ticklabel에 대한 글씨 크기 조절이므로 which 인자에 major를 지정하고, labelsize를 지정하여 원하는 글씨 크기를 입력하면 됩니다. 그 결과는 위 그림의 오른쪽과 같습니다. 이번 예시에서는 글씨 크기 조절을 보여드리기 위해 극단적으로 글씨 크기를 키웠는데, 실무에서 사용 시에는 적절한 값으로 labelsize를 조절하여 가장 보기 좋은 값을 찾아보시기 바랍니다.

```python
fig, ax= plt.subplots()
sns.boxplot(
    x='company_location', y='salary_in_usd',
    data=df_10companies, ax=ax
)
ax.tick_params(axis='x', labelrotation=90)
ax.tick_params(axis='both', which='major', labelsize=16)
```

　　Plotly 라이브러리를 통해 그린 그래프에서도 동일하게 축 라벨을 튜닝할 수 있지만 Matplotlib 및 Seaborn 라이브러리와는 방식이 약간 다릅니다. 지금처럼 xticklabel 관련 튜닝을 하기 위해서는 update_xaxes 메서드를 사용합니다. 아래 코드를 통해 plotly로 그린 boxplot에서 xticklabel을 90도 회전하고 글씨체를 16 pt로 변경해 보도록 하겠습니다.

그래프 세부 요소 튜닝 (ch3-8.py)

```python
fig = px.box(
    data_frame=df_10companies, x='company_location', y='salary_in_usd',
    width=500, height=400)
fig.update_xaxes(tickfont={'size':16}, tickangle=90)
fig.show()
```

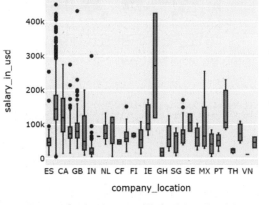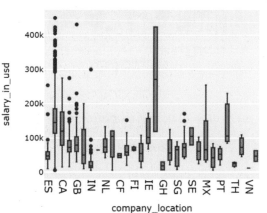

▲ 그림 104 Plotly로 그린 boxplot (왼쪽). 해당 그래프에서 update_xaxes 메서드를 사용하여 xticklabel의 글씨 크기를 16pt와 90도 회전한 그래프 (오른쪽)

〈그래프 제목 입력〉

다음으로는 Matplotlib & Seaborn 라이브러리를 통해 그린 그래프에 제목을 설정하는 방법을 알아보도록 하겠습니다. 이러한 제목 설정은 특히 한 figure에 여러 개의 axes를 그릴 때에 각 그래프가 어떤 의미를 내포하는지를 표현할 때에 요긴하게 사용할 수 있습니다. ax 별로 제목을 지정할 때에는 아래 코드처럼 set_title 메서드를 사용하면 됩니다. ds_salary 데이터셋을 이용하여 3개의 axes를 가지는 그래프를 그리고, 각 ax마다 제목을 설정 후 제목 글씨 크기를 16pt로 설정해 보도록 하겠습니다.

그래프 세부 요소 튜닝 (ch3-8.py)

```python
fig, ax= plt.subplots(1, 3, figsize=(15, 5))

sns.boxplot(x='company_size', y='salary_in_usd', data=df, ax=ax[0], order=['S','M','L'])
ax[0].set_title('company_size box plot', fontsize=16)

sns.histplot(x='salary_in_usd', data=df, ax=ax[1])
ax[1].set_title('salary histogram', fontsize=16)

pivot_df = df.pivot_table(
    index='company_size', columns='experience_level', values='salary_in_usd', aggfunc='mean'
)
sns.heatmap(pivot_df, ax=ax[2], annot=True)
ax[2].set_title('heatmap of\nexperience_level x company_size', fontsize=16)
```

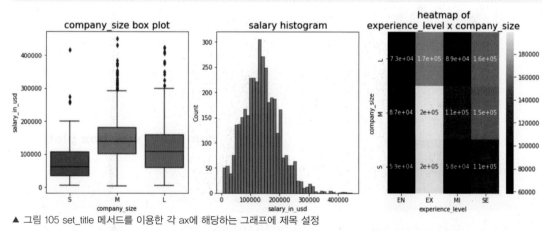

▲ 그림 105 set_title 메서드를 이용한 각 ax에 해당하는 그래프에 제목 설정

각 ax에 해당하는 title 외에 전체 figure에 해당하는 메인 제목을 설정하고자 한다면 아래 예시코드의 맨 아래줄과 같이 figure 객체에 suptitle 메서드를 사용하면 됩니다.

그래프 세부 요소 튜닝 (ch3-8.py)

```
fig, ax= plt.subplots(1, 3, figsize=(15, 5))

sns.boxplot(x='company_size', y='salary_in_usd', data=df, ax=ax[0], order=['S','M','L'])
ax[0].set_title('company_size box plot', fontsize=16)

sns.histplot(x='salary_in_usd', data=df, ax=ax[1])
ax[1].set_title('salary histogram', fontsize=16)

pivot_df = df.pivot_table(
    index='company_size', columns='experience_level', values='salary_in_usd', aggfunc='mean'
)
sns.heatmap(pivot_df, ax=ax[2], annot=True)
ax[2].set_title('heatmap of\nexperience_level x company_size', fontsize=16)

fig.suptitle('This is main title', fontsize=20)
```

Plotly express의 여러 그래프들을 그리는 함수들에는 "title" 인자가 내장되어 있는 경우가 대부분입니다. 이 인자에 문자열을 전달하면 손쉽게 그래프의 제목을 작성할 수 있습니다. 이 때 그래프 제목의 글씨 크기나 글씨체 등을 바꾸고자 한다면 "update_layout" 메서드를 사용할 수 있습니다. 아래 코드를 통해 간단한 Plotly express의 boxplot을 그리고, 그래프 제목의 글씨 크기를 20, 볼드체로 설정해 보도록 하겠습니다. 그 결과는 아래 그림에서 확인할 수 있습니다. 이 때 글씨체를 굵게 표시하기 위해서 box 함수의 "title" 인자에 HTML 형식으로 "〈b〉제목〈/b〉" 형태로 제목을 전달한 것을 주목하시기 바랍니다.

그래프 세부 요소 튜닝 (ch3-8.py)

```
fig = px.box(
    data_frame=df, x='company_size', y='salary_in_usd',
    width=400, height=400,
    title='<b>company_size box plot</b>',
    category_orders={'company_size':['S','M','L']}
)
fig.update_layout({'title_font_size':20})
fig.show()
```

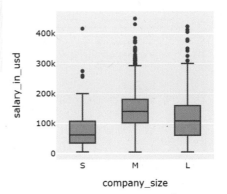

▲ 그림 106 Plotly express로 그린 그래프에 제목 추가하기

〈Grid 표시〉

그래프에서 데이터의 값을 보다 읽기 쉽게 하거나, 비교군끼리 값의 상대적 비교를 할 때에 눈금선을 이용하면 보다 편할 것입니다. 이러한 grid는 각 ax마다 표시해 줄 수 있는데, grid 메서드를 호출하면 됩니다. 이 때 x축과 y축 모두 혹은 둘 중 하나에 대한 눈금선만 그리도록 지정해 줄 수 있는데, axis 인자에 보조선을 나타내고자 하는 축 이름을 전달하면 됩니다. x, y 두 축 모두 보조선을 표시하기 위해서는 'both'를 전달하거나, axis 인자를 따로 명시하여 전달하지 않아도 됩니다 (기본값이 axis='both' 이므로). 아래 코드를 통해 위 그림의 첫 번째 ax에 해당하는 boxplot만 따로 y축에 대한 보조선만 추가하여 다시 그려보도록 하겠습니다.

그래프 세부 요소 튜닝 (ch3-8.py)

```python
fig, ax= plt.subplots()

sns.boxplot(
    x='company_size', y='salary_in_usd',
    data=df, ax=ax, order=['S','M','L']
)
ax.set_title('company_size box plot', fontsize=16)
ax.grid(axis='y')
```

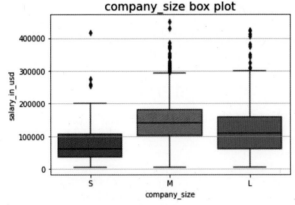

▲ 그림 107 메서드를 이용하여 y축에 대한 보조선 그리기

Plotly로 그린 그래프들은 설정을 따로 하지 않는다면 grid가 기본적으로 포함되어 그려집니다. 따라서 여기서는 Plotly express로 그린 그래프에서 grid를 표시하지 않는 법을 소개하도록 하겠습니다. Plotly에서 gridline을 삭제하기 위해서는 아래 코드처럼 update_layout 메서드를 이용합니다. 인자로는 "yaxis"에 (x축에 대한 grid를 설정하려면 "xaxis"를 사용) 사전 형태로 "showgrid"를 key 값으로, False를 value로 전달하면 됩니다. 아래 코드와 그 결과 그림을 참고하시기 바랍니다.

```python
fig = px.box(
    df, x='company_size', y='salary_in_usd',
    height=400, width=400
)
fig.update_layout(yaxis={'showgrid':False})
fig.show()
```

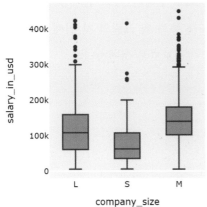

▲ 그림 108 Plotly express로 그린 그래프에서 y축 gridline을 삭제한 그래프

〈Figure 내 각 ax 세부 위치 조절〉

특히 여러 개의 axes를 가지는 그래프를 그릴 때, 그래프의 구성 요소들이 서로 겹치게 나타나서 각 ax들의 크기를 세부적으로 조정해야 할 때가 있습니다. 직관적인 예시를 통해 설명하도록 하겠습니다. 아래 코드를 실행하게 되면 2행 2열의 axes를 가지는 figure가 하나 생성되는데, title 및 x, y축의 ticklabel이 다른 ax의 그래프와 서로 겹쳐서 보기 좋지 않은 그래프가 생성됩니다.

```python
fig, ax = plt.subplots(2, 2)
for idx in range(2):
    for jdx in range(2):
        ax[idx][jdx].set_xlabel('x_label')
        ax[idx][jdx].set_ylabel('y_label')
        ax[idx][jdx].set_title('title')
```

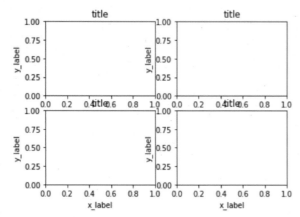

▲ 그림 109 2행 2열로 총 4개의 axes를 가지는 임의의 그래프. x, y축 label과 각 ax의 제목이 다른 ax의 그래프와 겹쳐있습니다.

위 그림의 그래프를 보다 보기 좋게 표현하기 위해 각 ax의 그래프의 크기를 조금씩 줄이면 좋을 것 같습니다. 이 때 matplotlib pyplot의 tight_layout 메서드를 사용할 수 있습니다.

그래프 세부 요소 튜닝 (ch3-8.py)

```python
fig, ax = plt.subplots(2, 2)
for idx in range(2):
    for jdx in range(2):
        ax[idx][jdx].set_xlabel('x_label')
        ax[idx][jdx].set_ylabel('y_label')
        ax[idx][jdx].set_title('title')

plt.tight_layout()
```

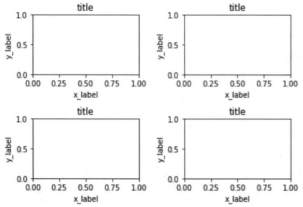

▲ 그림 110 tight_layout 메서드를 이용하여 각 ax 그래프가 최대한 겹치지 않도록 크기를 최적화

위 그림에서 보시다시피 각 ax의 크기가 자동으로 조절되어 서로 겹치는 부분 없이 깔끔하게 표현되는 것을 확인할 수 있습니다. 만약 각 ax간의 여백을 보다 세밀하게 조절하고 싶다면 w_ pad, h_pad, pad 인자를 따로 명시하여 전달하면 됩니다. w_pad, h_pad 인자는 각각 가로방향의 여백과 세로방향의 여백을 조절하는 인자입니다. 각 인자에는 글씨 크기와의 비율을 전달하여 여백의 크기를 조절할 수 있습니다. 예를 들어, 1을 전달하게 되면 글씨 크기와 동일한 크기로 가로 혹은 세로 여백을 지정합니다. 가로와 세로 여백의 크기를 동일하게 조절하고자 한다면 w_pad, h_pad 인자 모두 지정할 필요 없이 pad 인자 하나만 전달하면 됩니다. 아래 예시 코드에서 각 인자로 전달되는 숫자를 조절하며 변화를 살펴보시기 바랍니다.

그래프 세부 요소 튜닝 (ch3-8.py)

```python
fig, ax = plt.subplots(2, 2)
for idx in range(2):
    for jdx in range(2):
        ax[idx][jdx].set_xlabel('x_label')
        ax[idx][jdx].set_ylabel('y_label')
        ax[idx][jdx].set_title('title')


plt.tight_layout(
    pad=5,
    w_pad=1,
    h_pad=4
)
```

이번에는 Plotly 라이브러리에서 facet을 나누어 그린 그래프에서 각 subplot들의 크기를 조절해 보도록 하겠습니다. 대부분의 Plotly 그래프 함수들은 facet을 나누어 그릴 수 있는 "facet_row"와 "facet_col" 인자를 제공한다고 설명했었는데, 각 facet들의 위치를 조절할 수 있는 "facet_row_spacing", "facet_col_spacing" 인자들도 함께 제공하고 있습니다. 이 인자들을 조절함으로써 보다 구체적으로 각 subplot들의 위치와 크기를 조절해 줄 수 있습니다. 아래 코드에서 tips 데이터셋을 이용한 예시를 보여드리도록 하겠습니다.

그래프 세부 요소 튜닝 (ch3-8.py)

```python
df = sns.load_dataset('tips')

fig = px.scatter(
    df, x='total_bill', y='tip',
    facet_row='sex', facet_col = 'time',
    width=600, height=600,
    facet_row_spacing=0.2, facet_col_spacing=0.1
)
fig.show()
```

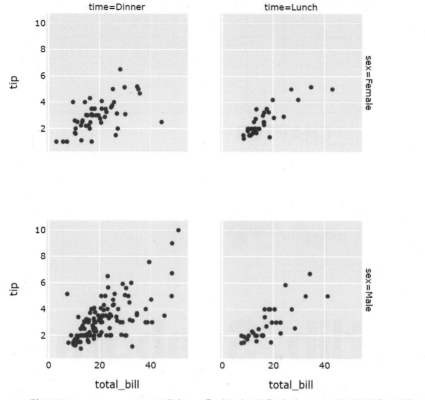

▲ 그림 111 Plotly express scatterplot에서 facet을 나누어 그렸을 때 각 subplot 간의 공백을 조절한 그래프

여기서 "facet_row_spacing"과 "facet_col_spacing" 인자는 0에서 1까지의 값을 가질 수 있습니다. 이 값은 전체 figure의 크기에서 각각 세로와 가로 공백이 차지하는 비율을 뜻합니다. 0에 가까울수록 각 subplot 사이의 공백이 작고, 1에 가까울수록 큰 공백을 가지게 됩니다. 해당 인자들에 전달되는 숫자들을 다양하게 변화시키면서 그래프의 변화를 관찰해 보시기 바랍니다.

Matplotlib, Seaborn 및 Plotly 라이브러리 실전 꿀팁 대방출

앞서 chapter 3에서는 기본 그래프 소개 및 다양한 그래프를 그리는 이론적인 방법에 초점을 맞추었다면, 이 장에서는 Matplotlib, Seaborn 및 Plotly 라이브러리를 이용하여 데이터 분석 및 시각화를 수행함에 있어 실무적인 관점에서 자주 사용되는 메서드 및 유용한 시각화 팁들을 소개하고자 합니다.

x축이 날짜인 시계열 그래프 tick label 깔끔하게 표현하기

많은 상황에서 x축으로 시간, y축으로 시간에 따라 변화하는 변수를 설정한 그래프를 그리게 됩니다. 이를 시계열 그래프라고 하는데, 이 때 x축을 시간이나 날짜로 지정하고 아무런 추가 설정을 하지 않으면 xticklabel이 알아보기 어려운 경우가 많이 있습니다. 아래 코드에서 그 예시를 살펴보고, 시계열 그래프의 xticklabel을 보다 깔끔하게 표현하는 설명하도록 하겠습니다. 우선 ABNB_stock 데이터셋을 불러와 보도록 하겠습니다. ABNB_stock 데이터셋은 2020년 12월 11일부터 2022년 9월 30일까지의 에어비엔비 주식의 시가, 종가, 최고가, 최저가, 거래량에 대한 데이터입니다. 우선 해당 데이터셋을 이용하여 x 축을 날짜로, y축을 종가("Close" 열)로 하는 seaborn lineplot을 그려보도록 하겠습니다.

x축이 날짜인 시계열 그래프 tick label 깔끔하게 표현하기 (ch4-1.py)

```
import pandas as pd
import matplotlib.pyplot as plt
import seaborn

df = pd.read_csv('./datasets/ABNB_stock/ABNB_stock.csv')

fig, ax = plt.subplots()
sns.lineplot(x='Date', y='Close', data=df, ax=ax)
```

▲ 그림 112 Seaborn lineplot을 이용하여 ABNB_stock 데이터셋의 날짜에 따른 종가 그래프

앞의 그림에서 보시다시피 "Date" 변수를 나타내는 x축이 알아보기 거의 힘들 정도로 겹쳐 있는 것을 확인할 수 있습니다. 실제로 ABNB_stock 데이터셋은 454개의 행을 가지고 있는데, "Date" 열의 약 400개 데이터가 모두 x축에 표현된 것처럼 보입니다. 이는 날짜(혹은 시간)를 나타내는 "Date" 열의 데이터 타입이 문자열이나 Pandas의 object 형일 때 주로 나타나는 현상입니다. 해당 데이터셋 내 각 열들의 데이터 타입을 info 메서드를 호출하여 확인해 보도록 하겠습니다.

x축이 날짜인 시계열 그래프 tick label 깔끔하게 표현하기 (ch4-1.py)

```
df.info()
```

```
<class 'pandas.core.frame.DataFrame'>
RangeIndex: 454 entries, 0 to 453
Data columns (total 7 columns):
 #   Column     Non-Null Count  Dtype
---  ------     --------------  -----
 0   Date       454 non-null    object
 1   Open       454 non-null    float64
 2   High       454 non-null    float64
 3   Low        454 non-null    float64
 4   Close      454 non-null    float64
 5   Adj Close  454 non-null    float64
 6   Volume     454 non-null    int64
dtypes: float64(5), int64(1), object(1)
memory usage: 25.0+ KB
```

위 결과에서 볼 수 있듯이 "Date" 열의 데이터 타입이 object인 것을 확인할 수 있습니다. 이 경우, "Date" 열의 데이터 타입을 datetime으로 바꾸기만 해도 어느 정도는 문제를 해결할 수 있습니다. 아래 코드를 통해 결과를 확인해 보겠습니다.

x축이 날짜인 시계열 그래프 tick label 깔끔하게 표현하기 (ch4-1.py)

```
df['Date'] = pd.to_datetime(df['Date'])

fig, ax = plt.subplots()
sns.lineplot(x='Date', y='Close', data=df, ax=ax)
```

▲ 그림 113 Seaborn lineplot을 통해 그린 시계열 그래프. x축에 해당하는 열의 데이터 타입을 datetime으로 변경하였습니다.

pandas의 to_datetime 메서드를 통해 "Date" 열의 데이터 타입을 datetime으로 변경할 수 있습니다. 그 후 다시 동일한 코드를 통해 그래프를 그려 보니, x축에 중복되어 나타나던 xticklabel 문제가 크게 개선되었습니다. 하지만, 마치 xticklabel이 연속된 하나의 문자열처럼 보여서 알아보기 힘든 것은 여전히 동일합니다. 추가 조치로, xticklabel을 회전시키거나, xticklabel의 표현 방식을 아예 변경하는 것을 고려해 볼 수 있을 것 같습니다. ticklabel을 회전시키는 것은 이미 chapter 3에서 다룬 바 있습니다. (tick_params 메서드 이용) 이번 장에서는 시계열 그래프 tick label의 표현 방식을 바꾸어서 문제를 해결해 보고자 합니다. 아래 코드를 사용하면 날짜 표현이 매우 간단하게 변합니다.

x축이 날짜인 시계열 그래프 tick label 깔끔하게 표현하기 (ch4-1.py)

```
import matplotlib as mpl

fig, ax = plt.subplots()
sns.lineplot(x='Date', y='Close', data=df, ax=ax)
ax.xaxis.set_major_formatter(mpl.dates.ConciseDateFormatter(ax.xaxis.get_major_locator()))
```

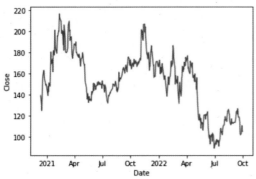

▲ 그림 114 Matplotlib의 ConciseDateFormatter를 이용하여 시계열 그래프의 x축 시인성 향상

위의 그림의 결과와 같이 matplotlib 라이브러리의 ConciseDateFormatter를 이용하여 보다 깔끔하게 시계열 그래프의 x축을 나타낸 것을 확인할 수 있습니다. 지금까지 figure와 axes를 가져오기 위하여 matplotlib의 pyplot을 이용하였지만, ConciseDateFormatter는 matplotlib 라이브러리 내에 있다는 차이점을 유의하시기 바랍니다.

Plotly 라이브러리에서는 특정 축의 값이 날짜 및 시간 데이터를 가질 때 Matplotlib의 ConciseDateFormatter와 같은 포메터가 없어도 자동으로 깔끔한 형태의 ticklabel이 생성됩니다. 아래 코드에서 동일한 ABNB_stock 데이터셋을 Plotly express의 lineplot으로 표현하였을 때, 추가적인 코드 없이도 x축의 시간/날짜 형식이 깔끔하게 정리된 것을 확인할 수 있습니다. 코드의 결과는 아래 그림의 왼쪽 그래프에서 확인하시기 바랍니다.

x축이 날짜인 시계열 그래프 tick label 깔끔하게 표현하기 (ch4-1.py)

```python
import plotly.express as px

df = pd.read_csv('./datasets/ABNB_stock/ABNB_stock.csv')

fig = px.line(df, x='Date', y='Close', width=500, height=400)
fig.show()
```

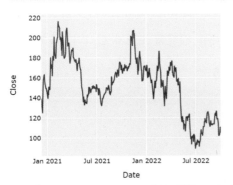 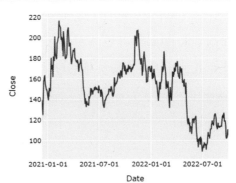

▲ 그림 115 Plotly express lineplot으로 ABNB_stock 데이터셋의 날짜별 주식 종가 가격을 그린 그래프와 (왼쪽) update_xaxes 메서드의 "tickformat" 인자를 조절하여 x축의 날짜 형식을 변경한 그래프 (오른쪽)

위 그림의 왼쪽 그래프에서 x축에 표현되는 날짜의 형식을 변경하고자 한다면 아래 코드와 같이 update_xaxes 함수의 "tickformat" 인자에 적절한 날짜 형식 문자열을 전달하면 됩니다. 아래 코드는 YYYY-MM-DD 형식으로 표현하기 위하여 "%Y-%m-%d"를 전달하였습니다. 그 결과는 위 그림의 오른쪽 그래프에서 확인하시기 바랍니다. 시간/날짜를 표현하는 다양한 문자열 코드를 확인하고 싶다면 파이썬 공식 홈페이지를 참고하시기 바랍니다.[11]

x축이 날짜인 시계열 그래프 tick label 깔끔하게 표현하기 (ch4-1.py)

```python
fig = px.line(df, x='Date', y='Close', width=500, height=400)
fig.update_xaxes(tickformat='%Y-%m-%d')
fig.show()
```

---

[11] https://docs.python.org/3/library/datetime.html

다중 축 그래프 그리기

지금까지는 seaborn을 이용하여 단일 x축과 y축의 그래프를 그려보았습니다. 하지만 필요에 따라서 하나의 ax에 두개 이상의 x축이나 y축을 그려서 여러 그래프를 동시에 나타내는 경우도 종종 있습니다. 특히 y축을 2개 이상 그리는 경우가 많은데, ABNB_stock 데이터셋을 이용하여 예시를 들어보도록 하겠습니다. 앞선 절에서 해당 데이터셋을 통해 에어비엔비 주식의 종가 시계열 그래프를 그려 보았는데, 이번 절에서는 동일 ax에 종가와 더불어 거래량도 함께 나타내 보고자 합니다.

다중 축 그래프 그리기 (ch4-2.py)

```
df = pd.read_csv('./datasets/ABNB_stock/ABNB_stock.csv')
df['Date'] = pd.to_datetime(df['Date'])

fig, ax = plt.subplots()
ax2 = ax.twinx()
sns.lineplot(x='Date', y='Close', data=df, ax=ax, color='red')
sns.lineplot(x='Date', y='Volume', data=df, ax=ax2, color='blue')

ax.tick_params(axis='y', labelcolor='red')
ax.yaxis.label.set_color('red')

ax2.tick_params(axis='y', labelcolor='blue')
ax2.yaxis.label.set_color('blue')

ax.xaxis.set_major_formatter(mpl.dates.ConciseDateFormatter(ax.xaxis.get_major_locator()))
```

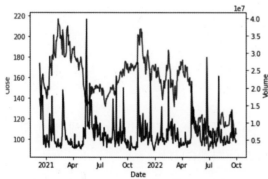

▲ 그림 116 Matplotlib twinx 메서드를 이용한 이중 y축 그래프

위 코드를 통하여 ABNB_stock 데이터셋의 종가("Close" 열)를 왼쪽 y축으로 하는 시계열 그래프와 거래량("Volume" 열)을 오른쪽 y축으로 하는 시계열 그래프를 동시에 나타내 보았

습니다. 이렇게 하나 이상의 y축을 가지는 다중 축 그래프는 그려진 그래프가 어떤 y축에 대한 것인지를 표시해 줄 필요가 있는데 (만약 위 코드의 결과에서 그래프와 축이 모두 검정색이라고 생각해 보시면 어떤 축으로 그래프를 읽어야 할지 혼동될 것입니다.) 보통 위 코드의 결과처럼 그래프와 그에 해당하는 각 축의 색깔을 다르게 사용하는 방식으로 구분합니다. 위 코드에서 lineplot 함수를 호출하여 종가와 거래량에 대한 그래프를 그릴 때 color 인자에 red와 blue를 전달하여 각각 빨간색, 파란색으로 나타내었습니다. 두 개의 변수를 다른 색깔로 구분하여 그래프를 그렸다면, 그에 해당하는 각 축 또한 동일한 색상으로 구분하여야 합니다. 이 때, 위 코드에서는 양 쪽 yticklabel의 색깔을 구분했습니다. 아래처럼 ax의 yaxis.label.set_color 메서드를 이용하여 ticklabel의 색상을 변경할 수 있습니다.

다중 축 그래프 그리기 (ch4-2.py)

```python
ax.yaxis.label.set_color('red')
ax2.yaxis.label.set_color('blue')
```

위에서 2개의 변수를 양 쪽 y축을 이용하여 하나의 그래프를 표현하였습니다. 이번에는 3개의 변수를 3개의 y축을 이용해 표현하는 방법을 간단히 소개하도록 하겠습니다. 나타내고자 하는 변수가 3개 이상이 되면 양 쪽의 yaxis로는 표현할 축이 부족하여, 그래프 밖에 일부 축을 추가로 그려서 표현하는 방법이 있습니다. 아래 코드를 통해 그 방법을 소개하겠습니다. 우선 ABNB_stock 데이터셋에서 임의의 변수를 하나 만들어 보겠습니다. 일별 최고가에서 최저가의 차이를 "High-Low" 변수에 할당해 보겠습니다.

다중 축 그래프 그리기 (ch4-2.py)

```python
df = pd.read_csv('./datasets/ABNB_stock/ABNB_stock.csv')
df['Date'] = pd.to_datetime(df['Date'])
df['High-Low'] = df['High'] - df['Low']
```

다음으로, 아래 코드를 이용하여 날짜별로 "Close", "Volume", "High-Low" 세 가지 변수를 서로 다른 y축으로 하여 하나의 그래프에 그려보도록 하겠습니다.

```
fig, ax = plt.subplots()
fig.subplots_adjust(right=0.75)

ax2 = ax.twinx()
ax3 = ax.twinx()

# 세 번째 y축(ax3)을 그래프의 바깥으로 옮깁니다.
ax3.spines.right.set_position(("axes", 1.2))

sns.lineplot(x='Date', y='Close', data=df, ax=ax, color='red')
sns.lineplot(x='Date', y='Volume', data=df, ax=ax2, color='blue')
sns.lineplot(x='Date', y='High-Low', data=df, ax=ax3, color='green')

ax.yaxis.label.set_color('red')
ax2.yaxis.label.set_color('blue')
ax3.yaxis.label.set_color('green')

tkw = dict(size=4, width=1.5)
ax.tick_params(axis='y', colors='red', **tkw)
ax2.tick_params(axis='y', colors='blue', **tkw)
ax3.tick_params(axis='y', colors='green', **tkw)
ax.tick_params(axis='x', **tkw)

ax.xaxis.set_major_formatter(mpl.dates.ConciseDateFormatter(ax.xaxis.get_major_locator()))
```

위 코드는 얼핏 보면 복잡해 보이지만, 이전 절에서의 코드와 비교했을 때 ax3를 추가로 생성하여 위치를 기존 그래프 오른쪽 밖으로 빼낸 것 외에 크게 어려운 것이 없습니다. 이 때 세 번째 축인 ax3는 spines.right.set_position(("axes", 1.2))를 이용하여 오른쪽 (right) 축의 위치를 상대좌표 1.2로 전달했습니다. 이 때 ax의 위치는 0, ax2의 위치는 1에 해당합니다. 1.2는 오른쪽 y축 (ax2) 대비 오른쪽으로 상대적인 위치 0.2 만 큼 더 바깥이라는 뜻입니다.

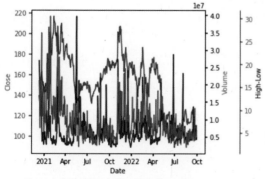

▲ 그림 117 3개의 y축을 가지는 다중 축 그래프

Plotly 라이브러리를 통해서도 여러 개의 축을 가지는 그래프를 그릴 수 있습니다. 우선 앞서 사용했던 ABNB_stock 데이터셋을 사용하여 두개의 y 축을 가지는 그래프를 그려보도록 하겠습니다. 이 때 Plotly 라이브러리 subplots 패키지의 make_subplots 함수를 사용하게 됩니다. 아래 코드와 같이 make_subplots 함수를 이용하여 "specs" 인자 내에 리스트와 사전 형태로 [[{"secondary_y":Ture}]]를 전달하여 여러 개의 축을 사용할 수 있게끔 설정합니다. 이후 Plotly express를 이용하여 두 개의 sub plot을 각각 "subfig1"과 "subfig2" 변수에 할당하고, 이를 add_traces 함수를 이용하여 합치는 형식입니다.

다중 축 그래프 그리기 (ch4-2.py)

```python
from plotly.subplots import make_subplots
df = pd.read_csv('./datasets/ABNB_stock/ABNB_stock.csv')
df['Date'] = pd.to_datetime(df['Date'])
df['High-Low'] = df['High'] - df['Low']

fig = make_subplots(specs=[[{"secondary_y": True}]])

subfig1 = px.line(df, x='Date', y='Close')
subfig1.update_traces(line_color='red')
subfig2 = px.line(df, x='Date', y='Volume')
subfig2.update_traces(line_color='blue')

subfig2.update_traces(yaxis='y2')

fig.add_traces(subfig1.data + subfig2.data)

fig.layout.xaxis.title = 'Date'
fig.layout.yaxis.title = 'Close'
fig.layout.yaxis2.title = 'Volume'
fig.layout.yaxis.color = 'red'
fig.layout.yaxis2.color = 'blue'

fig.update_layout(width=500, height=400)
fig.show()
```

이 때 두 번째 y축을 사용할 "subfig2" figure에 대해서는 update_traces 함수에서 yaxis를 "y2"로 설정하는 것을 확인하시기 바랍니다. 두 개의 sub plot을 합친 다음, x축과 두 개의 y축에 대한 이름을 설정한 후 fig.show() 명령어를 사용하여 그래프를 그리면 아래 그림과 같은 결과를 얻게 됩니다.

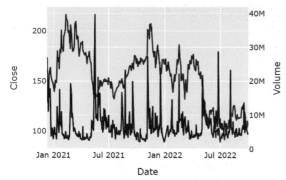

▲ 그림 118 Plotly express lineplot을 이용하여 그린 두 개의 y축을 가지는 그래프

　이번에는 Plotly 라이브러리를 이용하여 3개의 y축을 가지는 그래프를 그려보도록 하겠습니다. 지금까지는 Plotly 라이브러리 express 패키지를 이용하여 여러 그래프를 그리는 방법을 설명드렸었는데, 이와 같이 2개를 넘어가는 축을 가지는 그래프를 그릴 때에는 Plotly express보다는 Plotly graph_objects 패키지를 이용하는 것이 보다 편리합니다. Plotly graph_objects는 express 패키지와 유사하게 Scatter, Box 등과 같이 여러 형태의 그래프를 그릴 수 있는 함수를 제공하지만, express 패키지에 비해 자유도가 높고 사용법이 보다 복잡하다는 특징이 있습니다. 아래에서 설명하는 graph_objects를 사용한 3개의 y축 그래프를 그리는 코드는 이해가 되지 않아도 괜찮습니다. 실제로 대부분의 그래프는 Plotly express로도 충분히 표현할 수 있기 때문에, 아래 코드는 이런 방법도 있구나 라는 느낌으로 살펴보시기 바랍니다.

　우선 make_subplots 함수를 통해 figure를 "fig" 변수에 할당합니다. 이후 3 개의 서로 다른 y축을가지는 그래프를 add_traces 메서드를 이용하여 각각 하나의 figure에 포개는 방식으로 그래프를 그려보도록 하겠습니다. Graph_objects 패키지에서 lineplot을 그리기 위해서는 Scatter 함수를 사용합니다. 함수명이 Scatter라서 scatterplot과 혼동할 수 있는데, 해당 함수의 인자 중 하나인 "mode"에 "lines"를 전달하게 되면 lineplot을, "markers"를 전달하게 되면 scatterplot을 그릴 수 있습니다. 여기서는 "lines"를 전달하며, "yaxis" 인자에 각각 "y", "y2", "y3"를 전달하여 총 3개의 y축을 생성할 예정입니다.

```python
import plotly.graph_objects as go

df = pd.read_csv('./datasets/ABNB_stock/ABNB_stock.csv')
df['Date'] = pd.to_datetime(df['Date'])
df['High-Low'] = df['High'] - df['Low']

fig = make_subplots()
fig.add_trace(
    go.Scatter(
        x=df['Date'], y=df['Close'], name='Close',
        mode='lines', yaxis='y', line={'color':'red'},
    )
)

fig.add_trace(
    go.Scatter(
        x=df['Date'], y=df['Volume'], name='Volume',
        mode='lines', yaxis='y2', line={'color':'blue'},
    )
)

fig.add_trace(
    go.Scatter(
        x=df['Date'], y=df['High-Low'], name='High-Low',
        mode='lines', yaxis='y3', line={'color':'green'},
    )
)

fig.update_layout(
    yaxis = dict(title = "Close"),
    yaxis2 = dict(
        position = 1, title = "Volume",
        side = "right", anchor = "free", overlaying = "y"
        ),
    yaxis3 = dict(
        title = "High-Low", side = "right", anchor = "x",
        overlaying = "y"
    ),
    xaxis = dict(title = "Date", domain = [.1, .85]),
    width=600, height=400
)

fig.layout.yaxis.color = 'red'
fig.layout.yaxis2.color = 'blue'
fig.layout.yaxis3.color = 'green'

fig.show()
```

앞의 코드에서 총 3번의 add_trace 메서드와 graph_objects의 Scatter 함수를 호출하여 3 개의 서로 다른 y축을 가지는 그래프를 생성하였고, 마지막으로 update_layout 메서드를 사용 하여 각 y축과 x축의 위치와 같은 특성을 설정하였습니다. 이 때 두 번째 y축은 "position" 인자 에 1과 "side" 인자에 "right"를 전달함으로써 figure의 가장 우측에 위치하게 설정하였습니다. 추가로, x축의 길이를 "domain" 인자를 통하여 0.1에서 0.85의 상대적인 길이만큼 줄여서 두 번째 y축과 세 번째 y축이 서로 겹치지 않도록 설정합니다. 그 결과 그래프는 아래와 같습니다.

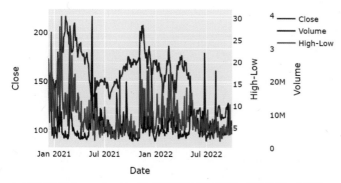

▲ 그림 119 Plotly graph_object를 이용하여 그린 3개의 y축을 가지는 그래프

범례(legend) 위치 조절하기

그래프를 그리다 보면 때때로 legend로 표현해야 할 항목들이 너무 많아 그래프 내부에 legend가 위치했을 때 그래프의 일부를 가리게 되는 문제가 발생할 수 있습니다. 이 때 legend 의 위치를 적절하게 조절해야 할 필요가 있습니다. 아래 코드를 통해 예시를 살펴보도록 하겠습니다. 우선 CO2_emissions 데이터셋을 불러오도록 하겠습니다. 이 데이터셋은 자동차 메이커, 모델, 엔진 크기, 기통 수, 연비, 이산화탄소 배출량 등에 대한 데이터를 가지고 있습니다.

범례 (legend) 위치 조절하기 (ch4-3.py)

```
df = pd.read_csv('./datasets/CO2_emissions/CO2_emissions.csv')
df.info()


<class 'pandas.core.frame.DataFrame'>
RangeIndex: 7385 entries, 0 to 7384
Data columns (total 12 columns):
 #   Column                        Non-Null Count  Dtype
---  ------                        --------------  -----
 0   Make                          7385 non-null   object
 1   Model                         7385 non-null   object
 2   Vehicle Class                 7385 non-null   object
 3   Engine Size(L)                7385 non-null   float64
 4   Cylinders                     7385 non-null   int64
 5   Transmission                  7385 non-null   object
 6   Fuel Type                     7385 non-null   object
 7   Fuel Consumption City (L/100 km)  7385 non-null   float64
 8   Fuel Consumption Hwy (L/100 km)   7385 non-null   float64
 9   Fuel Consumption Comb (L/100 km)  7385 non-null   float64
 10  Fuel Consumption Comb (mpg)   7385 non-null   int64
 11  CO2 Emissions(g/km)           7385 non-null   int64
dtypes: float64(4), int64(3), object(5)
memory usage: 692.5+ KB
```

이제 복합 연비 (Fuel Consumption Comb (L/100 km))와 이산화탄소 배출량 (CO2 Emissions(g/km))을 각 축으로 하고, "vehicle class"를 hue 인자로 받는 scatterplot을 그려보도록 하겠습니다.

범례 (legend) 위치 조절하기 (ch4-3.py)

```
fig, ax = plt.subplots()
sns.scatterplot(
    x='Fuel Consumption Comb (L/100 km)',
    y='CO2 Emissions(g/km)',
    data=df, hue='Vehicle Class', palette='bright',
    ax=ax
)
```

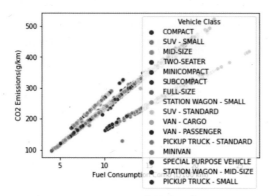

▲ 그림 120 Seaborn scatterplot을 통해 그린 CO2_emissions 데이터셋의 복합연비에 대한 이산화탄소 배출량 그래프. hue 인자로
　차량 종류("vehicle class")를 지정

위 결과 그래프에서 hue 인자를 통해 색깔을 구분하는 변수의 고유값이 너무 많아 legend의
크기가 지나치게 커져 그래프의 대부분을 가리고 있습니다. 이런 경우 legend를 그래프 바깥으
로 빼는 것이 좋을 것 같습니다. 위 코드에 이어서 아래 한 줄을 추가하면 됩니다.

범례 (legend) 위치 조절하기 (ch4-3.py)

```
fig, ax = plt.subplots()
sns.scatterplot(
    x='Fuel Consumption Comb (L/100 km)',
    y='CO2 Emissions(g/km)',
    data=df, hue='Vehicle Class', palette='bright',
    ax=ax
)
ax.legend(bbox_to_anchor=(1.01, 1.05))
```

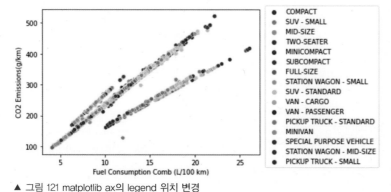

▲ 그림 121 matplotlib ax의 legend 위치 변경

위 그림에서 보시다시피 legend가 그래프의 우측 바깥으로 빠져서 보기 깔끔하게 수정되었
습니다. 이 때 위 코드에서 legend 메서드의 bbox_to_anchor인자로 전달된 (1.01, 1.05)는 ax

에서의 상대적 위치입니다. 그래프의 좌하단을 (0, 0)으로 하고, 우상단이 (1.1)이 됩니다. 전달된 (1.01, 1.05)은 그래프의 우상단에서 오른쪽 위로 (0.01, 0.05)만큼 더 떨어진 위치에서 legend를 표시하겠다는 뜻입니다.

Plotly 라이브러리는 기본적으로 범례를 그래프의 바깥쪽에 표시해 주기 때문에 범례의 위치를변경해야할 필요가 많지 않습니다. 만약 범례의 위치를 조절해야 한다면, 생성한 figure를 update_layout 메서드를 사용하여 "legend_x"와 "legend_y" 인자에 각각 x, y 상대좌표를 전달하여 위치를 변경할 수 있습니다. 아래 예시 코드에서는 범례의 위치를 (1.2, 1)로 지정해 보았습니다. 그 결과는 아래 그림과 같습니다.

범례 (legend) 위치 조절하기 (ch4-3.py)

```python
fig = px.scatter(
    df, x='Fuel Consumption Comb (L/100 km)', y='CO2 Emissions(g/km)',
    color='Vehicle Class', width=700, height=500
)
fig.update_layout(legend_x=1.2, legend_y=1)
fig.show()
```

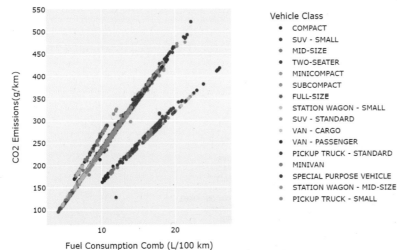

▲ 그림 122 Plotly로 그린 그래프의 범례의 상대위치를 (1.2, 1)로 조절한 결과

그래프의 테두리(spine) 강조하기

이번에는 그래프의 테두리 색깔과 선 굵기를 조절하여 그래프를 강조하는 법을 알아보도록 하겠습니다. 이 방법은 특히 행과 열을 나눠 여러 그래프를 그린 상황에서 특정 조건을 만족하는 data가 있는 그래프만 강조하고자 할 때 효과가 뛰어납니다. 이번 절에서는 테두리 강조법을 알아보고, 뒤에서 Seaborn의 FacetGrid와 함께 접목하여 사용하는 예시도 설명하도록 하겠습니다.

그래프의 테두리(spine) 강조하기 (ch4-4.py)

```python
df = pd.read_csv('./datasets/CO2_emissions/CO2_emissions.csv')

fig, ax = plt.subplots()
sns.boxplot(
    x='Cylinders', y='CO2 Emissions(g/km)',
    data=df, ax=ax
)

spines = ['left','right','top','bottom']
for spine in spines:
    ax.spines[spine].set_color('blue')
    ax.spines[spine].set_linewidth(3)
```

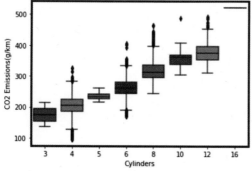

▲ 그림 123 Matplotlib ax의 spines 메서드를 이용한 그래프 테두리(spine) 강조

위 코드에서 테두리를 강조할 ax에서 spines 메서드를 통해 변경할 테두리를 선택합니다. 상, 하, 좌, 우 4개의 테두리를 각각 spines['top'], spines['bottom'], spines['left'], spines['right']로 선택한 후 set_color 메서드를 통해 색깔을 변경, set_linewidth 메서드를 통해 선 굵기를 변경할 수 있습니다.

Plotly 라이브러리를 통해 그린 그래프에서도 테두리를 강조할 수 있는데, update_xaxes 및 update_yaxes 메서드를 이용하여 테두리의 색깔과 선 굵기를 조절하면 됩니다. 아래 코드와 같이 "mirror" 인자에 "Ture"를 전달하게 되면 마주 보는 테두리에도 동일한 효과를 적용할 수 있습니다.

그래프의 테두리(spine) 강조하기 (ch4-4.py)

```
fig = px.box(df, x='Cylinders', y='CO2 Emissions(g/km)', width=500, height=400)
fig.update_xaxes(showline=True, linecolor='black', linewidth=3, mirror=True)
fig.update_yaxes(showline=True, linecolor='black', linewidth=3, mirror=True)
fig.show()
```

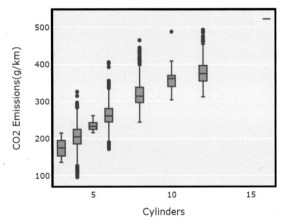

▲ 그림 124 Plotly 라이브러리로 그린 그래프의 테두리 선 굵기 변경

그래프 내 텍스트 표현하기

때로는 그래프 안에 텍스트를 추가로 입력하여 나타내고자 하는 바를 보다 명확히 전달할 수 있습니다. 특정 ax 내에 텍스트를 입력하는 방법은 text와 annotate 메서드 두 가지입니다. 우선 text 메서드부터 알아보도록 하겠습니다.

그래프 내 텍스트 표현하기 (ch4-5.py)

```python
df = pd.read_csv('./datasets/CO2_emissions/CO2_emissions.csv')

fig, ax = plt.subplots()
sns.scatterplot(
    x='Fuel Consumption Comb (L/100 km)',
    y='CO2 Emissions(g/km)', data=df, ax=ax, hue='Fuel Type'
)
ax.text(
    x=10, y=130,
    s='fuel type ethanol emits less CO2',
    fontdict={'fontsize':12, 'weight':'bold'}
)
```

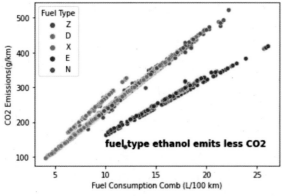

▲ 그림 125 text 메서드를 이용한 그래프 내 텍스트 삽입

위 예시에서 볼 수 있듯이 text 메서드는 입력할 text의 x, y 좌표를 각각 x, y 인자로 받고, 입력할 문자열을 s 인자로 받습니다. 추가로 문자열의 특성(글씨 크기 등)을 fontdict 인자를 통해 사전 형태로 전달할 수 있습니다. 위 예시에서는 글씨 크기를 12, 글씨 형태를 굵게 표시했습니다.

위 예시에서 텍스트를 표시할 x, y 좌표를 (10, 130)으로 전달한 것을 확인하시기 바랍니다. 이 좌표는 각각 x축과 y축의 절대값을 나타내는데, 때로는 상대적 좌표를 전달하는 것이 더 유용할 때가 있습니다. 이 때 transform 인자에 ax.transAxes를 전달하면 좌표를 상대좌표로 전달할 수 있습니다. 이 때 상대좌표는 그래프의 좌하단을 (0,0), 우상단을 (1,1)로 환산한 좌표입니다. 아래는 위 코드의 절대좌표와 흡사한 결과를 얻도록 상대좌표를 전달한 예시입니다.

그래프 내 텍스트 표현하기 (ch4-5.py)

```python
fig, ax = plt.subplots()
sns.scatterplot(
    x='Fuel Consumption Comb (L/100 km)',
    y='CO2 Emissions(g/km)', data=df, ax=ax, hue='Fuel Type'
)
ax.text(
        x=0.3, y=0.12,
        s='fuel type ethanol emits less CO2',
        fontdict={'fontsize':12, 'weight':'bold'},
        transform=ax.transAxes
)
```

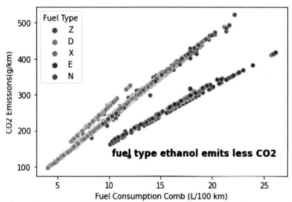

▲ 그림 126 text 메서드를 통한 그래프 내 텍스트 삽입 (상대 좌표 이용)

다음으로 annotate 메서드를 이용해 그래프 내 텍스트를 삽입해 보겠습니다. annotate 메서드는 텍스트와 함께 특정 좌표를 가리키는 화살표를 함께 표현할 수 있습니다.

그래프 내 텍스트 표현하기 (ch4-5.py)

```python
fig, ax = plt.subplots()
sns.scatterplot(
    x='Fuel Consumption Comb (L/100 km)',
    y='CO2 Emissions(g/km)', data=df, ax=ax, hue='Fuel Type'
)
ax.annotate(
    text='ethanol is efficient', xy=(26, 400),
    xytext=(21,310), arrowprops={'color':'black', 'width':1}
)
```

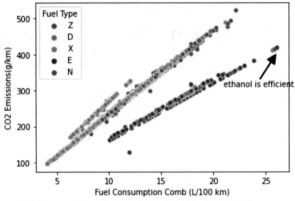

▲ 그림 127 annotate 메서드를 이용한 텍스트와 화살표 표현

위 예시 코드에서 볼 수 있듯이 annotate 메서드는 text 인자로 나타낼 텍스트, xy 인자로 x, y, 좌표를 하나의 튜플 형태로 전달받습니다. 하지만 text 메서드와는 다르게 xytext 인자로 좌표를 추가로 전달한 것을 확인할 수 있습니다. 앞서 annotate 메서드가 화살표와 텍스트를 함께 표시할 수 있다고 했는데 xy 인자는 화살표의 끝이 가리킬 좌표이고, xytext 인자는 텍스트를 입력할 좌표입니다. 추가로 arrowprops 인자에 딕셔너리 형태로 화살표와 관련된 특성들을 전달하면 됩니다. 위 예시에는 arrowprops 인자에 화살표의 선 굵기와 색깔을 전달하였습니다.

annotate 메서드는 text 메서드와는 다르게 상대좌표를 전달하기 위하여 transform 인자 대신 xycoords 메서드를 사용합니다. 아래 상대좌표를 전달하여 텍스트를 입력하는 코드는 위 예시 코드처럼 절대좌표를 전달했을 때와 유사한 결과를 얻습니다.

그래프 내 텍스트 표현하기 (ch4-5.py)

```python
fig, ax = plt.subplots()
sns.scatterplot(
    x='Fuel Consumption Comb (L/100 km)',
    y='CO2 Emissions(g/km)', data=df, ax=ax, hue='Fuel Type'
)
ax.annotate(
    text='ethanol is efficient', xy=(0.95, 0.7),
    xytext=(0.73, 0.5), arrowprops={'color':'black', 'width':1},
    xycoords=ax.transAxes
)
```

Matplotlib 라이브러리에서는 그래프 내 text를 추가하기 위해 여러 방법이 있었지만, Plotly 라이브러리에서는 add_annotation 하나의 메서드로 앞서 소개한 텍스트 추가와 화살표와 텍스트 추가 모두 가능합니다. Add_annotation 메서드의 인자는 Matplotlib에서 소개했던 text

메서드의 인자와 유사합니다. 이 때 "showarrow" 인자에 "True"를 전달하면 텍스트와 화살표가 동시에 표현되며, "False"를 전달하면 텍스트만 표시됩니다. 앞서 Matplotlib의 text, annotation 메서드에서 텍스트의 위치를 상대좌표로 전달하는 방법을 설명했는데, Plotly의 add_annotation 메서드에서 동일하게 상대좌표를 전달하기 위해서는 "xref", "yref" 인자에 각각 "x domain"과 "y domain"을 전달하면 됩니다. 아래 코드와 그림을 참고하시기 바랍니다.

그래프 내 텍스트 표현하기 (ch4-5.py)

```
fig = px.scatter(
    df, x='Fuel Consumption Comb (L/100 km)',
    y='CO2 Emissions(g/km)', width=500, height=400,
    color='Fuel Type'
)
fig.add_annotation(
    x=20, y=130, text='<b>fuel type ethanol emits less CO2</b>',
    showarrow=False
)
fig.add_annotation(
    x=0.9, xref='x domain', y=0.75, yref='y domain', text='ethanol is efficient',
    showarrow=True, arrowhead=2
)
fig.show()
```

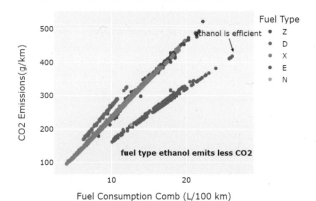

▲ 그림 128 Plotly 라이브러리에서 add_annotation 메서드를 통해 그래프 내 텍스트 추가하기

수평선과 수직선 그리기

이번 절에서는 그래프 내 수평선과 수직선을 그리는 방법을 알아보도록 하겠습니다. 수평선 및 수직선은 그래프로 나타낸 데이터를 특정 상수와 상대적인 크기를 비교할 때 많이 사용됩니다. 이번 절의 예시 코드에 사용될 데이터셋으로 product inspection를 사용해 보도록 하겠습니다. 이 데이터셋은 2장에서 사용한 바 있는데, 특정 제품의 생산 과정 중 "A", "B", "C" 세 가지의 종류의 검수 공정에서 측정된 값과 날짜, 해당 검수 공정에서의 관리 spec을 함께 나타내고 있습니다. 이번 절에서는 "A" 검수 공정에 대해서 x축을 날짜, y축을 계측 값으로 하여 seaborn scatterplot을 통해 그래프를 그리고 수평선을 그리는 방법에 대해 설명하도록 하겠습니다.

수평선과 수직선 그리기 (ch4-6.py)

```
df = pd.read_csv('./datasets/product_inspection/product_inspection.csv')
df['date'] = pd.to_datetime(df['date'])

df = df.query('inspection_step == "A"')

fig, ax = plt.subplots()
sns.scatterplot(x='date', y='value', data=df, ax=ax)
ax.xaxis.set_major_formatter(mpl.dates.ConciseDateFormatter(ax.xaxis.get_major_locator()))
```

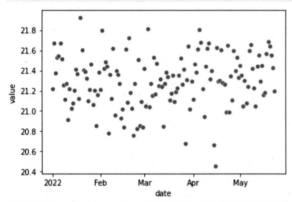

▲ 그림 129 product_inspection 데이터셋의 A 검수 공정에 대한 계측 값의 시계열 그래프

보통 제품 검수 시 관리 spec을 넘어간 자재는 판매할 수 없어 폐기하는 것이 좋습니다. 위 그래프로 나타낸 각 "A" 검수 공정의 계측 값을 관리 spec과 함께 비교하여 볼 수 있다면 spec을 넘어간 자재가 무엇인지 쉽게 확인할 수 있을 것입니다. 따라서 그래프에 spec을 나타내는 수평선을 그려보도록 하겠습니다.

```
fig, ax = plt.subplots()
sns.scatterplot(x='date', y='value', data=df, ax=ax)
ax.xaxis.set_major_formatter(mpl.dates.ConciseDateFormatter(ax.xaxis.get_major_locator()))

ax.axhline(df['lower_spec'].iloc[-1], color='red', linewidth=0.5)
ax.axhline(df['target'].iloc[-1], color='red', linewidth=0.5)
ax.axhline(df['upper_spec'].iloc[-1], color='red', linewidth=0.5)
```

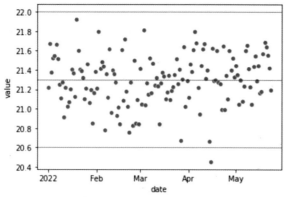

▲ 그림 130 Matplotlib ax의 axhline 메서드를 이용한 수평선 그리기

수평선은 axhline (ax horizontal line의 약자입니다) 메서드를 통해 그릴 수 있는데, 인자로는 수평선을 그릴 y값과, 수평선의 색깔(color 인자) 및 선 형태(위 예시에는 사용되지 않았지만 linestyle 인자를 이용합니다)와 선 굵기(linewidth) 등을 전달하여 설정할 수 있습니다. 위의 예시에서 인자로 전달받은 관리 spec에 해당하는 세 가지 "lower_spec", "target", "upper_spec"의 맨 마지막 값을 수평선을 그릴 y값으로 설정했습니다(해당 데이터셋에서는 각 검수 step 별 관리 spec이 날짜에 따라 달라지지 않고 동일하기 때문에 가장 최근의 값을 iloc[-1]로 불러왔습니다.).

수직선을 그리는 메서드는 수평선을 그리는 axhline 메서드와 비슷하게 axvline을 사용합니다 (ax vertical line의 약자입니다). axvline 메서드의 첫 번째 인자로는 수직선을 그릴 x값을 입력하면 됩니다. 이외 다른 인자는 axhline과 동일합니다.

Plotly 라이브러리에서 수평선 및 수직선을 그리고자 한다면 각각 add_hline과 add_vline 메서드를 이용할 수 있습니다. 이 때 전달하는 인자는 수평선 및 수직선을 그릴 위치, 수평선 및 수직선의 색깔, 굵기, 형태 등과 같은 특성인데, 그 인자명이 Matplotlib의 axhline 및 axvline 메서드와는 약간씩 다르므로 아래 코드를 참고하시기 바랍니다.

```
fig = px.scatter(df, x='date', y='value', width=500, height=400)
fig.add_hline(df['lower_spec'].iloc[-1], line_color='red', line_width=0.5)
fig.add_hline(df['target'].iloc[-1], line_color='red', line_width=0.5)
fig.add_hline(df['upper_spec'].iloc[-1], line_color='red', line_width=0.5)
fig.show()
```

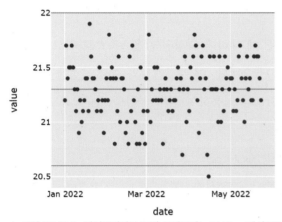

▲ 그림 131 Plotly 라이브러리로 그린 그래프에 add_hline 메서드를 통해 수평선 추가하기

FacetGrid로 나눈 각 ax별 mapping으로 그래프 세부 튜닝하기

이전 절에서는 product_inspection 데이터셋에서 검사 공정 "A"에 대한 예시만 살펴보았습니다. 이번 절에서는 Seaborn FacetGrid를 이용하여 "A", "B", "C"각 검수 공정에 대한 계측값 시계열 그래프를 열로 나눠서 그려보고, 각 ax별로 matplotlib의 여러 메서드를 mapping하는 법에 대해서 알아보도록 하겠습니다.

아래 코드를 통하여 각 검사 공정 "A", "B", "C"에 대하여 측정된 값을 y축으로 하고, x축을 검사 날짜로 하여 시계열 그래프를 그려보도록 하겠습니다. 이 때 3가지의 검사 공정에 대해 총 3개의 그래프가 필요하므로, seaborn의 FacetGrid를 이용하여 검수 공정을 기준으로 열을 나눠보도록 하겠습니다.

FacetGrid로 나눈 각 ax별 mapping으로 그래프 세부 튜닝하기 (ch4-7.py)

```
df = pd.read_csv('./datasets/product_inspection/product_inspection.csv')
df['date'] = pd.to_datetime(df['date'])

g = sns.FacetGrid(df, sharex=False, sharey=False, col='inspection_step', aspect=1.6)
g.map_dataframe(sns.scatterplot, x='date', y='value')
```

▲ 그림 132 seaborn FacetGrid로 그린 product_inspection 데이터셋 계측값의 시계열 그래프

검수 공정 "A", "B", "C"는 각각 관리하는 spec의 값이 다릅니다. 따라서 각 ax(검수 공정)마다 그에 적절한 spec 선을 그어야 합니다. FacetGrid의 map 메서드를 이용하여 각 그래프에 spec을 나타내는 수평선을 그려보도록 하겠습니다.

FacetGrid로 나눈 각 ax별 mapping으로 그래프 세부 튜닝하기 (ch4-7.py)

```
import matplotlib as mpl
def custom(lower_spec, target, upper_spec, **kws):
    ax = plt.gca()

    ax.axhline(lower_spec.iloc[-1], color='red', linewidth=0.5)
    ax.axhline(target.iloc[-1], color='red', linewidth=0.5)
    ax.axhline(upper_spec.iloc[-1], color='red', linewidth=0.5)

    ax.xaxis.set_major_formatter(mpl.dates.ConciseDateFormatter(ax.xaxis.get_major_locator()))

g.map(custom, 'lower_spec', 'target', 'upper_spec')
```

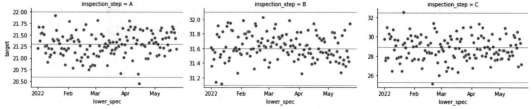

▲ 그림 133 axhline 메서드를 이용한 수평선 그리기

 Seaborn FacetGrid로 그린 그래프에서 map 메서드를 사용하면 다양한 matplotlib 라이브러리의 메서드들을 각 ax에 알맞게 적용할 수 있습니다. 이번 예제 데이터셋에서는 검수 공정을 FacetGrid의 열로 나누어 그래프를 그렸는데, 각 공정별로 관리 spec이 다르기 때문에 각 ax마다 수평선을 그려줄 y 값이 다릅니다. 이 때 map 메서드를 이용하여 열로 나눈 각 ax마다 각 ax에 해당하는 서브 데이터셋을 이용하여 수평선을 그려줄 수 있습니다. 위 예시 코드에서 볼 수 있듯이 custom이라는 새로운 함수를 정의하였고, "lower_spec", "target", "upper_spec" 인자를 받도록 하였습니다. custom 함수의 마지막 인자인 **kws는 정해지지 않은 수의 임의의 파라미터를 입력받을 수 있다는 뜻입니다. custom 함수에서는 gca 메서드를 이용하여 함수가 실행될 때의 ax를 ax 변수에 입력합니다. 이 때 gca는 get current ax의 약자입니다. 이후 변수 ax를 통해 axhline 메서드를 통하여 수평선을 그려줄 수 있습니다. 이후 FacetGrid에 정의한 함수를 적용하기 위해서는 map 메서드에 정의한 함수명과 인자들을 순서대로 전달하면 됩니다.

 위에서 설명한 것과 같이 FacetGrid에서 map 메서드를 이용하여 메서드 mapping을 하는 방법 외에 다른 방법을 추가로 소개하도록 하겠습니다. 아래 코드처럼 for 반복문을 사용하여 위에서와 동일하게 수평선을 그릴 수 있습니다. for 문에서 g.axes.flat은 FacetGrid의 각 ax를 iteration 형태로 하나씩 전달해 줍니다. 각 ax를 ax 변수로 받아와서 해당 ax에 해당하는 서브 데이터셋을 temp_df 변수에 할당하는 방식입니다. 아래 예시에서 ax.get_title()은 앞의 그림과 같이 "inspection_step = A"처럼 각 ax의 제목을 가져오는 메서드입니다. 이 때 아래 코드의 ax.get_title()[-1]처럼 가져온 제목 문자열의 맨 마지막 1개 원소를 가져오면 "A", "B" 혹은 "C"처럼 각 inspection_step의 공정명을 가져올 수 있습니다. 이를 이용하여 temp_df = df.loc[df['inspection_step'] == inspection_step]와 같이 temp_df 변수에 해당 각 공정명을 가지는 데이터만 필터링하여 서브 데이터셋을 만듭니다. 이후 수평선을 그리는 과정은 앞의 코드와 동일합니다. 아래 코드의 결과는 위 그림과 동일하므로 생략합니다.

```
g = sns.FacetGrid(df, sharex=False, sharey=False, col='inspection_step', aspect=1.6)
g.map_dataframe(sns.scatterplot, x='date', y='value')


for ax in g.axes.flat:
    inspection_step = ax.get_title()[-1]
    temp_df = df.loc[df['inspection_step'] == inspection_step]

    ax.axhline(temp_df['lower_spec'].iloc[-1], color='red', linewidth=0.5)
    ax.axhline(temp_df['upper_spec'].iloc[-1], color='red', linewidth=0.5)
    ax.axhline(temp_df['target'].iloc[-1], color='red', linewidth=0.5)

    ax.xaxis.set_major_formatter(mpl.dates.ConciseDateFormatter(ax.xaxis.get_major_locator()))
```

추가로 FacetGrid의 ax mapping에 대한 다른 예를 들어보도록 하겠습니다. 위 예시에서 각 검수 공정 "A", "B", "C"에서 공정별 계측 값의 평균을 나타내는 수평선을 추가하고, 그 값을 text 형태로 함께 표시해 보겠습니다.

```
import matplotlib.transforms as transforms

g = sns.FacetGrid(df, sharex=False, sharey=False, col='inspection_step', aspect=1.6)
g.map_dataframe(sns.scatterplot, x='date', y='value')

def custom(value, lower_spec, target, upper_spec, **kws):
    ax = plt.gca()

    ax.axhline(lower_spec.iloc[-1], color='red', linewidth=0.5)
    ax.axhline(target.iloc[-1], color='red', linewidth=0.5)
    ax.axhline(upper_spec.iloc[-1], color='red', linewidth=0.5)

    ax.xaxis.set_major_formatter(mpl.dates.ConciseDateFormatter(ax.xaxis.get_major_locator()))

    mean = value.mean()
    ax.axhline(mean, color='blue', linestyle='--', linewidth=2)

    trans = transforms.blended_transform_factory(ax.transAxes, ax.transData)
    ax.text(x=0.02, y=mean, s='mean: {:.1f}'.format(mean),
            fontdict={'fontsize':12, 'weight':'bold'}, bbox={'facecolor':'white'},
            transform=trans, ha='left')

g.map(custom, 'value', 'lower_spec', 'target', 'upper_spec')
```

우선 matplotlib의 transforms를 임포트했습니다. 이는 text 메서드를 이용하여 그래프에 텍스트 입력 좌표를 입력할 때 x와 y 좌표에 상대좌표와 절대좌표를 섞어서 사용할 때 사용하는데, 뒤에서 다시 설명하도록 하겠습니다. 이전 예시 코드에서 정의한 custom 함수와 달라진 점은 value 인자를 추가로 받는다는 것입니다. 함수 내부를 살펴보면 value의 평균값을 계산하여 mean 변수에 저장합니다. axhline 메서드를 이용하여 각 공정의 계측 값 평균을 파란색 선 굵기 2에 해당하는 점선으로 그려줍니다. 이후 해당 계측 값 평균을 text 메서드를 이용하여 표시해 보도록 하겠습니다. 이 때 text의 표시 위치의 x 좌표를 상대좌표 0.02로, y 좌표를 각 공정별 평균에 해당하는 절대좌표로 전달하려고 합니다. 이를 위해 앞서 임포트한 transforms에서 blended_transform_factory 메서드를 사용합니다. x 좌표는 상대좌표이므로 ax.transAxes를, y는 절대좌표를 사용하고자 하므로 ax.transData를 전달하여 trans 변수에 할당합니다.

이후 text 메서드에서 transform 인자에 앞서 정의한 trans 변수를 전달하면 입력한 x좌표는 상대좌표로 인식하고, y좌표는 절대좌표로 인식하게 됩니다. 이 때 각 그래프마다 scatter가 너무 많아서 입력한 text가 scatter와 겹쳐 잘 보이지 않을 우려가 있으므로 bbox 인자를 추가로 전달하여 facecolor를 white로 지정하여 사전 형태로 전달합니다. 이는 텍스트 상자의 내부 색깔을 흰색으로 지정하는 것입니다. 지금까지의 결과를 아래 그림에서 확인할 수 있습니다.

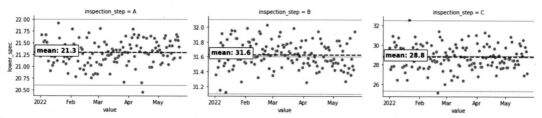

▲ 그림 134 Seaborn FacetGrid의 ax별 mapping 추가 예시. 계측 값 평균에 해당하는 수평선과 해당 평균을 text 로 표시

이번에는 Plotly 라이브러리로 facet을 나눠 그린 그래프에 각각 facet의 기준에 해당하는 서브 데이터셋 내의 값으로 수평선 (spec선)을 그려보도록 하겠습니다. 앞서 product_inspection 데이터셋을 검수공정인 "inspection_step" 열을 기준으로 facet을 나누어 그렸는데, 각 facet이 나누어진 기준이 되는 열의 어떤 값에 해당하는지에 대한 정보는 아래 코드와 같이 figure 변수의 layout 내 annotations의 text에 들어가 있습니다.

FacetGrid로 나눈 각 ax별 mapping으로 그래프 세부 튜닝하기 (ch4-7.py)

```
fig = px.scatter(df, x='date', y='value', facet_col='inspection_step')
print(fig.layout.annotations)
```

```
(layout.Annotation({
    'font': {},
    'showarrow': False,
    'text': 'inspection_step=A',
    'x': 0.15999999999999998,
    'xanchor': 'center',
    'xref': 'paper',
    'y': 1.0,
    'yanchor': 'bottom',
    'yref': 'paper'
}), layout.Annotation({
    'font': {},
    'showarrow': False,
    'text': 'inspection_step=B',
    'x': 0.49999999999999994,
    'xanchor': 'center',
    'xref': 'paper',
    'y': 1.0,
    'yanchor': 'bottom',
    'yref': 'paper'
}), layout.Annotation({
    'font': {},
    'showarrow': False,
    'text': 'inspection_step=C',
    'x': 0.8399999999999999,
...
    'y': 1.0,
    'yanchor': 'bottom',
    'yref': 'paper'
}))
```

　위 코드의 결과를 보면 "text" 키의 값이 "inspection_step=A"와 같이 facet의 기준이 되는 열과 그 값으로 나타난 것을 확인할 수 있습니다. 따라서, 아래 코드에서는 해당 값을 가져와서 각 검수 공정의 spec 선을 그릴 y 값을 Pandas 데이터프레임의 query 메서드를 이용하여 가져도록 하겠습니다. 이 때 수평선을 그리기 위해서는 앞서 설명한 add_hline 메서드를 사용하고, 어떤 facet에 수평선을 그릴 것인지를 선택할 때에는 "row"와 "col" 인자에 각각 행과 열 인덱스를 전달하면 됩니다. 이 때 전달하는 인덱스는 첫 번째가 0이 아니라 1인 것에 주목하시기 바랍니다.

```python
fig = px.scatter(df, x='date', y='value', facet_col='inspection_step', facet_col_spacing=0.05)

for idx in range(df['inspection_step'].nunique()):
    step = fig.layout.annotations[idx].text.split('=')[1]
    fig.add_hline(
        y=df.query('inspection_step == @step')['lower_spec'].iloc[-1],
        line_color='red', line_width=0.5, row=1, col=idx+1
    )
    fig.add_hline(
        y=df.query('inspection_step == @step')['upper_spec'].iloc[-1],
        line_color='red', line_width=0.5, row=1, col=idx+1
    )
    fig.add_hline(
        y=df.query('inspection_step == @step')['target'].iloc[-1],
        line_color='red', line_width=0.5, row=1, col=idx+1
    )

fig.update_yaxes(matches=None)
fig.update_yaxes(showticklabels=True)
fig.show()
```

이 때 Seaborn facetgrid에서 각 facet의 y축의 범위를 분리하기 위해 사용했던 "sharey=True"와 동일 효과를 얻기 위해서 Ploty figure의 update_yaxes 메서드에서 "matches" 인자와 "showticklabels" 인자에 각각 "None"과 "True"를 전달합니다. 그 결과는 아래 그래프와 같습니다.

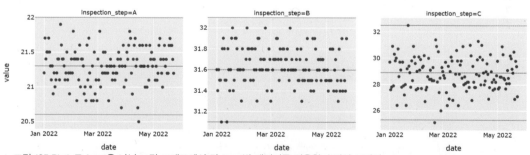
▲ 그림 135 Plotly로 facet을 나눠 그린 그래프에서 각 facet별 데이터를 이용한 수평선 그리기

앞서 그린 수평선 (spec선)과 더불어 각 facet에 해당하는 데이터의 중간값에 해당하는 수평선을 추가하고, 그 값을 텍스트박스로 함께 나타내 보도록 하겠습니다. 데이터의 중간값을 구하고 그에 해당하는 수평선을 그리는 방법은 직전에 다뤘던 spec선 그리기와 유사합니다. 중간값을 넣을 텍스트박스는 앞서 다룬 바 있는 add_annotation 메서드를 이용합니다.

텍스트 박스를 나타내기 위하여 x 좌표를 0.02라는 상대 좌표를 사용하고자 하는데, Plotly에서는 xref에 "x domain"을 전달하여 해당 축에 대한 상대 좌표를 사용할 수 있습니다.

```python
fig = px.scatter(df, x='date', y='value', facet_col='inspection_step', facet_col_spacing=0.05)

for idx in range(df['inspection_step'].nunique()):
    step = fig.layout.annotations[idx].text.split('=')[1]
    fig.add_hline(
        y=df.query('inspection_step == @step')['lower_spec'].iloc[-1],
        line_color='red', line_width=0.5, row=1, col=idx+1
    )
    fig.add_hline(
        y=df.query('inspection_step == @step')['upper_spec'].iloc[-1],
        line_color='red', line_width=0.5, row=1, col=idx+1
    )
    fig.add_hline(
        y=df.query('inspection_step == @step')['target'].iloc[-1],
        line_color='red', line_width=0.5, row=1, col=idx+1
    )

    med = df.query('inspection_step == @step')['value'].median()
    fig.add_hline(
        y=med,
        line_color='black', line_width=3, line_dash='dot', row=1, col=idx+1
    )

    fig.add_annotation(
        text='median: {:.1f}'.format(med),
        showarrow=False, bordercolor='black', borderwidth=1, bgcolor='rgb(256,256,256)',
        x=0.02, y=med, xref='x domain', row=1, col=idx+1,
    )

fig.update_yaxes(matches=None)
fig.update_yaxes(showticklabels=True)
fig.show(
```

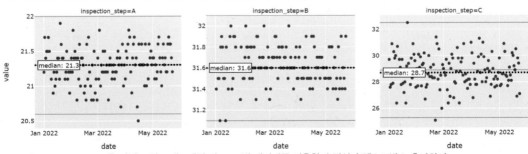

▲ 그림 136 Plotly로 facet을 나눠 그린 그래프에서 각 facet별 데이터를 이용한 수평선과 텍스트박스 추가하기

FacetGrid에서 특정 조건에 해당하는 ax 강조하기

앞서 그래프의 테두리의 색깔과 굵기를 변경하여 그래프를 강조하는 방법에 대해 알아본 바 있습니다. Seaborn FacetGrid는 데이터의 크기에 따라 행 개수와 열 개수가 크게 증가할 수 있는데, 이 때 특정 조건에 상응하는 그래프의 테두리를 강조하여 표시하면 수많은 그래프에서 원하는 조건에 해당하는 그래프만 눈에 띄게 표현할 수 있습니다.

앞서 사용했던 product_inspection 데이터셋을 사용하여서 각 검수 공정별로 관리 spec에서 벗어난 자재가 있으면 그래프의 테두리를 강조해 보도록 하겠습니다.

FacetGrid에서 특정 조건에 해당하는 ax 강조하기 (ch4-8.py)

```python
df = pd.read_csv('./datasets/product_inspection/product_inspection.csv')
df['date'] = pd.to_datetime(df['date'])

df['spec_out'] = (df['value'] > df['upper_spec']) | (df['value'] < df['lower_spec'])
```

product_inspection 데이터셋을 불러와서 "spec_out"이라는 새로운 열을 생성합니다. 이 때 계측 값("value" 열)이 "upper_spec"보다 크거나, "lower_spec"보다 작은 경우 True, 아닐 경우 False를 입력합니다. True인 경우 해당 자재의 계측 값이 관리 spec을 벗어났다는 의미입니다.

FacetGrid에서 특정 조건에 해당하는 ax 강조하기 (ch4-8.py)

```python
g = sns.FacetGrid(df, sharex=False, sharey=False, col='inspection_step', aspect=1.6)
g.map_dataframe(sns.scatterplot, x='date', y='value')

def custom(value, lower_spec, target, upper_spec, **kws):
    ax = plt.gca()

    ax.axhline(lower_spec.iloc[-1], color='red', linewidth=0.5)
    ax.axhline(target.iloc[-1], color='red', linewidth=0.5)
    ax.axhline(upper_spec.iloc[-1], color='red', linewidth=0.5)

    ax.xaxis.set_major_formatter(mpl.dates.ConciseDateFormatter(ax.xaxis.get_major_locator()))

def if_spec_out(spec_out, **kws):
    if spec_out.sum() > 0:
        ax = plt.gca()
        spines = ['left','bottom']
        for spine in spines:
            ax.spines[spine].set_color('blue')
            ax.spines[spine].set_linewidth(3)

g.map(custom, 'value', 'lower_spec', 'target', 'upper_spec')
g.map(if_spec_out, 'spec_out')
```

custom 함수를 정의해서 관리 spec line을 그려주는 과정은 위에서와 동일합니다. 추가로 if_spec_out 함수를 정의하여 데이터셋의 "spec_out" 열을 인자로 받아서 각 검수 공정에서의 "spec_out" 열의 합이 1 이상이면 (True가 하나 이상이면) spine 메서드를 호출하여 그래프의 테두리를 푸른색으로 굵게 지정합니다.

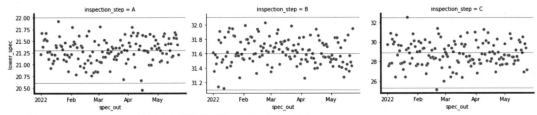

▲ 그림 137 Seaborn FacetGrid의 특정 조건을 만족하는 ax만 테두리 강조

코드의 결과는 위 그림과 같습니다. 검수 공정 "A"와 "C"에는 관리 spec을 넘어가는 자재가 존재하고, 해당 열에 해당하는 ax만 테두리가 강조된 것을 확인할 수 있습니다.

위의 예시에서는 특정 조건(검수 공정에서 관리 spec을 넘어 가는 자재가 있을 때)에 해당하는 data가 있을 경우 해당 ax 그래프의 테두리를 강조하였는데, 테두리 강조 이외에 특정 조건에 해당하는 data에 annotate 메서드를 이용하여 텍스트 표시를 하는 방법도 사용해 볼 수 있습니다. 아래 예시 코드를 통해 살펴보도록 하겠습니다.

FacetGrid에서 특정 조건에 해당하는 ax 강조하기 (ch4-8.py)

```python
g = sns.FacetGrid(df, sharex=False, sharey=False, col='inspection_step', aspect=1.6)
g.map_dataframe(sns.scatterplot, x='date', y='value')

for ax in g.axes.flat:
    title = ax.get_title()[-1]
    temp_df = df.query('inspection_step == @title')

    ax.axhline(temp_df['lower_spec'].iloc[-1], color='red', linewidth=0.5)
    ax.axhline(temp_df['target'].iloc[-1], color='red', linewidth=0.5)
    ax.axhline(temp_df['upper_spec'].iloc[-1], color='red', linewidth=0.5)

    ax.xaxis.set_major_formatter(mpl.dates.ConciseDateFormatter(ax.xaxis.get_major_locator()))

    spec_out_df = temp_df.query('spec_out != 0')
    if len(spec_out_df) > 0:
        for idx in range(len(spec_out_df)):
            ax.annotate(
                xy=(spec_out_df.iloc[idx]['date'], spec_out_df.iloc[idx]['value']),
                xytext=(spec_out_df.iloc[idx]['date'], spec_out_df.iloc[idx]['value']*1.01),
                text='spec_out', arrowprops={'color':'red', 'width':2}, color='red', weight='bold'
            )
```

앞의 코드에서 set_major_formatter 메서드를 사용하는 부분까지는 이미 위에서 다룬 바 있으므로 그 다음 줄부터 설명하도록 하겠습니다. 우선 spec_out_df 변수에 temp_df 서브 데이터셋에서 spec_out 열의 값이 False가 아닌 항목(spec out인 항목)만 필터링합니다. 이 때 if문을 이용하여 spec_out_df 서브 데이터셋의 길이가 0이 아니면 (spec out인 자재가 하나 이상 있으면) if문 내의 코드를 실행합니다. for 반복문을 이용하여 spec out에 해당하는 data 모두 scatter 옆에 annotate 메서드를 통하여 "spec out"이라는 텍스트를 입력합니다. 이 때 annotate 메서드의 xy 인자에는 spec out에 해당하는 data의 x, y 좌표를 입력합니다. xytext 인자에는 x 좌표는 xy 인자와 동일하게 입력하고, y 좌표는 xy 인자의 y 좌표에 1.01배 하여 전달합니다. 이는 텍스트를 해당 scatter에 겹치지 않게 약간 위에 표시하기 위함입니다.

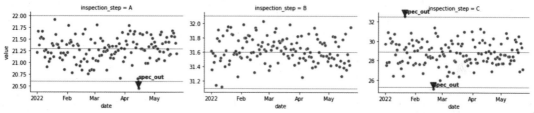

▲ 그림 138 Seaborn FacetGrid의 특정 조건을 만족하는 data의 scatter 옆에 annotate 메서드를 이용한 텍스트와 화살표 표시

위 그림과 같이 spec 선을 넘어간 data에 해당하는 scatter들만 인근에 빨간 화살표와 "spec out" 텍스트가 잘 입력된 것을 확인할 수 있습니다.

이제 Plotly 라이브러리를 사용하여 이상점이 있는 검수 공정에 대한 그래프에 테두리 강조 효과를 나타내 보도록 하겠습니다. Plotly 라이브러리로 그래프의 테두리를 강조하는 방법과 화살표와 텍스트를 함께 표시하는 방법은 이미 다룬 바 있습니다. 아래 코드는 생성한 "spec_out" 열의 값이 1 이상인 경우 테두리를 강조하는 코드입니다. 코드의 전체적인 흐름은 앞서 Matplotlib 및 Seaborn에서 다뤘던 것과 동일하며, 각 메서드들과 인자들만 Plotly 형식으로 변경됩니다.

FacetGrid에서 특정 조건에 해당하는 ax 강조하기 (ch4-8.py)

```python
fig = px.scatter(df, x='date', y='value', facet_col='inspection_step', facet_col_spacing=0.05)

for idx in range(df['inspection_step'].nunique()):
    step = fig.layout.annotations[idx].text.split('=')[1]
    fig.add_hline(
        y=df.query('inspection_step == @step')['lower_spec'].iloc[-1],
        line_color='red', line_width=0.5, row=1, col=idx+1
    )
    fig.add_hline(
        y=df.query('inspection_step == @step')['upper_spec'].iloc[-1],
        line_color='red', line_width=0.5, row=1, col=idx+1
```

```
    )
    fig.add_hline(
        y=df.query('inspection_step == @step')['target'].iloc[-1],
        line_color='red', line_width=0.5, row=1, col=idx+1
    )

    if df.query('inspection_step == @step')['spec_out'].sum() > 0:
            fig.update_xaxes(showline=True, linecolor='black', linewidth=3, mirror=True, row=1,
col=idx+1)
            fig.update_yaxes(showline=True, linecolor='black', linewidth=3, mirror=True, row=1,
col=idx+1)

fig.update_yaxes(matches=None)
fig.update_yaxes(showticklabels=True)
fig.show()
```

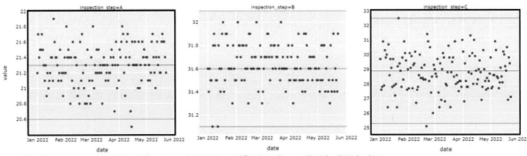

▲ 그림 139 Plotly facet을 통해 그린 subplot에서 특정 조건을 만족하는 그래프만 테두리 강조

아래는 add_annotation 메서드를 활용하여 Plotly에서 spec out된 scatter에 annotation을 추가하는 코드입니다.

FacetGrid에서 특정 조건에 해당하는 ax 강조하기 (ch4-8.py)

```
fig = px.scatter(df, x='date', y='value', facet_col='inspection_step', facet_col_spacing=0.05)

for idx in range(df['inspection_step'].nunique()):
    step = fig.layout.annotations[idx].text.split('=')[1]
    fig.add_hline(
        y=df.query('inspection_step == @step')['lower_spec'].iloc[-1],
        line_color='red', line_width=0.5, row=1, col=idx+1
    )
    fig.add_hline(
        y=df.query('inspection_step == @step')['upper_spec'].iloc[-1],
        line_color='red', line_width=0.5, row=1, col=idx+1
    )
    fig.add_hline(
        y=df.query('inspection_step == @step')['target'].iloc[-1],
```

```
        line_color='red', line_width=0.5, row=1, col=idx+1
    )


    spec_out_df = df.query('inspection_step == @step and spec_out != 0')
    if len(spec_out_df) > 0:
        for jdx in range(len(spec_out_df)):
            fig.add_annotation(
                text='spec out', x=spec_out_df.iloc[jdx]['date'], y=spec_out_df.iloc[jdx]['value'],
                row=1, col=idx+1, arrowcolor='red', font={'color':'red'}
            )



fig.update_yaxes(matches=None)
fig.update_yaxes(showticklabels=True)
fig.show()
```

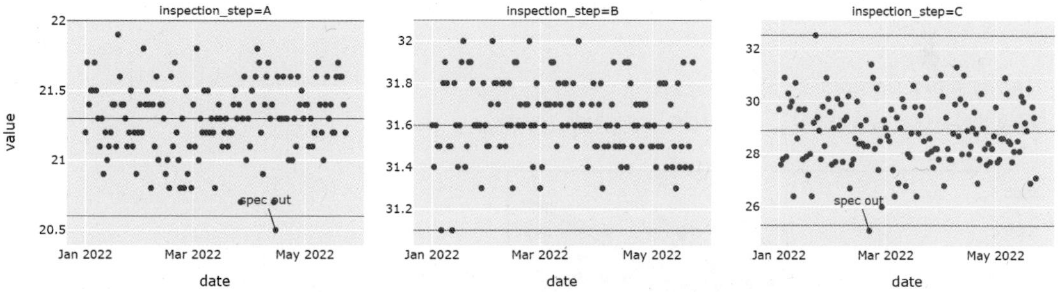

▲ 그림 140 Plotly로 그린 그래프에서 특정 조건을 만족하는 data의 scatter 옆에 annotate 메서드를 이용한 텍스트와 화살표 표시

regplot의 선형회귀선의 식과 상관계수 표시

앞서 배운 바와 같이 seaborn regplot을 통해 선형 관계를 가지는 두 연속형 변수의 회귀선을 그릴 수 있습니다. 이 때, regplot을 이용해 그린 회귀선에 대한 정보는 seaborn에서 기본적으로 제공하지는 않습니다. 회귀선의 정보를 그래프 위에 함께 표시하기 위해서는 scipy 라이브러리를 함께 이용하여야 합니다. 이번에는 seaborn 라이브러리의 load_dataset을 통해 기본으로 제공되는 mpg 데이터셋을 사용해 보도록 하겠습니다. 해당 데이터셋에는 여러 자동차 모델들에 대한 연비, 실린더 수, 크기, 마력, 중량 등이 포함되어 있습니다. 아래 코드를 통해 해당 데이터셋을 불러오고, x축을 마력("horsepower" 열)으로, y축을 무게("weight" 열)로 하는 seaborn regplot을 그려보도록 하겠습니다.

---

regplot의 선형회귀선의 식과 상관계수 표시 (ch4-9.py)

```
df = sns.load_dataset('mpg')

fig, ax = plt.subplots()
sns.regplot(x='horsepower', y='weight', data=df, ax=ax)
```

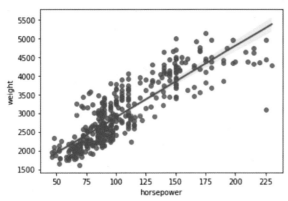

▲ 그림 141 Seaborn regplot을 이용해 그린 mpg 데이터셋의 horpower에 대한 weight 그래프

위 그림을 확인했을 때 "horsepower"와 "weight" 변수는 선형 관계를 가지는 것처럼 보입니다. 이 때 scipy 라이브러리를 이용하여 해당 변수들에 대한 회귀선의 식과 결정계수를 구하고, 그래프 위에 표시해 보도록 하겠습니다. scipy 라이브러리의 stats에서 linregress 함수를 임포트합니다. linregress 함수에 선형회귀를 구할 x, y 두 가지 변수에 대한 데이터를 각각 인자로 전달하면 순서대로 회귀식의 기울기, y절편, 피어슨 상관계수 (제곱하면 결정계수가 됩니다), p-값, 기울기의 표준편차를 반환합니다. 이 값들을 각각 s, I, r, p, se라는 변수에 할당하여 받

아옵니다. 이 때 주의할 점은, linregress 함수에 전달하는 x와 y 데이터에 결측치가 있다면 아래 결과처럼 nan이 반환됩니다.

regplot의 선형회귀선의 식과 상관계수 표시 (ch4-9.py)

```
from scipy.stats import linregress

s, i, r, p, se = linregress(df['horsepower'], df['weight'])
print('y={:.2f}x+{:.2f}, R^2={:.2f}'.format(s, i, r**2))
```

```
y=nanx+nan, R^2=nan
```

해당 데이터셋을 info 메서드를 사용하여 살펴보니 horsepower에 6개의 결측치가 있는 것을 알 수 있습니다.

regplot의 선형회귀선의 식과 상관계수 표시 (ch4-9.py)

```
df.info()
```

```
<class 'pandas.core.frame.DataFrame'>
RangeIndex: 398 entries, 0 to 397
Data columns (total 9 columns):
 #   Column        Non-Null Count  Dtype
---  ------        --------------  -----
 0   mpg           398 non-null    float64
 1   cylinders     398 non-null    int64
 2   displacement  398 non-null    float64
 3   horsepower    392 non-null    float64
 4   weight        398 non-null    int64
 5   acceleration  398 non-null    float64
 6   model_year    398 non-null    int64
 7   origin        398 non-null    object
 8   name          398 non-null    object
dtypes: float64(4), int64(3), object(2)
memory usage: 28.1+ KB
```

dropna 메서드를 이용하여 결측치를 제거한 후, 위에서 그린 regplot에 회귀선의 식과 결정계수 값을 그래프에 표시해 보도록 하겠습니다.

regplot의 선형회귀선의 식과 상관계수 표시 (ch4-9.py)

```
df = df.dropna()
s, i, r, p, se = linregress(df['horsepower'], df['weight'])

fig, ax = plt.subplots()
sns.regplot(
    x='horsepower', y='weight', data=df, ax=ax,
    line_kws={'label':'y={:.2f}x+{:.2f}, R^2={:.2f}'.format(s, i, r**2)}
)
ax.legend()
```

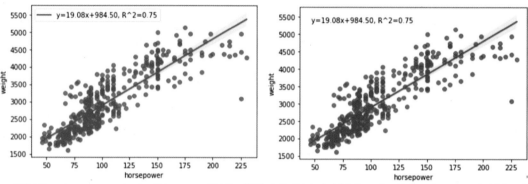

▲ 그림 142 seaborn regplot과 scipy의 linregress 함수를 이용하여 회귀식과 결정계수를 그래프 위에 표시. legend를 이용한 표현법 (왼쪽), text 메서드를 이용한 표현법 (오른쪽)

위 그림의 왼쪽 그래프에서 볼 수 있듯이 regplot을 통해 그려진 회귀선의 식과 결정계수 값이 legend 형태로 표시된 것을 확인할 수 있습니다. 아래처럼 text 메서드를 이용하여 회귀식과 결정계수를 텍스트 형태로 표시할 수도 있으니 참고 바랍니다. 그 결과는 위 그림의 오른쪽 그래프와 같습니다.

regplot의 선형회귀선의 식과 상관계수 표시 (ch4-9.py)

```
fig, ax = plt.subplots()
sns.regplot(x='horsepower', y='weight', data=df, ax=ax)
ax.text(
    x=0.05, y=0.9,
    s='y={:.2f}x+{:.2f}, R^2={:.2f}'.format(s, i, r**2),
    transform=ax.transAxes
)
```

Plotly express의 scatter 함수로 그린 scatterplot에서 앞서 소개한 "trendline" 인자를 이용하여 그린 회귀선은 get_trendline_results 함수를 통해 그 통계 결과 데이터를 확인할 수 있습니다. 아래 코드에서 get_trendline_results를 통해 얻은 선형회귀 결과를 results 변수에 저장하여 그 결과를 확인해 보도록 하겠습니다. 아래에서는 "trendline" 인자에 "ols"를 전달하여 최소자승법을 이용한 선형회귀를 진행하였으로, 그에 따른 통계 결과값이 출력됩니다.

regplot의 선형회귀선의 식과 상관계수 표시 (ch4-9.py)

```python
fig = px.scatter(
    df, x='horsepower', y='weight', width=500, height=400,
    trendline='ols'
)

results = px.get_trendline_results(fig)
results = results.iloc[0]["px_fit_results"]
print(results.summary())
```

```
OLS Regression Results
==============================================================================
Dep. Variable:                      y   R-squared:                       0.747
Model:                            OLS   Adj. R-squared:                  0.747
Method:                 Least Squares   F-statistic:                     1154.
Date:                Tue, 12 Dec 2023   Prob (F-statistic):           1.36e-118
Time:                        21:23:56   Log-Likelihood:                -2929.9
No. Observations:                 392   AIC:                             5864.
Df Residuals:                     390   BIC:                             5872.
Df Model:                           1
Covariance Type:            nonrobust
==============================================================================
                 coef    std err          t      P>|t|      [0.025      0.975]
------------------------------------------------------------------------------
const        984.5003     62.514     15.748      0.000     861.593    1107.408
x1            19.0782      0.562     33.972      0.000      17.974      20.182
==============================================================================
Omnibus:                       11.785   Durbin-Watson:                   1.383
Prob(Omnibus):                  0.003   Jarque-Bera (JB):               21.895
Skew:                           0.109   Prob(JB):                     1.76e-05
Kurtosis:                       4.137   Cond. No.                         322.
==============================================================================

Notes:
[1] Standard Errors assume that the covariance matrix of the errors is correctly specified.
```

위와 같이 구한 선형회귀에서 회귀선의 상수들을 구하기 위해서는 앞서 구한 results 변수에서 아래처럼 params를 호출하면 됩니다.

```
results.params
```

```
array([984.50032677,  19.07816155])
```

이렇게 구한 회귀계수를 이용하여 add_annotation 메서드를 이용하여 그래프에 표시해 보도록 하겠습니다.

regplot의 선형회귀선의 식과 상관계수 표시 (ch4-9.py)

```
fig = px.scatter(
    df, x='horsepower', y='weight', width=500, height=400,
    trendline='ols'
)

fig.add_annotation(
    text='y= {:.1f}x + {:.1f}, R^2={:.2f}'.format(results.params[1], results.params[0], results.rsquared),
    x=0.05, y=0.95, xref='x domain', yref='y domain', showarrow=False
)

fig.show()
```

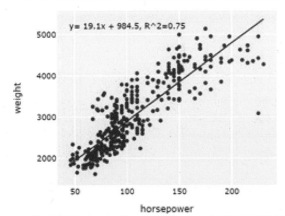

▲ 그림 143 Plotly express의 get_trendline_results 함수를 통해 구한 회귀식의 그래프 위 표현

그래프의 축 log 형식으로 변환하기

데이터의 값이 특정 변수에 따라 기하급수적으로 변하는 데이터셋은 그래프로 표현했을 때 데이터의 변동 폭이 크기 때문에 값이 변하는 것을 세부적으로 확인하기 어려울 때가 있습니다. 이 때 그래프의 축을 로그 스케일로 변경하면 그래프의 시인성을 향상시킬 수 있습니다. Covid19-India 데이터셋을 이용해 그래프의 축을 log scale로 변경하는 방법을 알아보도록 하겠습니다. 해당 데이터셋은 날짜에 따라 인도의 여러 지역에 따른 코로나19 바이러스의 확진 수, 회복 수, 사망 수 등을 나타내고 있습니다. 해당 데이터셋을 불러와 "Maharashtra" 주에 대한 코로나19 바이러스의 확진 수를 시계열로 나타내 보도록 하겠습니다.

그래프의 축 log 형식으로 변환하기 (ch4-10.py)

```
df = pd.read_csv('./datasets/Covid19-India/Covid19-India.csv')
df['date'] = pd.to_datetime(df['date'])
df = df.loc[df.region == 'Maharashtra']

fig, ax = plt.subplots()
sns.lineplot(x='date', y='confirmed', data=df, ax=ax)
ax.xaxis.set_major_formatter(mpl.dates.ConciseDateFormatter(ax.xaxis.get_major_locator()))
```

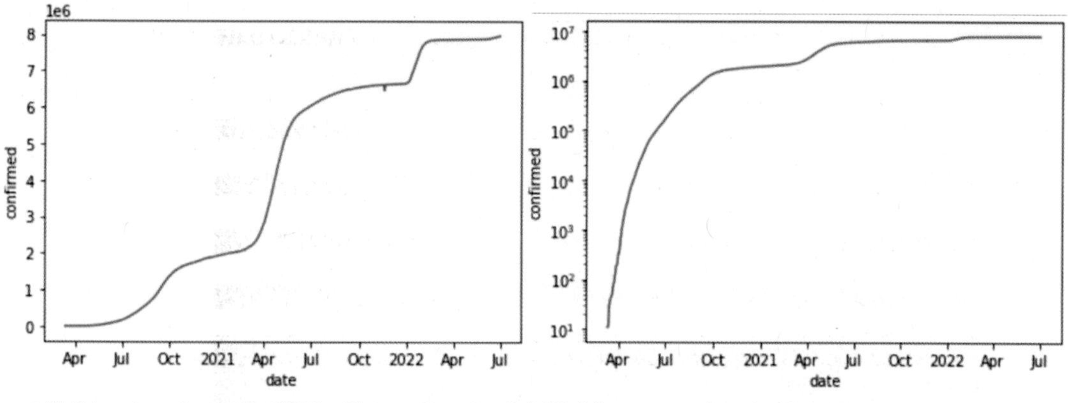

▲ 그림 144 seaborn lineplot을 이용해 그린 Covid19-India 데이터셋의 "Maharashtra" 주에 대한 코로나19 바이러스 확진 수 시계열 그래프. y축 선형 스케일(왼쪽)과 로그 스케일(오른쪽)

코드의 결과는 위 그림의 왼쪽과 같습니다. 이 때 y축을 로그 스케일로 변경하기 위해서는 아래 코드처럼 set_yscale 메서드를 사용할 수 있습니다.

```
fig, ax = plt.subplots()
sns.lineplot(x='date', y='confirmed', data=df, ax=ax)
ax.xaxis.set_major_formatter(mpl.dates.ConciseDateFormatter(ax.xaxis.get_major_locator()))
ax.set_yscale('log')
```

위 코드의 결과는 위 그림의 오른쪽에서 확인할 수 있습니다. y축이 로그 스케일로 변경되었고, 그래프 역시 그에 맞게 자동으로 바뀌었습니다.

Plotly express로 그린 그래프에서 특정 축을 로그 스케일로 변환하는 방법은 Matplotlib 라이브러리보다 훨씬 간단합니다. Plotly express의 여러 그래프를 그리는 함수들은 대부분 "log_x"나 "log_y"처럼 특정 축을 로그 스케일로 변환시켜주는 인자를 기본으로 제공합니다. 따라서 해당 인자에 "True"를 전달하게 되면 손쉽게 특정 축을 로그 스케일로 변환할 수 있습니다. 아래 코드와 그림에서 그 예시를 확인해 보시기 바랍니다.

그래프의 축 log 형식으로 변환하기 (ch4-10.py)

```
fig = px.line(
    df, x='date', y='confirmed', width=500, height=400, log_y=True
)
fig.show()
```

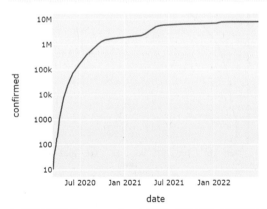

▲ 그림 145 Plotly express lineplot으로 y축을 로그 스케일로 나타낸 그래프

Seaborn color palette 및 Plotly color의 활용

이번에는 seaborn 라이브러리에서 color palette를 활용하는 법에 대해 알아보도록 하겠습니다. 우선 앞서 설명한 바 있는 tips 데이터셋을 불러와서 x축을 "total_bill", y축을 "tip" 변수로 하여 scatterplot을 그려보도록 하겠습니다. 이 때 hue 인자에 "size"를 입력하여 "size" 변수 별로 scatter의 색깔을 구분해 보도록 하겠습니다.

Seaborn color palette 및 Plotly color의 활용 (ch4-11.py)

```python
df = sns.load_dataset('tips')

fig, ax = plt.subplots()
sns.scatterplot(
    x='total_bill', y='tip', data=df, ax=ax,
    hue='size'
)
```

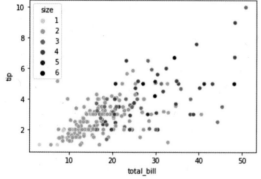

▲ 그림 146 Seaborn scatterplot을 통해 그린 tips 데이터셋의 "total_bill"과 "tip" 변수 간의 상관관계. "size" 변수를 색깔로 구분.

이 때 scatter의 색깔은 palette 인자를 이용하여 변경할 수 있습니다. Seaborn 라이브러리는 많이 사용될 법한 여러 가지 형태의 color palette를 기본적으로 제공하고 있는데, 그 예시는 seaborn 공식 홈페이지에서 확인할 수 있습니다.[12] 우선 공식 홈페이지에 있는 몇 가지 기본 palette를 이용하여 scatter 색깔을 변경해 보도록 하겠습니다. tips 데이터셋의 "size" 변수는 함께 식사를 한 인원을 나타내는 것으로, 그 값의 크고 작음이 의미가 있기 때문에 quantitative color palette보다는 sequential color palette가 더 적합해 보입니다 (물론 quantitative color palette를 사용해도 전혀 문제없습니다.). 아래 예시 코드를 보겠습니다.

---

[12] https://seaborn.pydata.org/tutorial/color_palettes.html

```
color = sns.color_palette("light:#006d2c", as_cmap=True)

fig, ax = plt.subplots()
sns.scatterplot(
    x='total_bill', y='tip', data=df, ax=ax,
    hue='size', palette=color
)
```

Seaborn 라이브러리가 제공하는 color_palette에 "light:#006d2c" 인자를 전달했습니다. 이 때 콜론(:)을 기준으로 한 쪽에는 light (흰색), 다른 쪽에는 원하는 색상을 hex code 형태로 전달하면 흰색에서 hex code로 지정된 색상까지 sequential palette를 생성할 수 있습니다. 이 때 "light" 대신 "dark"로 지정하면 한쪽 color palette의 끝을 흰 색이 아니라 검은색으로 지정할 수 있습니다. 위 코드의 결과는 아래 그림의 왼쪽에서 확인할 수 있습니다.

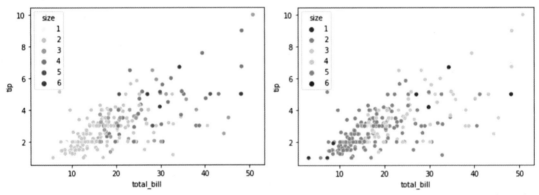

▲ 그림 147 Seaborn color_palette의 예시. light:hex code를 이용한 palette (왼쪽). colwarm 인자를 이용한 diverging palette (오른쪽)

아래 코드는 color_palette에 "coolwarm"을 전달하여 생성한 파란색~빨간색을 가지는 diverging palette입니다. 아래 코드의 결과는 위 그림의 오른쪽에서 확인할 수 있습니다.

```
color = sns.color_palette("coolwarm", as_cmap=True)

fig, ax = plt.subplots()
sns.scatterplot(
    x='total_bill', y='tip', data=df, ax=ax,
    hue='size', palette=color
)
```

seaborn 라이브러리의 diverging_palette 인자를 이용하여 위 그림의 오른쪽과 유사한 color palette를 생성할 수 있습니다. 아래 코드에서 diverging_palette의 인자로 전달한 두 개의 숫자를 바꿔 가며 color palette가 어떻게 변화하는지 한번 직접 테스트해 보시기 바랍니다.

Seaborn color palette 및 Plotly color의 활용 (ch4-11.py)

```python
color = sns.diverging_palette(250, 0, as_cmap=True)

fig, ax = plt.subplots()
sns.scatterplot(
    x='total_bill', y='tip', data=df, ax=ax,
    hue='size', palette=color
)
```

tips 데이터셋에서 요일을 뜻하는 "day" 변수는 명목형 변수로, qualitative color palette로 나타내기에 적합합니다. 저자는 보통 palette 인자에 "bright"를 전달하여 사용합니다. 이는 palette 인자에 아무것도 전달하지 않은 기본 palette 대비 채도를 높여서 보다 시인성이 뛰어나게 표현해줍니다.

Seaborn color palette 및 Plotly color의 활용 (ch4-11.py)

```python
fig, ax = plt.subplots()
sns.scatterplot(
    x='total_bill', y='tip', data=df, ax=ax,
    hue='day', palette='bright'
)
```

위 코드의 결과는 아래 그림의 왼쪽과 같습니다. palette 인자에 아무것도 전달하지 않은 경우 아래 그림의 오른쪽과 같이 표현되니 한 번 비교해 보시기 바랍니다.

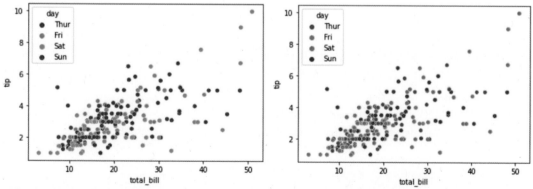

▲ 그림 148 Seaborn scatterplot에서 palette 인자에 "bright"를 전달한 경우와 (왼쪽) 인자를 전달하지 않은 기본형 (오른쪽)

만약 hue 인자를 통한 color 구분 시 사용되는 색깔을 임의로 커스터마이징 하고싶다면 아래처럼 palette 인자에 원하는 색깔을 리스트 형태로 전달해도 됩니다. 이 때 리스트로 전달되는 색깔 원소들과 hue 인자로 구분되는 변수 내 그룹이 각각 순서대로 1:1 매칭이 되게 되므로, 리스트를 통해 색깔을 커스터마이징 하고자 하는 경우, hue_order 인자를 함께 전달해 주는 것이 코드의 유지보수 측면에서 유리합니다.

Seaborn color palette 및 Plotly color의 활용 (ch4-11.py)

```python
fig, ax = plt.subplots()
sns.scatterplot(
    x='total_bill', y='tip', data=df, ax=ax,
    hue='day', hue_order=['Thur','Fri','Sat','Sun'],
    palette=['black','cyan','purple','salmon']
)
```

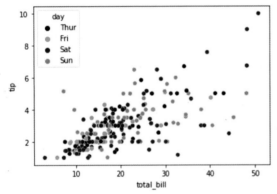

▲ 그림 149palette 인자에 리스트를 전달하여 hue 인자를 통해 구분하는 색깔의 커스터마이징

이 때 palette 인자에서 위처럼 리스트를 전달하는 대신, 사전 형태로 hue 인자를 통해 색깔 구분하여 표현하고자 하는 그룹명과 색깔을 키:값 형식인 사전 데이터 형태로 전달하여도 됩니다. 이렇게 하면 hue_order를 굳이 명시하지 않아도 됩니다. 아래 코드를 실행하면 위 코드와 동일한 결과를 얻습니다.

Seaborn color palette 및 Plotly color의 활용 (ch4-11.py)

```python
fig, ax = plt.subplots()
sns.scatterplot(
    x='total_bill', y='tip', data=df, ax=ax,
    hue='day', palette={'Thur':'black','Fri':'cyan','Sat':'purple','Sun':'salmon'}
)
```

위 예시에서는 hue 인자를 통해 구분하는 day 변수 내 4가지 그룹에 대한 색깔을 "black", "cyan", "purple", "salmon"과 같은 문자열 색상 코드를 통해 전달하였습니다. 아래 그림은 matplotlib 공식 홈페이지에서 가져온 color string들의 예시입니다. 아래 그림을 참고하여 다양한 색깔로 그래프를 표현해 보시기 바랍니다.

X11/CSS4	xkcd		X11/CSS4	xkcd		X11/CSS4	xkcd	
#00FFFF	#13EAC9	aqua	#008000	#15B01A	green	#DDA0DD	#580F41	plum
#7FFFD4	#04D8B2	aquamarine	#808080	#929591	grey	#800080	#7E1E9C	purple
#F0FFFF	#069AF3	azure	#4B0082	#380282	indigo	#FF0000	#E50000	red
#F5F5DC	#E6DAA6	beige	#FFFFF0	#FFFFCB	ivory	#FA8072	#FF796C	salmon
#000000	#000000	black	#F0E68C	#AAA662	khaki	#A0522D	#A9561E	sienna
#0000FF	#0343DF	blue	#E6E6FA	#C79FEF	lavender	#C0C0C0	#C5C9C7	silver
#A52A2A	#653700	brown	#ADD8E6	#7BC8F6	lightblue	#D2B48C	#D1B26F	tan
#7FFF00	#C1F80A	chartreuse	#90EE90	#76FF7B	lightgreen	#008080	#029386	teal
#D2691E	#3D1C02	chocolate	#00FF00	#AAFF32	lime	#FF6347	#EF4026	tomato
#FF7F50	#FC5A50	coral	#FF00FF	#C20078	magenta	#40E0D0	#06C2AC	turquoise
#DC143C	#8C000F	crimson	#800000	#650021	maroon	#EE82EE	#9A0EEA	violet
#00FFFF	#00FFFF	cyan	#000080	#01153E	navy	#F5DEB3	#FBDD7E	wheat
#00008B	#030764	darkblue	#808000	#6E750E	olive	#FFFFFF	#FFFFFF	white
#006400	#054907	darkgreen	#FFA500	#F97306	orange	#FFFF00	#FFFF14	yellow
#FF00FF	#ED0DD9	fuchsia	#FF4500	#FE420F	orangered	#9ACD32	#BBF90F	yellowgreen
#FFD700	#DBB40C	gold	#DA70D6	#C875C4	orchid			
#DAA520	#FAC205	goldenrod	#FFC0CB	#FF81C0	pink			

▲ 그림 150 matplotlib 라이브러리에서 사용할 수 있는 다양한 문자열 색상 코드[13]

위 그림에서 동일한 문자열 색상 코드라도 X11/CSS4와 xkcd형이 약간씩 색상에 차이가 있는 것을 확인할 수 있습니다. 이 때 matplotlib에 전달되는 문자열 색상 코드의 기본형은 X11/CSS4입니다. 만약 xkcd형의 문자열 색상 코드를 사용하고 싶다면 접두사로 "xkcd:"를 전달하면 됩니다. 예를 들어 위 코드에서 "black", "cyan", "purple", "salmon" 문자열 색상 코드들의 xkcd형은 "xkcd:black", " xkcd:cyan", " xkcd:purple", "xkcd:salmon"입니다.

문자열 색상 코드 대신 #으로 시작하는 hex code를 문자열 형태로 입력해도 됩니다. 아래 예시를 살펴보겠습니다.

---

[13] https://matplotlib.org/stable/tutorials/colors/colors.html

```
fig, ax = plt.subplots()
sns.scatterplot(
    x='total_bill', y='tip', data=df, ax=ax,
    hue='day', palette={'Thur':'#808000','Fri':'#0000FF','Sat':'#DDA0DD','Sun':'#BBF90F'}
)
```

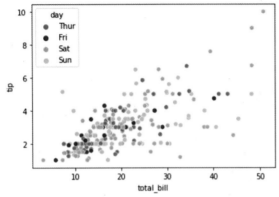

▲ 그림 151 hex code를 이용한 색상 커스터마이징

Seaborn 라이브러리의 heatmap도 색상 커스터마이징이 흔히 사용되는 그래프입니다. 앞서 heatmap의 개념을 설명할 때 cmap 인자를 통해 heatmap의 color map을 변경하는 방법을 간단히 소개한 바 있습니다. 여기서는 heatmap의 colormap을 커스터마이징 하는 몇 가지 방법들을 추가로 소개하도록 하겠습니다.

우선 seaborn 라이브러리의 기본 데이터셋 중 하나인 diamonds 데이터셋을 불러오도록 하겠습니다. 해당 데이터셋은 여러 다이아몬드의 색상, 투명도, 크기, 무게 등에 대한 가격을 나타내고 있습니다. 이 데이터셋에서 행을 색상으로, 열을 투명도 했을 때 각 조건의 다이아몬드 가격의 평균을 나타내는 pivot table을 만들어 보도록 하겠습니다.

```
df = sns.load_dataset('diamonds')
pivot = df.pivot_table(index='color', columns='clarity', values='price')
clarity_order = ['I1','SI2','SI1','VS2','VS1','VVS2','VVS1','IF']
```

이 때 투명도는 "I1", "SI2", "SI1", "VS2", "VS1", "VVS2", "VVS1", "IF" 순서로 좋은 평가를 받으므로 해당 순서를 나타내는 리스트를 clarity_order 변수에 할당해 놓습니다. 해당 pivot table을 가지고 heatmap을 그려보도록 하겠습니다.

Seaborn color palette 및 Plotly color의 활용 (ch4-11.py)

```
fig, ax= plt.subplots(figsize=(8,6))
sns.heatmap(pivot[clarity_order], annot=True, fmt='.0f')
```

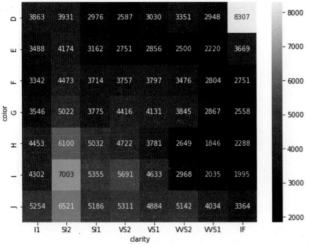

▲ 그림 152 diamonds 데이터셋의 색상과 투명도를 각각 행과 열로 하고 가격을 값으로 하는 pivot table을 heatmap으로 나타낸 그래프

위 코드를 실행하여 그려진 heatmap은 cmap 인자를 따로 전달하지 않았기 때문에 기본형 color map으로 그려졌습니다. 앞서 소개한 바와 같이 seaborn 공식 홈페이지에 소개되어 있는 다양한 종류의 diverging color palette를 cmap 인자로 전달하여 색상 커스터마이징을 할 수 있습니다.[14]

Seaborn heatmap에서도 cmap 인자에 리스트 형태로 문자열 색상 코드를 전달하여 색상을 커스터마이징 할 수 있습니다. 이 때 전달한 색상 코드의 개수에 맞춰서 데이터 값의 범위를 n 등분 하여 특정 색상에 해당하는 구간이 자동으로 지정됩니다. 아래 코드에서 4가지 색상을 리스트 형태로 전달해 보도록 하겠습니다.

Seaborn color palette 및 Plotly color의 활용 (ch4-11.py)

```
fig, ax= plt.subplots(figsize=(8,6))
sns.heatmap(
    pivot[clarity_order], annot=True, fmt='.0f',
    cmap=['black','darkgrey','lightgrey','white']
)
```

---

[14] http://localhost:8888/lab/tree/OneDrive/%EC%B6%9C%ED%8C%90/main.ipynb

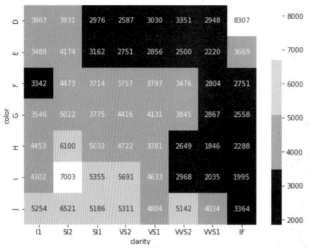

▲ 그림 153 seaborn heatmap의 cmap 인자에 리스트를 전달하여 색상 커스터마이징

만약 heatmap으로 그려지는 데이터 값의 범위의 최소값에서 중간값까지는 흰색으로 일괄 표현하다가, 중간값 이후부터 최대값까지를 특정 diverging color map으로 표현하고 싶으면 어떻게 할까요? 이 때 matplotlib라이브러리의 colors의 LinearSegmentedColormap을 사용할 수 있습니다. 아래 예시 코드를 통해 diamonds 데이터셋에서 가격의 최소값에서 중간값까지를 흰색으로, 중간값부터 최대값까지를 흰색부터 파란색까지 점진적으로 변하게끔 커스터마이징 해보도록 하겠습니다.

Seaborn color palette 및 Plotly color의 활용 (ch4-11.py)

```python
from matplotlib.colors import LinearSegmentedColormap

color = LinearSegmentedColormap.from_list(
    'custom color',
    [(0, '#ffffff'),
    (0.5, '#ffffff'),
    (1, '#0000ff')], N=256
)

fig, ax= plt.subplots(figsize=(8,6))
sns.heatmap(
    pivot[clarity_order], annot=True, fmt='.0f',
    linewidth=0.5, linecolor='black', cmap=color
)
```

위 코드에서 LinearSegmentedColormap에서 from_list 메서드를 호출한 부분을 살펴보도록 하겠습니다. 첫 번째 인자로 전달된 "custom color"는 생성할 color map의 이름으로, 임의의 값을 전달하면 됩니다. 두 번째로 [(0, '#ffffff'), (0.5, '#ffffff'), (1, '#0000ff')]와 같이 리스트 안에 세 가지 원소가 있고, 각 원소는 튜플 형태로 이루어져 있습니다. 리스트의 원소인 각 튜플의 첫 번째 인자는 heatmap데이터의 상대적인 값의 크기를 나타냅니다 (최소값이 0, 최대값이 1에 대응). 그리고 두 번째 인자는 각 값에 대응하는 색상의 hex code를 나타냅니다. 위 코드에서는 최소값과 중간값은 #ffffff에 대응하는 흰색, 최대값은 #0000ff에 대응하는 파란색으로 지정되었습니다. 마지막 인자인 N은 해당 color map을 얼마나 촘촘히 쪼개어 색을 표현할지를 나타내며, color map을 N등분 한다고 생각하시면 됩니다. 이 때 0 (최소값)부터 0.5 (중간값)은 모두 흰색으로 지정되었으므로 그 사이를 아무리 많이 쪼갠다고 해도 모두 흰색입니다. 1 (최대값)은 파란색으로 지정되었으므로, 중간값부터 최대값까지는 흰색에서 파란색으로 총 128단계 (N=256이므로, 0부터 0.5까지 128단계, 0.5부터 1까지 128단계)로 변화하는 color map이 형성됩니다.

이렇게 생성한 color map을 color 변수에 할당하였고, heatmap을 생성하며 cmap 인자에 해당 변수를 전달하게 되면 아래 그림과 같이 결과가 나타납니다. 오른쪽의 color bar에서 확인할 수 있듯이 최소값부터 중간값까지는 흰색으로 색이 변하지 않고, 중간값부터 최대값까지 흰색에서 파란색으로 점진적으로 변하는 것을 확인할 수 있습니다.

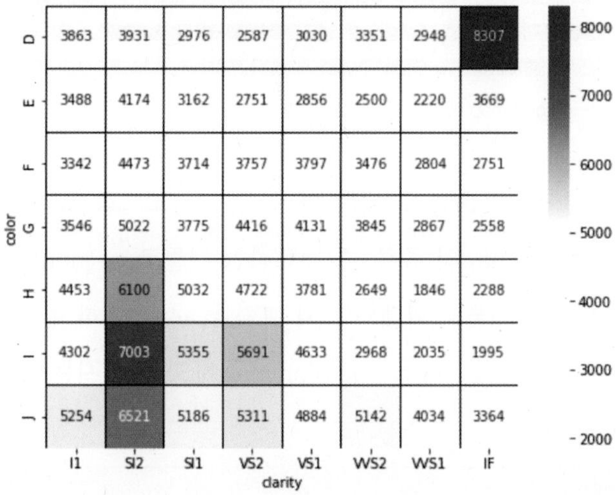

▲ 그림 154 LinearSegmentedColormap을 이용한 heatmap color map 커스터마이징

Plotly 라이브러리는 Seaborn color palette와 동일하게 다양한 형태의 built-in color map을 제공합니다. 범주형 및 순서형 데이터에 사용할 수 있는 Plotly built-in color map 중 일부

예시는 아래와 같은 코드를 통하여 주피터 노트북 상에서 확인할 수 있습니다. 보다 다양한 예시는 공식 홈페이지를 참고하시면 됩니다.[⑮]

Seaborn color palette 및 Plotly color의 활용 (ch4-11.py)

```
fig = px.colors.qualitative.swatches()
fig.show()
```

▲ 그림 155 범주형 및 순서형 데이터에 적합한 Plotly built-in color map 예시

다음으로 연속형 변수에 적용할 수 있는 color map에 대한 예시도 아래 코드를 통해 확인할 수 있습니다. 이 때 사용할 수 있는 color map의 종류 중 대표적인 것들로 sequential, diversing, cyclical 등이 있는데 이들 중 일부 예시들을 아래 코드와 그림들에서 확인하시기 바랍니다. 연속형 데이터에 사용할 수 있는 보다 다양한 built-in color map에 대한 예시는 공식 홈페이지를 참고하시기 바랍니다.

Seaborn color palette 및 Plotly color의 활용 (ch4-11.py)

```
fig = px.colors.sequential.swatches_continuous()
fig.show()
```

[⑮] https://plotly.com/python/discrete-color/

앞의 코드는 sequential color map에 대한 예시를 볼 수 있는 코드입니다. 그 결과 중 일부는 아래 그림의 왼쪽에서 확인할 수 있습니다.

Seaborn color palette 및 Plotly color의 활용 (ch4-11.py)

```
fig = px.colors.diverging.swatches_continuous()
fig.show()
```

위 코드는 diverging color map에 대한 예시를 볼 수 있는 코드이며, 그 결과 중 일부는 아래 그림의 중간에서 확인할 수 있습니다.

Seaborn color palette 및 Plotly color의 활용 (ch4-11.py)

```
fig = px.colors.cyclical.swatches_continuous()
fig.show()
```

마지막으로, 위 코드는 cyclical color map에 대한 예시입니다. 그 결과는 아래 그림의 오른쪽에서 확인할 수 있습니다.

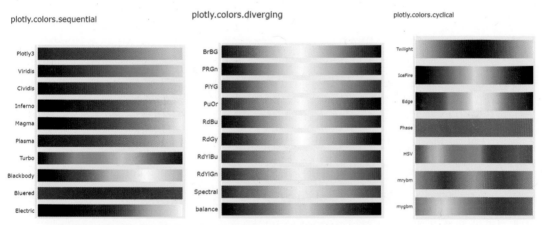

▲ 그림 156 Plotly에서 제공하는 연속형 데이터용 built-in color map에 대한 예시

이제 위 Plotly color map을 실제 데이터셋을 활용한 그래프를 그리며 사용해 보도록 하겠습니다. 데이터셋으로 앞서 사용했던 tips를 불러와 "total_bill" 변수에 대한 "tip" 변수에 대한 scatterplot을 그리고, "color"인자를 통해 "size" 변수에 따라 scatter의 색깔을 구분해 보도록 하겠습니다. 이 때 size 변수는 연속형이므로 diverging color map의 "balance"를 사용해 보도록 하겠습니다. 연속형 변수의 color map을 지정할 때에는 "color_continuous_scale" 인자에 color map의 이름을 전달하면 됩니다.

```
df = sns.load_dataset('tips')

fig = px.scatter(
    df, x='total_bill', y='tip', width=500, height=400,
    color='size', color_continuous_scale='balance'
)

fig.show()
```

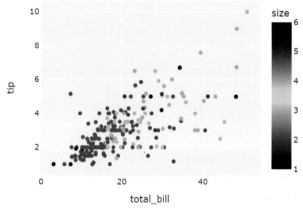

▲ 그림 157 Plotly built-in color map을 사용하여 연속형 변수의 color map을 튜닝

다음으로, 범주형 변수를 "color" 인자로 구분했을 때 color map을 설정하는 방법을 알아보도록 하겠습니다. 아래 코드는 "color" 인자에 "day"를 전달하여 요일별로 scatter 색 구분을 하였습니다. 이 때 Plotly에서 제공하는 범주형 변수의 built-in color map을 설정하기 위해서는 "color_discrete_sequence" 인자에 아래와 같이 Plotly express의 colors 패키지에서 원하는 color map을 선택하여 전달하면 됩니다. 아래 코드에서는 "Light24"를 사용하였고, 그 결과는 아래 그림의 왼쪽 그래프에서 확인할 수 있습니다.

```
fig = px.scatter(
    df, x='total_bill', y='tip', width=500, height=400,
    color='day', color_discrete_sequence=px.colors.qualitative.Light24
)
fig.show()
```

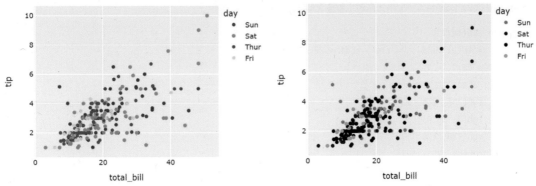

▲ 그림 158 Plotly를 이용해 범주형 데이터의 color map을 사용한 그래프. "color_discrete_sequence" 인자에 Plotly 내장 color map을 사용한 예시와 (왼쪽), "color_discrete_map" 인자에 사전 형태로 원하는 색상을 매칭시켜 전달한 결과 (오른쪽)

앞서 Seaborn 라이브러리에서 했던 것과 동일하게 Plotly에서도 다양한 종류의 문자열 색상 코드를 사용할 수 있습니다. 아래 코드에서는 "day" 변수가 가지는 4가지 종류의 변수에 각각 사전 형태로 원하는 형태의 색깔을 매칭하여 전달하는 방법을 설명하도록 하겠습니다. 이 때 변수와 색깔을 사전 형태로 전달할 인자는 "color_discrete_map"입니다. 그 결과는 위 그림의 오른쪽 그래프를 참고하시기 바랍니다.

Seaborn color palette 및 Plotly color의 활용 (ch4-11.py)

```
fig = px.scatter(
    df, x='total_bill', y='tip', width=500, height=400,
    color='day', color_discrete_map={'Thur':'black','Fri':'cyan','Sat':'purple','Sun':'salmon'}
)
fig.show()
```

추가로, "color_discrete_sequence" 인자에는 앞에서 설명드린 hex code 형태의 color code 를 사용할 수도 있고, rgb 형태의 color code를 사용할 수도 있습니다. 아래 코드에서는 rgb 형태로 color map을 지정하는 방법을 설명하겠습니다. Hex code를 사용하는 방법은 "color_discrete_sequence" 인자에 리스트 형태로 hex code를 순서대로 전달하면 됩니다. 여기서는 따로 hex code를 사용한 예시를 들지 않았지만, 한번 간단히 실습해 보시기 바랍니다.

```
fig = px.scatter(
    df, x='total_bill', y='tip', width=500, height=400,
    color='day',
    color_discrete_sequence=[
        'rgb(255, 255, 255)',
        'rgb(0, 0, 0)',
        'rgb(128, 128, 128)',
        'rgb(64, 255, 192)'
    ]
)
fig.show()
```

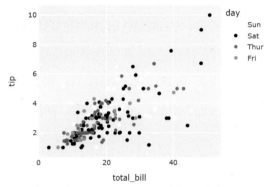

▲ 그림 159 Plotly express scatterplot에서 rgb 형태로 color code를 전달하여 color map을 커스터마이징 한 그래프

다음으로, Plotly express imshow로 그린 heatmap에서 color map을 커스터마이징 하는 법을 소개하도록 하겠습니다. Plotly imshow도 앞서 소개한 Seaborn heatmap과 유사한 방식으로 color map을 변경할 수 있습니다. 우선 리스트 형태로 4개의 문자열 color code를 "color_continuous_scale" 인자에 전달해 보도록 하겠습니다. 그 결과는 아래 그림과 같습니다.

```
df = sns.load_dataset('diamonds')
pivot = df.pivot_table(index='color', columns='clarity', values='price')
clarity_order = ['I1','SI2','SI1','VS2','VS1','VVS2','VVS1','IF']

colors = ['black','darkgrey','lightgrey','white']
fig = px.imshow(
    pivot[clarity_order], width=500, height=400, text_auto='4d',
    color_continuous_scale=colors
)
fig.show()
```

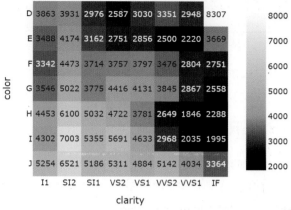

▲ 그림 160 Plotly express imshow로 그린 heatmap의 color scale 커스터마이징

마지막으로, Plotly로 그린 heatmap의 color map을 특정 값의 범위와 함께 커스터마이징하는 법을 소개하도록 하겠습니다. 이 때에는 figure 변수에 update_coloraxes 메서드를 사용하여 "colorscale" 인자에 원하는 값의 범위와 (0부터 1까지의 상대적 범위) 그에 매칭되는 color code를 전달하면 됩니다. 아래 코드와 같이 앞서 Seaborn에서 했던 것과 동일한 형식의 heatmap을 그려보도록 하겠습니다.

Seaborn color palette 및 Plotly color의 활용 (ch4-11.py)

```
fig = px.imshow(
    pivot[clarity_order], width=500, height=400, text_auto='4d',
)

fig.update_coloraxes(
    showscale=True,
    colorscale=[
        (0.0, '#FFFFFF'),
        (0.5, '#FFFFFF'),
        (1, '#0000FF'),
    ],
)

fig.show()
```

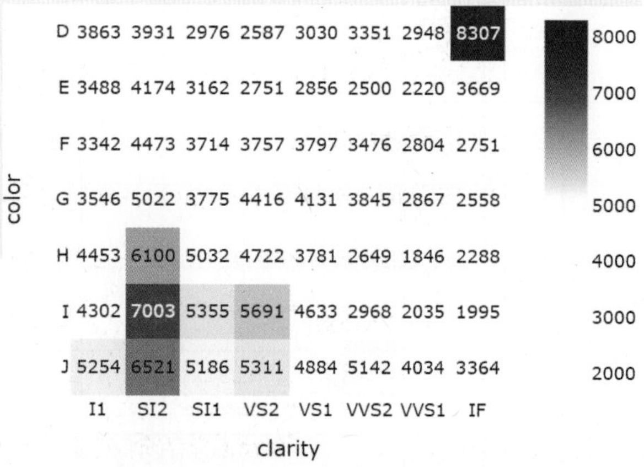

▲ 그림 161 Plotly imshow로 그린 heatmap에서 update_coloraxes 메서드를 이용한 heatmap color map 커스터마이징

Python Streamlit을 이용한 데이터 대시보드 만들기

이번 장에서는 지금까지 학습한 Pandas 라이브러리 및 데이터 시각화 라이브러리들을 활용해서 간단한 데이터 대시보드를 만들어 보도록 하겠습니다. 데이터 대시보드는 웹이나 로컬 서버에서 데이터를 가져오고, 사용자가 필터를 걸고 간단한 연산을 수행할 수 있으며, 표나 그래프로 시각화 등의 작업을 할 수 있는 인터렉티브 기반 웹 페이지입니다. 앞서 3장과 4장에서 살펴본 데이터 시각화 라이브러리인 Plotly도 Dash라는 뛰어난 파이썬 웹 서비스 프레임워크를 제공하지만 웹 기반 지식 및 HTML에 대한 꽤나 높은 수준의 지식을 요구하기 때문에 관련 프레임워크를 처음 접하는 사람들에게는 접근이 어렵다는 단점이 있습니다. 따라서 이번 장에는 데이터 분석에 특화되어 있고, 웹에 대한 기반 지식이 없어도 손쉽게 데이터 웹 대시보드를 제작할 수 있는 Streamlit 라이브러리에 대해 설명하고자 합니다. Streamlit을 이용하여 간단한 웹 대시보드를 제작하고, 이를 웹에서 확인해보도록 하겠습니다.

Streamlit 설치 및 실행하기

우선 아래 코드를 통해 streamlit 라이브러리를 설치해보도록 하겠습니다. 새로운 주피터 노트북을 만든 후, 아래와 같이 입력 후 셀을 실행합니다.

```
!pip install streamlit
```

다음으로, 터미널에서 streamlit 명령어를 통해 Streamlit 웹을 실행해 보도록 하겠습니다. Streamlit 명령어를 통해 웹을 실행하려면 .py확장자를 가지는 파일이 필요합니다. 좀 전에 생성한 주피터 노트북의 맨 첫번째 셀에 아래와 같은 코드를 작성하여 CO2_emission 데이터셋을 Pandas로 불러온 후, 해당 주피터 노트북 파일을 파이썬 파일로 변환해 보도록 하겠습니다.

Streamlit 설치 및 실행하기 (ch5-1.py)

```
import pandas as pd
import streamlit as st

df = pd.read_csv('./datasets/CO2_emissions/CO2_emissions.csv')
df
```

.ipynb 확장자를 가지는 주피터 노트북 파일을 .py 확장자를 가지는 파이썬 파일로 변환하는 방법에는 여러 가지가 있는데, 여기에서는 터미널을 사용하는 방법을 설명하도록 하겠습니다.

우선 새로운 터미널 창을 실행합니다. 다음 아래와 같은 명령어를 이용하여 주피터 노트북 파일을 파이썬 파일로 변환할 수 있습니다.

Jupyter nbconvert --to script (주피터 노트북 파일명)

저자는 아래 코드를 통해 "main_streamlit.ipynb" 라는 주피터 노트북 파일을 파이썬 파일로 변환했습니다.

```
jupyter nbconvert --to script main_streamlit.ipynb

[NbConvertApp] Converting notebook main_streamlit.ipynb to script
[NbConvertApp] Writing 175 bytes to main_streamlit.py
```

파이썬 파일을 만들었으면 이제 streamlit 명령어를 통해 웹을 실행해 보도록 하겠습니다. 아래와 같이 좀 전에 만든 파이썬 (.py) 파일을 실행하기 위해 터미널에서 명령어를 입력해 보겠습니다.

```
streamlit run main_streamlit.py

You can now view your Streamlit app in your browser.
Local URL: http://localhost:8501
```

명령어가 성공적으로 실행되었다면 아래 그림과 같이 웹 브라우저가 실행되고, CO2_emission 데이터셋이 표 형식으로 나타날 것입니다.

	Make	Model	Vehicle Class	Engine Size(L)	Cylinders	Transmission	Fuel Type	Fuel Consumption City (L/100 km)	Fuel Consumption Hwy (L/100 km)	Fuel Consumption Comb (L/100 km)	Fuel Consumption Comb (mpg)	CO2 Emiss
0	ACURA	ILX	COMPACT	2	4	AS5	Z	9.9	6.7	8.5	33	
1	ACURA	ILX	COMPACT	2.4	4	M6	Z	11.2	7.7	9.6	29	
2	ACURA	ILX HYBRID	COMPACT	1.5	4	AV7	Z	6	5.8	5.9	48	
3	ACURA	MDX 4WD	SUV - SMALL	3.5	6	AS6	Z	12.7	9.1	11.1	25	
4	ACURA	RDX AWD	SUV - SMALL	3.5	6	AS6	Z	12.1	8.7	10.6	27	
5	ACURA	RLX	MID-SIZE	3.5	6	AS6	Z	11.9	7.7	10	28	
6	ACURA	TL	MID-SIZE	3.5	6	AS6	Z	11.8	8.1	10.1	28	
7	ACURA	TL AWD	MID-SIZE	3.7	6	AS6	Z	12.8	9	11.1	25	
8	ACURA	TL AWD	MID-SIZE	3.7	6	M6	Z	13.4	9.5	11.6	24	
9	ACURA	TSX	COMPACT	2.4	4	AS5	Z	10.6	7.5	9.2	31	
10	ACURA	TSX	COMPACT	2.4	4	M6	Z	11.2	8.1	9.8	29	
11	ACURA	TSX	COMPACT	3.5	6	AS5	Z	12.1	8.3	10.4	27	
12	ALFA RO	4C	TWO-SEATER	1.8	4	AM6	Z	9.7	6.9	8.4	34	
13	ASTON I	DB9	MINICOMPACT	5.9	12	A6	Z	18	12.6	15.6	18	

▲ 그림 162 Streamlit 명령어를 사용하여 CO2_emittion 데이터셋을 웹에 표현한 결과

지금까지 Streamlit을 실행하여 Pandas 데이터프레임을 웹에 나타내 보았습니다. 다음 절에서는 다시 주피터 노트북으로 돌아가서 웹을 보다 보기 좋게 꾸미는 법을 알아보고, 데이터를 인터렉티브하게 다루는 방법을 알아보고자 합니다.

텍스트와 표 이해하기

우선 Streamlit으로 제작한 페이지에 텍스트를 표시하는 방법을 알아보도록 하겠습니다. 다시 새로운 주피터 노트북을 만든 상태에서 시작해 보겠습니다. Streamlit 웹 대시보드에서 나타낼 수 있는 텍스트들은 대표적으로 제목 (title), 헤더 (header), 섭헤더 (subheader), 코드블럭 (code block), 마크다운 (markdown), 텍스트 (text) 등이 있습니다. 이제부터 하나씩 알아보도록 하겠습니다.

제목, 헤더와 섭헤더는 각각 대제목, 중제목, 소제목과 같이 특정 구조의 위계에 따른 제목을 붙일 때에 사용합니다. 제목에서 섭헤더로 갈수록 보다 세부적인 항목의 제목을 지정할 때 사용됩니다. 아래 코드와 그 결과를 확인하면 그 뜻을 보다 쉽게 이해하실 수 있을 것입니다. 제목, 헤더, 섭헤더는 각각 Streamlit 라이브러리의 title, header, subheader 함수를 통해 웹 대시보드에 나타낼 수 있습니다. 우선 아래 코드를 주피터 노트북에 작성하고, 파이썬 파일로 변환한 후 streamlit 명령어를 사용하여 웹 대시보드를 실행해 보도록 하겠습니다.

텍스트와 표 이해하기 (ch5-2.py)

```
import streamlit as st
import pandas as pd
from IPython import get_ipython

st.title('This is title')
st.header('This is header')
st.subheader('This is subheader')
```

This is title

This is header

This is subheader

▲ 그림 163 Streamlit 웹 대시보드로 나타낸 제목, 헤더, 섭헤더 예시

위 그림에서와 같이 제목에서 섭헤더로 갈수록 나타나는 글씨 크기가 작아지는 것을 확인할 수 있습니다. 다음으로는 본문을 작성하는데 사용할 수 있는 마크다운입니다. 마크다운은 텍스트 기반의 마크업 언어로, 텍스트와 특수문자를 이용하여 텍스트 형식을 다양하게 튜닝할 수 있

습니다. Streamlit에서 마크다운은 markdown 함수로 나타낼 수 있으며, 예시로 아래 코드처럼 마크다운을 대시보드에 나타내 보도록 하겠습니다.

텍스트와 표 이해하기 (ch5-2.py)

```
st.markdown(
    '''
    This is main text.
    This is how to change the color of text :red[Red,] :blue[Blue,] :green[Green.]
    This is **Bold** and *Italic* text
    '''
)
```

This is main text. This is how to change the color of text Red, Blue, Green. This is **Bold** and *Italic* text

▲ 그림 164 Streamlit 마크다운 예시

위 예시와 같이 마크다운은 글씨의 색깔이나 형태 등을 자유롭게 튜닝할 수 있습니다. 보다 다양한 마크다운 문법은 이 책의 범위를 넘어서기도 하고, 인터넷에서 쉽게 찾을 수 있기 때문에 자세히 설명하지 않겠습니다. 이렇게 마크다운이 적용되지 않는 일반 텍스트 글쓰기를 하려면 text 함수를 사용하면 됩니다. 해당 함수의 사용법은 markdown 함수와 동일하게 인자에 작성할 텍스트를 문자열 형태로 전달하면 되기 때문에 아주 간단합니다. 아래 코드에서는 앞서 markdown 함수의 인자로 전달했던 문자열을 그대로 text 함수에 전달해 보도록 하겠습니다. 그 결과는 아래와 같습니다. 마크다운에서는 글자 색깔, 형태 등 표현되던 문법이 텍스트 형식에서는 날 것 그대로 표현되는 것을 확인할 수 있습니다.

텍스트와 표 이해하기 (ch5-2.py)

```
st.text(
    '''
    This is main text.
    This is how to change the color of text :red[Red,] :blue[Blue,] :green[Green.]
    This is **Bold** and *Italic* text
    '''
)
```

```
This is main text.
This is how to change the color of text :red[Red,] :blue[Blue,] :green[Green.]
This is **Bold** and *Italic* text
```

▲ 그림 165 Streamlit 텍스트 예시

다음으로 코드블럭에 대해서 알아보도록 하겠습니다. Streamlit의 코드블럭은 프로그래밍 언어를 (여기서는 파이썬) 코드 편집기에서 보는 형식과 동일하게 웹 대시보드에 표시할 수 있게 합니다. 코드블럭은 작성한 코드의 특정 부분을 배포하거나, 다른 사람에게 공유할 때 주로 사용됩니다. Streamlit에서 코드블럭은 code 함수를 통해서 나타낼 수 있으며, "language" 인자에 프로그래밍 언어명을 문자열 형태로 전달하면 전달된 언어에 맞는 구문으로 (syntax) 표현 형태가 설정됩니다. 기본값은 파이썬입니다. 아래에서 Streamlit 코드블럭의 예시를 살펴보겠습니다.

텍스트와 표 이해하기 (ch5-2.py)

```python
code = '''
import matplotlib.pyplot as plt
import seaborn as sns
from matplotlib.ticker import MultipleLocator, IndexLocator, FuncFormatter
from matplotlib.dates import MonthLocator, DateFormatter

fig, ax = plt.subplots(figsize=(5,5))
sns.scatterplot(x='temp', y='count', data=df.head(40), s=100, ax=ax)
ax.yaxis.set_minor_locator(MultipleLocator(5))
ax.xaxis.set_minor_locator(MultipleLocator(1))
'''

st.code(code, language='python')
```

```
import matplotlib.pyplot as plt
import seaborn as sns
from matplotlib.ticker import MultipleLocator, IndexLocator, FuncFormatter
from matplotlib.dates import MonthLocator, DateFormatter

fig, ax = plt.subplots(figsize=(5,5))
sns.scatterplot(x='temp', y='count', data=df.head(40), s=100, ax=ax)
ax.yaxis.set_minor_locator(MultipleLocator(5))
ax.xaxis.set_minor_locator(MultipleLocator(1))
```

▲ 그림 166 Streamlit 코드블럭 예시

마지막으로 Streamlit에서 자주 사용되는 단락 나누기에 대해서 살펴보도록 하겠습니다. Streamlit에서 아래와 같이 divider 함수를 사용하게 되면 가로로 긴 줄이 생성되어 단락을 나누는 기능을 합니다. 해당 함수는 단락을 나누는 줄을 생성하는 것 외에 특별한 기능이 있는 것은 아니지만, 전체 대시보드에서 특정 영역을 주제로 그룹화 하여 보기 좋게 나타낼 때에 자주 쓰는 기능 중 하나이므로 알아 두시면 좋습니다. 아래 코드에서 예시를 살펴보도록 하겠습니다.

텍스트와 표 이해하기 (ch5-2.py)

```
st.title('Title 1')
st.text('Text body 1')

st.divider()

st.title('Title 2')
st.text('Text body 2')
```

Title 1

Text body 1

Title 2

Text body 2

▲ 그림 167 Streamlit divider 예시

다양한 위젯 이해하기: Button

 이제부터 Streamlit 웹 대시보드에서 데이터 쿼리, 필터링, 그래프 그리기, 등 사용자와 인터랙티브한 소통의 근간이 되는 다양한 Streamlit 위젯들을 소개하도록 하겠습니다. 우선 기본이 되는 button 위젯을 알아보도록 하겠습니다. Button 위젯은 클릭을 통해 특정 기능을 실행하거나 활성화할 수 있는 버튼입니다. 바로 아래 코드 예시를 통해 알아보도록 하겠습니다.

다양한 위젯 이해하기: Button (ch5-3.py)

```python
def button_write():
    st.write('button activated')

st.button('Reset', type='primary')
st.button('activate', on_click=button_write)
```

 우선 button_write라는 함수를 정의하였습니다. 해당 함수는 통해 "button activated" 라는 텍스트를 나타내 주는 함수입니다. 뒤에서 생성할 button 위젯에서 버튼을 클릭하였을 때 해당 함수를 호출하려고 합니다. 이후 st.button을 통해서 버튼을 생성합니다. 첫 번째로 전달된 문자열 형식의 인자는 버튼에 나타낼 텍스트를 의미합니다. 첫 번째로 "Reset" 이라고 적힌 버튼을 생성하며, 이 때 "type" 인자는 버튼의 형태를 조절할 수 있는데, 여기에 "primary"가 전달되면 빨간색 버튼이 생성됩니다. 이 인자의 기본값은 "secondary"이며, 이를 전달하면 기본 형태의 버튼이 생성됩니다. 다음으로 "activate"가 적힌 버튼을 생성하며, 이 버튼을 눌렀을 때 앞서 정의한 button_write 함수를 실행하기 위해 "on_click" 인자에 해당 함수명을 전달합니다. 해당 코드를 작성한 후 streamlit run 커맨드를 이용하여 확인해 본 결과는 아래 그림의 왼쪽과 같습니다. 빨간색의 "Reset" 버튼과 흰색의 "activate" 버튼이 정상적으로 생성된 것을 확인할 수 있습니다.

▲ 그림 168 Streamlit button 예시와 (왼쪽) button 함수의 "on_click" 인자를 이용해 버튼 클릭 시 "button_activated" 텍스트를 나타내게 한 결과 (오른쪽)

이제 "activate"가 적힌 흰색 버튼을 클릭해 보겠습니다. 그 결과 button_write 함수가 실행되어 위 그림의 오른쪽과 같이 "button_activated" 텍스트가 나타난 것을 확인할 수 있습니다. 이 때 빨간색 "Reset"이 적힌 버튼을 누르게 되면 그림의 왼쪽과 같이 text가 사라지는 것을 확인할 수 있습니다. Streamlit에서는 사용자가 특정 동작을 하면 (여기서는 "Reset" 버튼의 클릭) 해당 동작의 결과를 나타내기 위해 전체 스크립트가 재시작 됩니다. Streamlit에서는 이를 세션이라고 하는데, 아까 "Reset" 버튼에서는 클릭 시 작동할 동작을 지정하지 않았기 때문에 단순히 세션만 초기화되게 됩니다.

특정 동작 수행 시 동작의 결과를 나타내기 위해 전체 세션이 초기화 된다는 것은 (스크립트가 재시작 된다는 것은) 비효율적일 때가 많습니다. 예를 들어, 세션이 시작됨과 동시에 서로 다른 데이터베이스에서 두 개의 데이터 테이블을 쿼리하고, Streamlit button 위젯을 통해 이 두 개의 데이터 테이블을 Pandas concat 함수를 통해 합치는 동작을 지정했다고 가정해 봅시다. 이 경우, button 위젯을 클릭할 때마다 세션이 초기화 되면서 버튼의 동작을 수행하기 때문에, 버튼 클릭 시마다 데이터베이스에서 데이터 테이블을 쿼리하는 작업이 수행되게 됩니다. 하지만 대부분의 경우 데이터를 매번 다시 쿼리하는 동작은 하지 않고 button 위젯을 통해 실행되는 동작인 테이블을 합치기만 필요한 경우가 많습니다. 즉, 세션 재시작 없이 button 위젯 동작만 필요한 경우가 많은데, 이를 구현하는 방법은 후속 절인 Session state와 캐싱 이해하기에서 다시 다루도록 하겠습니다.

마지막으로, Streamlit button 함수는 클릭 시 True를 반환합니다. 따라서 위에서 소개했던 코드와 동일한 결과를 얻기 위하여 아래처럼 코드를 작성할 수도 있습니다. 아래에서는 텍스트를 표현하는 함수를 정의하여 "on_click" 인자에 함수명을 전달하는 대신, button 함수가 클릭 시 True를 반환하는 특징을 이용하여 if문을 통해 텍스트를 출력하도록 해보았습니다.

다양한 위젯 이해하기: Button (ch5-3.py)

```python
st.button('Reset', type='primary')
if st.button('activate'):
    st.write('button activated')
```

다양한 위젯 이해하기: Checkbox, Toggle

Streamlit checkbox 위젯은 앞에서 설명했던 button 위젯과 비슷하게 네모 상자를 클릭하여 체크표시를 남기고 (반대로도 가능), 해당 동작에 따른 기능들을 구현할 수 있는 위젯입니다. Checkbox위젯이 button 위젯과 다른 점은 사용자가 해당 위젯을 클릭하였다는 이력이 체크표시를 통해 나타난다는 점입니다. 지금 설명하는 checkbox를 비롯하여 앞으로 설명할 여러 위젯들은 사용 방법이 앞서 설명한 button 위젯과 크게 다르지 않습니다. 큰 틀은 동일하고, 각 위젯의 특징에 따라서 약간씩 달라지는 부분이 있습니다. 아래 코드에서 Streamlit checkbox 위젯을 웹 대시보드에 표현하고, 클릭 시 간단한 텍스트를 출력하는 기능을 구현해 보도록 하겠습니다.

다양한 위젯 이해하기: Checkbox, Toggle (ch5-4.py)

```
active = st.checkbox('I agree')

if active:
    st.text('Great!')
```

위 코드에서 "I agree" 라는 label을 나타내는 Streamlit checkbox를 생성하고, 이를 active라는 변수로 받아왔습니다. 앞서 button 위젯에서 설명한 것과 동일하게 checkbox 위젯 또한 버튼이 클릭되면 True를 반환하게 됩니다. 해당 변수를 if문을 사용하여 참일 때 "Great!"라는 텍스트를 표현하게끔 코딩합니다. 위 코드의 결과, 아래 그림의 왼쪽과 같이 checkbox가 초기화되어 나타납니다. 초기 상태는 버튼이 클릭되지 않습니다. 버튼을 클릭하여 checkbox를 활성화시키게 되면 아래 그림의 오른쪽과 같이 빨간색으로 체크표시가 나타나게 되며, if문이 활성화되어 "Great!"라는 텍스트가 표현됩니다.

▲ 그림 169 Streamlit checkbox 위젯 예시

앞서 button 위젯에서 설명했던 것과 같이 checkbox 함수의 "on_change" 인자를 통해서도 비슷한 기능을 구현할 수 있습니다. 아래처럼 "Great!"라는 텍스트를 표현하는 checkbox_write라는 함수를 정의하고, 이 함수를 "on_change" 인자에 전달하게 되면 체크박스가 클릭되

었을 때 해당 함수가 실행되어 위 그림의 오른쪽과 동일한 결과를 얻을 수 있습니다. 하지만 여기서 주의해야 할 것은 "on_change" 인자는 체크박스가 비활성화된 상태에서 활성화될 때에만 함수를 호출하는 것이 아니라, 체크된 상태에서 비활성화 되었을 때에도 해당 함수를 호출하게 됩니다. 즉, 체크의 유무에 상관없이 변화가 있을 때 모두 작동하게 됩니다.

다양한 위젯 이해하기: Checkbox, Toggle (ch5-4.py)

```python
def checkbox_write():
    st.write('Great!')


st.checkbox('I agree', on_change=checkbox_write)
```

다음으로 알아볼 위젯은 toggle입니다. Streamlit toggle 위젯은 간단한 클릭 조작으로 on/off를 변경할 수 있는 스위치와 같은 기능을 합니다. Streamlit 라이브러리에서 toggle 함수로 손쉽게 생성할 수 있습니다. 해당 함수는 toggle 버튼이 켜지게 되면 True를, 꺼지면 False를 반환하며, 다른 대부분의 Streamlit 위젯과 동일하게 "on_change" 인자를 사용할 수 있어 간단하면서도 다양한 활용이 가능합니다.

다양한 위젯 이해하기: Checkbox, Toggle (ch5-4.py)

```python
toggle = st.toggle(
    'Turn on the switch!', value=True
)

if toggle:
    st.text('Switch is turned on!')
else:
    st.text('Switch is turned off!')
```

위 코드의 결과는 아래 그림의 왼쪽과 같습니다. Toggle 스위치를 클릭하여 스위치를 켜게 되면 아래 그림의 오른쪽과 같이 스위치가 붉은 색으로 변하며 켜지게 되고, 그 결과 if문을 동작시키게 됩니다. Toggle 위젯은 초기화될 때 스위치의 위치를 "value" 인자를 통해 지정할 수 있습니다. 만약 "value" 인자에 True를 입력하여 toggle 스위치를 생성하게 된다면 웹 대시보드가 초기화되었을 때 해당 toggle 스위치가 켜진 상태가 됩니다.

▲ 그림 170 Streamlit toggle 위젯 예시

다양한 위젯 이해하기: Selectbox, Radio, Multiselect

다음으로 알아볼 위젯은 slectbox와 multiselect입니다. Selectbox는 주어진 여러 개의 값들 중 하나를 선택할 수 있는 위젯입니다. 실제로 여러 웹 페이지에서 회원가입 등의 절차에서 여러 선택지를 주고 하나를 선택하게끔 할 때에 많이 사용됩니다. 비슷한 기능을 하는 위젯으로 앞서 다루었던 radio 위젯이 있지만, selectbox는 선택된 항목만 보여주고 선택되지 않은 나머지 선택지는 모두 숨길 수 있어 웹 대시보드를 보다 깔끔하게 나타낼 수 있습니다.

Streamlit selectbox는 해당 위젯에 대한 설명을 표시할 수 있는 "label" 인자와, 선택지를 전달하는 "option" 인자가 있습니다. 아래 예시 코드를 통해 선택된 선택지를 텍스트 형식으로 표현하는 간단한 selectbox 위젯을 만들어 보도록 하겠습니다. 그 결과는 아래 그림과 같습니다.

다양한 위젯 이해하기: Selectbox, Radio, Multiselect (ch5-5.py)

```python
option = st.selectbox(
    label='your selection is',
    options=['Car', 'Airplane', 'Train', 'Ship'],
)
st.text('you selected: {}'.format(option))
```

```
your selection is
  Car                                                          ⌄

you selected: Car


your selection is
  Train                                                        ⌄

you selected: Train
```

▲ 그림 171 Streamlit selectbox 위젯 예시

Streamlit selectbox 위젯을 웹 대시보드에 표현하면 "options" 인자에 전달된 값들 중 첫 번째 값이 기본값으로 지정됩니다. 이 때 "index" 인자에 None을 전달하게 되면 selectbox가 아무것도 선택되지 않은 채로 초기화됩니다. 추가로 "placeholder" 인자에 selectbox 위젯에서 아무것도 선택되지 않았을 때 나타낼 텍스트를 문자열 형식으로 전달할 수 있습니다. 아래 코드를 통해 예시를 살펴보도록 하겠습니다.

```
option = st.selectbox(
    label='your selection is',
    options=['Car', 'Airplane', 'Train', 'Ship'],
    index=None,
    placeholder='select transportation'
)
st.text('you selected: {}'.format(option))
```

```
your selection is

select transportation                                              ⌄

you selected: None
```

▲ 그림 172 Streamlit selectbox 위젯에서 placeholder의 활용 예시

위 결과 그림에서 selectbox 위젯이 아무것도 선택되지 않은 채 초기화되어 결과 텍스트에 "you selected: None"이 나타난 것을 확인할 수 있으며 (selectbox위젯의 반환값이 None이기 때문), 이 때 "select transportation"이라는 placeholder가 정상적으로 나타나는 것을 확인할 수 있습니다.

Streamlit selectbox와 비슷한 기능을 하는 위젯으로는 radio가 있습니다. Selectbox 위젯이 드롭다운 방식으로 위젯을 클릭했을 때 선택 옵션들이 나타나는 방식이라면, radio는 초기화시 모든 선택지가 한 눈에 들어오고, 그 중 하나를 선택할 수 있다는 차이점이 있습니다. Streamlit radio 위젯은 selectbox 위젯과 유사한 방식으로 간단히 생성할 수 있고, 함수의 반환값으로 선택된 옵션을 반환합니다. 아래 코드에서 3가지 선택지를 가지는 radio 위젯을 생성하고, 선택된 값을 텍스트로 출력해 보도록 하겠습니다.

```
option = st.radio(
    'What is your favorite movie genre',
    ["Comedy", "Drama", "Documentary"],
    captions = ['Laugh out loud', 'Get the popcorn', 'Never stop learning']
)

if option:
    st.text('You Selected {}'.format(option))
```

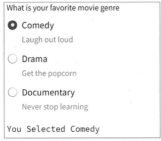

▲ 그림 173 Streamlit radio 위젯 예시

　다음으로 알아볼 위젯은 multiselect입니다. 앞의 selectbox가 단일 항목에 대해서만 선택을 할 수 있는 반면, multiselect는 아무것도 선택하지 않는 경우를 포함하여, 한 개 이상의 항목을 선택할 수 있습니다. 해당 위젯은 selectbox 위젯과 사용 방법이 매우 유사합니다. 아래 코드를 통해 예시를 살펴보도록 하겠습니다. 앞의 selectbox 위젯을 구현할 때 사용했던 예시 코드에서 "index" 인자만 제외하고 동일하게 가져와 보도록 하겠습니다.

다양한 위젯 이해하기: Selectbox, Radio, Multiselect (ch5-5.py)

```
option = st.multiselect(
    label='your selection is',
    options=['Car', 'Airplane', 'Train', 'Ship'],
    placeholder='select transportation'
)
st.text('you selected: {}'.format(option))
```

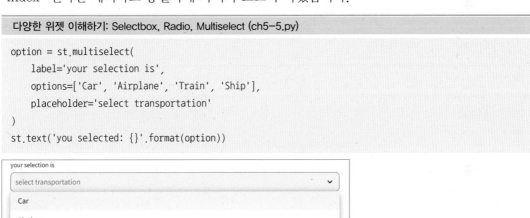

▲ 그림 174 Streamlit multiselect 위젯 예시

　위 결과 그림에서 보는 것과 같이 위젯의 초기화된 형태는 selectbox 위젯과 동일하지만, multiselect 위젯의 항목을 선택하면 위 그림의 아래쪽과 같이 선택된 항목들이 붉은색 박스로 나타나게 되고, 계속해서 다른 항목들을 추가로 선택할 수 있습니다. 이렇게 선택된 항목들은 박스 옆의 X 표시를 클릭하여 선택해제 할 수도 있습니다.

다양한 위젯 이해하기: Slider

이번 절에서 알아볼 위젯은 slider입니다. Streamlit slider는 수치형, 날짜 혹은 시간 값에 대해 그 값 자체나, 값의 범위를 선택할 수 있게끔 하는 위젯입니다. 아래에서 두 가지 예시의 slider를 들어보도록 하겠습니다.

Streamlit slider 위젯은 slider라는 함수를 통해 사용할 수 있습니다. 이 때 slider 함수의 첫 번째 인자로는 slider 위에 표시될 레이블을 설정할 수 있고, slider를 통해 선택할 수 있는 값의 최소, 최대, 단위를 각각 수치형 값으로 전달합니다. Slider 위젯을 통해 선택된 값을 받아올 변수를 함수의 반환 값으로 지정합니다. 아래 예시 코드에서는 최소값, 최대값, 단위를 각각 "min_value", "max_value", "step" 인자에 0, 100, 1를 전달하여 slider 위젯을 생성하고, 이를 통해 받아온 값을 텍스트로 출력해 보도록 하겠습니다.

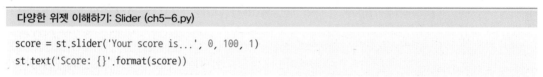

다양한 위젯 이해하기: Slider (ch5-6.py)

```python
score = st.slider('Your score is...', 0, 100, 1)
st.text('Score: {}'.format(score))
```

▲ 그림 175 Streamlit slider 위젯 예시. 위젯의 초기 모습과 (위쪽) slider를 이동하여 82에 위치시킨 모습 (아래쪽)

그 결과는 위 그림과 같습니다. Slider 위젯이 초기 생성된 모습은 위와 같이 값이 0으로 세팅되어 있고, 아래쪽 텍스트도 0을 나타내고 있습니다. Slider를 우측으로 끌어서 값을 82에 맞추게 되면 아래 텍스트도 자동으로 82로 출력되도록 설정된 것을 확인할 수 있습니다.

다음으로 특정 값의 범위를 나타낼 수 있는 slider를 생성해 보도록 하겠습니다. 앞서 Streamlit slider 위젯은 수치형 값 뿐만 아니라 날짜 및 시간 값을 다룰 수도 있다고 설명했는데, 이번에는 datetime 라이브러리를 이용하여 날짜와 시간 값의 범위를 slider 위젯을 통해 지정해 보도록 하겠습니다. 값의 범위를 선택하는 slider는 값을 선택하는 slider와 비슷하지만 단위를 나타내는 "value" 인자에 길이가 2인 튜플을 전달하는 것과, 지정된 범위의 양 끝값을 반환하기 때문에 두 개의 변수로 반환값을 받을 수 있다는 점에서 차이점을 보입니다. 아래 코드를 통해 0시부터 23시까지의 범위 중 특정 범위를 지정할 수 있는 slider 위젯을 생성해 보도록 하겠습니다. 또한, 시간의 범위를 지정하기 위하여 "value" 인자에 두 개의 값을 튜플 형식으로 묶어서 전달하였습니다. 이렇게 "value"인자에 두 개의 값을 전달하게 되면 범위를 지정하는 slider가 생성되며, "value" 값에 전달된 값이 slider의 초기값으로 설정됩니다. 여기서는 "time(8)"과 "time(18)"을 각각 전달하였으므로, 생성된 슬라이더는 아래 그림의 위쪽과 같이 8시 ~ 18시 범위로 초기화되어 나타납니다.

다양한 위젯 이해하기: Slider (ch5-6.py)

```python
from datetime import time

start_time, end_time = st.slider(
    'Working time is...',
    min_value=time(0), max_value=time(23),
    value=(time(8), time(18)),
    format='HH:mm'
)
st.text('Working time: {}, {}'.format(start_time, end_time))
```

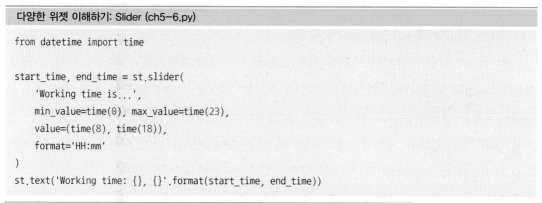

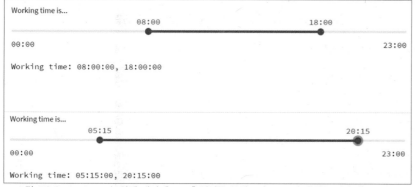

▲ 그림 176 Streamlit slider 위젯 예시. "value" 인자를 통해 8시 ~ 18시 범위를 나타내는 slider를 생성하고 (위쪽) slider를 조절하여 05:15~20:15를 나타내게끔 조절한 그림 (아래쪽)

이 때 두 개의 slider를 적절하게 조절하여 값의 범위를 지정할 수 있으며, 위 그림의 아래쪽에서 8~18시를 나타냈던 초기 slider를 5:15~20:15시로 범위를 변경하였고, 변경된 범위가 텍스트로 잘 표현된 것을 확인할 수 있습니다.

다양한 위젯 이해하기: Input

Streamlit 라이브러리로 제작한 웹 대시보드는 사용자 입력값을 변수로 받아올 수 있습니다. 대표적으로 한 줄의 문자열 값을 받아올 수 있는 text_input과 수치형 값을 받아올 수 있는 number_input, 날짜 및 시간 형식을 받아올 수 있는 date_input, time_input 함수가 있습니다. 이 외에도 웹캠 등의 외부 이미지 처리 장치로부터 이미지를 받아올 수 있는 camera_input 함수도 있지만 이 책의 범위에서는 다루지 않습니다. Camera_input 함수를 제외하고 위에서 언급한 함수들은 일단 text_input 함수를 통해 그 값을 받아온 후 파이썬 스크립트를 통해 다른 형식으로 변환할 수도 있으므로, 모든 함수를 자세히 익힐 필요는 없습니다. 따라서 여기서는 text_input 함수에 대해서 알아보도록 하겠습니다.

Text_input 함수는 임의의 사용자 정의 값들을 함수의 반환값으로 받아오기 위해 앞서 소개한 Streamlit 위젯들에는 없었던 인자들이 추가됩니다. 우선 아래 코드를 통해 간단한 text input 위젯을 생성해 보도록 하겠습니다. 아래 코드에서 "max_chars" 인자는 입력되는 문자열 값의 최대 길이를 제한합니다. 또한, 아무 값도 입력되지 않았을 때 위젯에 보여지는 placeholder를 추가했습니다.

다양한 위젯 이해하기: Input (ch5-7.py)

```python
string = st.text_input(
    'Movie title',
    placeholder='write down the title of your favorite movie',
    max_chars=32
)
if string:
    st.text('Your answer is '+string)
```

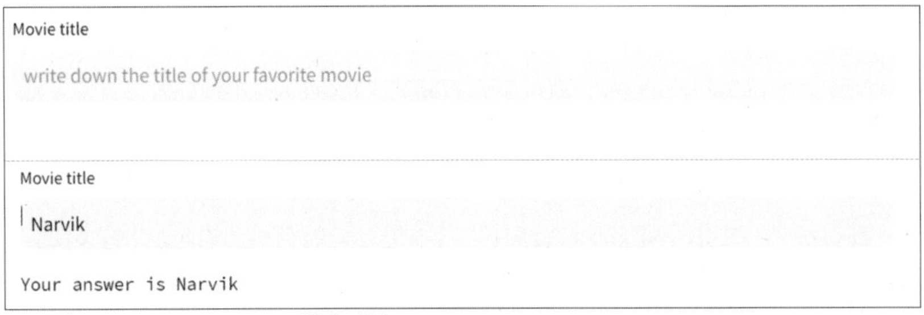

Movie title

write down the title of your favorite movie

Movie title

Narvik

Your answer is Narvik

▲ 그림 177 Streamlit text input 위젯 예시

위 그림에서 아무 값도 입력되지 않은 text input 위젯에는 "placeholder" 인자에 전달된 값이 나타나 있는 것을 확인할 수 있습니다. 위젯에 "Narvik"라는 문자열을 입력하고 엔터를 누

르면 해당 함수의 반환값으로 입력값이 전달되게 되고, 이를 아래에 텍스트 형식으로 표현해 줄 수 있습니다.

다음으로 "type" 인자에 "password"를 전달하게 되면 암호 입력 모드를 활성화하여 위젯에 입력되고 있는 값이 암호화되어 나타나게 설정할 수 있습니다. 기본값은 "default" 입니다. 아래 코드에서 앞서 생성한 것과 동일한 text_input 위젯을 생성하되, "type"인자만 "password"로 전달하여 위젯을 다시 생성해 보도록 하겠습니다.

다양한 위젯 이해하기: Input (ch5-7.py)

```python
string = st.text_input(
    'Movie title',
    placeholder='write down the title of your favorite movie',
    type='password'
)

if string:
    st.text('Your answer is '+string)
```

그 결과 아래 그림처럼 위젯의 우측에 눈 모양이 추가된 것을 확인할 수 있고, 동일한 입력값인 "Narvik"를 입력했을 때 위젯에 입력된 값이 암호화된 것을 확인할 수 있습니다. 이 때 그 변수로 받아온 입력값을 다시 텍스트 형식으로 출력했을 때에는 암호화된 형식이 아니라

사용자가 입력한 "Narvik"라는 값이 그대로 출력된 것을 확인할 수 있습니다.

▲ 그림 178 Streamlit text input 위젯 예시. "type" 인자에 "password"를 전달한 결과

다양한 위젯 이해하기: File uploader

Streamlit에서는 file_upload 함수를 이용하여 사용자의 로컬 PC에 있는 다양한 형식의 파일들을 웹 대시보드에 업로드할 수 있습니다. 뒤에서 Streamlit 라이브러리를 통해 간단한 데이터 웹 대시보드의 예시를 소개할 예정인데, 이 때 file_upload 함수를 이용하여 간단한 csv 파일을 읽어올 것입니다. 이처럼 csv 파일 외에도 이미지 파일을 불러와 이미지 처리 및 인공지능 모델에 활용할 수 있습니다.

File_upload 함수의 예시 코드를 소개하기 전에 함수의 몇 가지 주요 인자에 대해 설명하도록 하겠습니다. 우선, "type" 인자를 통해 업로드 가능한 파일의 확장자를 지정할 수 있습니다. 해당 인자에 문자열이나 리스트 형식으로 확장자를 지정해 주면 해당 확장자를 가지는 파일만 업로드할 수 있게 됩니다. 다음으로 "accept_multiple_files" 인자를 통해 한 번에 여러 개의 파일을 업로드할 수 있도록 설정할 수 있습니다. 해당 인자에 True를 전달하게 되면 동시에 여러 개의 파일을 업로드할 수 있고, 업로드 된 파일들은 리스트 형태로 반환됩니다. 마지막으로, 다른 Streamlit 위젯과 동일하게 "on_change" 인자를 사용할 수 있습니다. 해당 인자에 특정 함수를 전달하게 되면 file_upload 위젯의 값이 바뀔 때 마다 전달된 함수를 호출하게 됩니다.

아래 코드를 통해 간단한 csv 파일을 Pandas Dataframe 형식으로 불러와서 첫 5개 행만 간단히 출력해 보도록 하겠습니다. 이 때 "type" 인자에 "csv"를, "accept_multiple_files" 인자에 "False"를 전달하였습니다. 해당 함수의 반환값을 file 변수로 받아오고, 해당 변수가 None이 아닐 때 Pandas 라이브러리의 read_csv 함수를 이용하여 가져온 csv 파일을 df 변수에 할당한 후 Streamlit write 함수를 이용하여 표현해 보도록 하겠습니다.

다양한 위젯 이해하기: File uploader (ch5-8.py)

```python
file = st.file_uploader(
    'Choose a file', type='csv', accept_multiple_files=False
)
if file is not None:
    df = pd.read_csv(file)
    st.write(df)
```

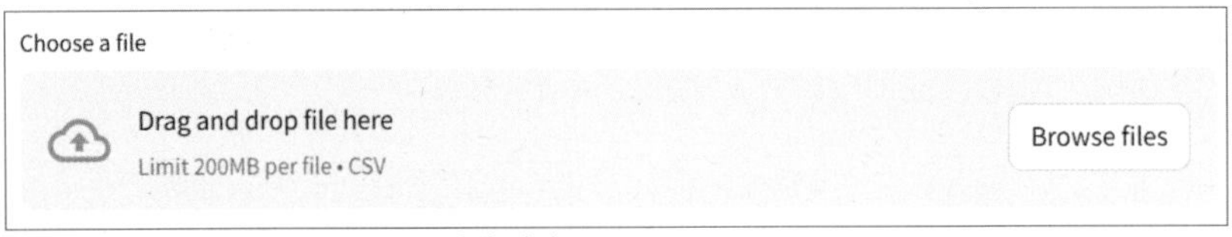

Choose a file

Drag and drop file here
Limit 200MB per file • CSV

Browse files

▲ 그림 179 Streamlit file uploader 위젯 예시

앞의 코드를 이용하여 웹 대시보드를 초기화 한 결과는 위 그림과 같습니다. File uploader 위젯의 Browse files 버튼을 누르거나, 업로드할 파일을 드래그하여 위젯 위에 놓으면 업로드가 시작됩니다. 여기서는 예시로 앞서 3장에서 사용하였던 EV_charge 데이터셋을 업로드했습니다. 파일을 업로드하면 아래 그림과 같이 업로드된 파일이 위젯 아래에 나타나게 됩니다. 아래 그림에서 그 결과를 확인해 볼 수 있습니다.

Choose a file

Drag and drop file here
Limit 200MB per file • CSV   Browse files

EV_charge.csv 444.4KB   ✕

	sessionId	kwhTotal	dollars	created	ended	startTime	endTime	charge
0	1,366,563	7.78	0	0014-11-18 15:40:26	0014-11-18 17:11:04	15	17	
1	3,075,723	9.74	0	0014-11-19 17:40:26	0014-11-19 19:51:04	17	19	
2	4,228,788	6.76	0.58	0014-11-21 12:05:46	0014-11-21 16:46:04	12	16	
3	3,173,284	6.17	0	0014-12-03 19:16:12	0014-12-03 21:02:18	19	21	
4	3,266,500	0.93	0	0014-12-11 20:56:11	0014-12-11 21:14:06	20	21	
5	4,099,366	2.14	0	0014-12-12 14:38:44	0014-12-12 15:04:04	14	15	
6	5,084,244	0.3	0	0014-12-12 15:08:40	0014-12-12 15:47:04	15	15	
7	2,948,436	1.82	0	0014-12-17 20:30:25	0014-12-17 21:31:04	20	21	
8	3,515,913	0.81	0	0014-12-18 17:53:19	0014-12-18 18:04:04	17	18	
9	8,490,014	1.98	0	0014-12-18 18:06:49	0014-12-18 18:30:05	18	18	

▲ 그림 180 Streamlit file_uploader 위젯에 파일을 업로드한 결과. 아래쪽 테이블은 Pandas DataFrame을 Streamlit write 함수를 통해 나타낸 결과다.

차트 및 이미지 표현하기

이번 절에서는 Streamlit 라이브러리를 이용하여 차트를 표현해 보도록 하겠습니다. Streamlit 라이브러리는 내장 함수를 통해 scatterplot, lineplot, barplot 등과 같은 기본적인 그래프를 그리는 기능을 제공합니다. 하지만 앞서 3장이나 4장에서 다루었던 것처럼 보다 복잡한 그래프를 그리기 위해서는 Matplotlib, Seaborn이나 Plotly와 같은 라이브러리가 필요한데, Streamlit은 이러한 시각화 전용 라이브러리로 그린 그래프를 웹 대시보드에 나타낼 수 있도록 하는 기능을 제공합니다. 우리는 이미 3장과 4장을 통해 다양한 파이썬 시각화 라이브러리들을 심도 있게 학습했기 때문에 Streamlit 내장 함수를 사용하기보다, 앞서 다루었던 시각화 라이브러리로 그린 그래프를 Streamlit 대시보드에 표현하는 방법을 위주로 알아보도록 하겠습니다.

우선 Matplotlib 및 Seaborn 라이브러리를 이용하여 간단한 그래프를 그려 보도록 하겠습니다. Seaborn 라이브러리의 load_dataset 함수를 이용하여 tips 데이터셋을 불러와서 x축을 "total_bill"로 하여 히스토그램을 그려보았습니다.

차트 및 이미지 표현하기 (ch5-9.py)

```python
import matplotlib.pyplot as plt
import seaborn as sns

df = sns.load_dataset('tips')

fig, ax = plt.subplots()
sns.histplot(df, x='total_bill', ax=ax, hue='time')
```

위 코드와 같이 히스토그램을 그리기 위해 figure (변수명 fig)와 ax (변수명 ax)를 정의하였습니다. Streamlit을 통해 만든 웹 대시보드에 Matplotlib의 pyplot으로 그린 그래프를 표시하기 위해서는 Streamlit 라이브러리의 pyplot 함수를 이용합니다. 이 때 pyplot 함수에 전달하는 인자는 Matplotlib 라이브러리를 통해 생성한 figure입니다. 아래 코드를 통해 앞서 그린 히스토그램을 Streamlit 웹 대시보드에 표현해 보도록 하겠습니다.

차트 및 이미지 표현하기 (ch5-9.py)

```
st.pyplot(fig)
```

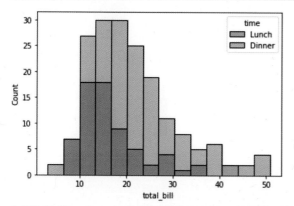

▲ 그림 181 Streamlit pyplot 함수를 이용하여 Matplotlib를 통해 그린 그래프를 Streamlit 웹 대시보드에 표현하기

이번에는 Plotly 라이브러리를 이용하여 보다 복잡한 그래프를 그리고 Streamlit 웹 대시보드에 표현해 보도록 하겠습니다. 아래 코드를 통해 tips 데이터셋으로 x축을 "day", y축을 "tip"으로 하고, facet을 열 방향으로 "smoker" 변수를, 행 방향으로 "sex" 변수로 나누었습니다.

차트 및 이미지 표현하기 (ch5-9.py)

```
import plotly.express as px

fig2 = px.box(
    data_frame=df, x='day', y='tip',
    facet_col = 'smoker', facet_row = 'sex',
    width=800, height=800
)
```

Streamlit 웹 대시보드에 Plotly 라이브러리를 통해 그린 그래프를 표현하기 위해서는 plotly_chart 함수를 이용합니다. 함수의 사용 방법은 앞에서 설명했던 pyplot 함수와 동일하게 figure (변수명 fig)를 전달하면 됩니다. 아래 코드와 그림에서 결과를 확인하시기 바랍니다.

차트 및 이미지 표현하기 (ch5-9.py)

```
st.plotly_chart(fig2)
```

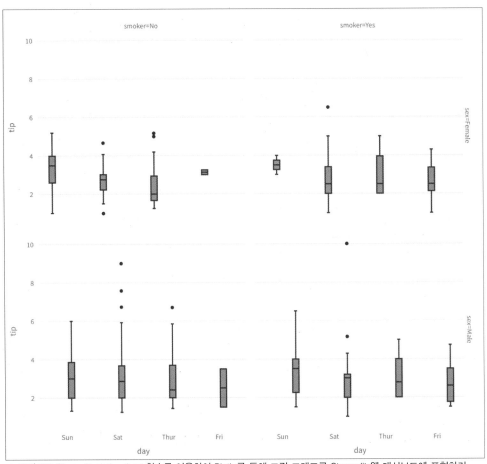

▲ 그림 182 Streamlit plotly_chart 함수를 이용하여 Plotly를 통해 그린 그래프를 Streamlit 웹 대시보드에 표현하기

이번에는 앞에서 배웠던 Streamlit selectbox 위젯을 활용하여 Streamlit 웹 대시보드에서 그래프를 그릴 x축 변수, y축 변수와 hue 인자를 직접 선택하여 그래프를 그리는 보다 인터렉티브한 방식을 사용해 보도록 하겠습니다. 우선 x축으로 사용할 수 있는 변수 옵션으로 "day", "size"를, y축으로 사용할 수 있는 변수 옵션으로 "total_bill"과 "tip"을 설정하여 리스트 형식으로 각각 x_options, y_options 변수에 할당하도록 하겠습니다. 또한 특정 변수 내 데이터 값의 그룹 별로 색을 구분하여 나타낼 변수들의 옵션으로 "smoker"와 "sex"를 리스트 형식으로 hue_options 변수에 할당합니다. 총 세 가지 종류의 옵션을 각각 Streamlit selectbox 위젯을 사용하여 선택할 수 있도록 설정하였고, 선택된 각 값들을 x_option, y_option, hue_option 변수에 할당합니다. 다음으로 if문을 사용하여 두 변수의 값이 모두 None이 아닐 때 (x_option 변수와 y_option 변수가 모두 선택되었을 때) Plotly boxplot을 그려서 fig 변수에 할당합니다.

이 때 hue_option 변수가 None이 아닌 경우 (특정 값으로 선택된 경우) "color" 인자를 통해
선택된 변수 값의 그룹별로 색을 구분하여 그래프를 그리고, hue_option 변수의 값이 None인
경우 (선택되지 않은 경우) "color" 인자를 사용하지 않고 그래프를 그립니다. 지금까지 진행한
아래 코드로 Streamlit 대시보드를 초기화한 결과는 아래 그림에서 확인할 수 있습니다.

차트 및 이미지 표현하기 (ch5-9.py)

```python
x_options = ['day','size']
y_options = ['total_bill','tip']
hue_options = ['smoker','sex']

x_option = st.selectbox(
    'Select X-axis',
    index=None,
    options=x_options
)

y_option = st.selectbox(
    'Select Y-axis',
    index=None,
    options=y_options
)

hue_option = st.selectbox(
    'Select Hue',
    index=None,
    options=hue_options
)

if (x_option != None) & (y_option != None):
    if hue_option != None:
        fig3 = px.box(
            data_frame=df, x=x_option, y=y_option,
            color=hue_option, width=500
        )
    else:
        fig3 = px.box(
            data_frame=df, x=x_option, y=y_option,
            width=500
        )
    st.plotly_chart(fig3)
```

▲ 그림 183 Streamlit selectbox 위젯을 활용하여 인터렉티브 그래프 그리기

초기화된 대시보드에서 x 변수와 y 변수를 각각 "size"와 "tip"으로 선택하면 아래 그림의 왼쪽과 같은 그래프가 자동으로 나타납니다.

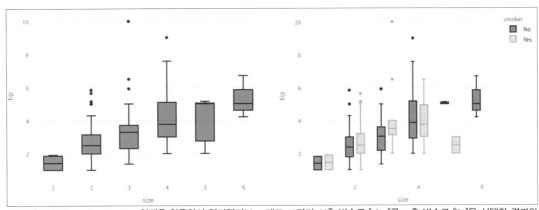

▲ 그림 184 Streamlit selectbox 위젯을 활용하여 인터렉티브 그래프 그리기. X축 변수로 "size"를, y축 변수로 "tip"을 선택한 결과와 (왼쪽) 추가로 "Select Hue" 값을 "smoker"로 선택한 결과 (오른쪽)

이 때 x축 변수와 y축 변수를 다른 값으로도 변경해 보시기 바랍니다. 변경하는 즉시 그래프가 선택된 값으로 갱신되는 것을 확인할 수 있습니다. 이제 마지막 "Select Hue"의 값을 "smoker"로 선택하면 위 그림의 오른쪽과 같은 그래프가 생성됩니다. 이와 같이 위젯을 활용하면 Streamlit 웹 대시보드에 무궁무진한 경우의 인터렉티브 그래프를 생성할 수 있습니다.

다음으로 이미지를 가져오는 방법을 소개하도록 하겠습니다. Streamlit은 웹 대시보드에 이미지를 표현할 수 있게끔 image 함수를 제공합니다. 이 책에서 제공하는 데이터셋의 image 폴더에 image1.jpg 파일을 PIL 라이브러리를 통해 가져와서 Streamlit 웹 대시보드에 표현해 보도록 하겠습니다. 이 때 image 함수의 인자로는 이미지의 너비를 조절하는 "width"와 캡션을 입력할 수 있는 "caption" 인자 등이 있습니다.

차트 및 이미지 표현하기 (ch5-9.py)

```
from PIL import Image

img = Image.open('datasets/images/image1.jpg')
st.image(img, width=300, caption='Image from Unsplash')
```

▲ 그림 185 Streamlit image 예시

Streamlit image 함수는 PIL 라이브러리를 통해 가져온 이미지 뿐만 아니라 다차원 배열로 이루어진 RBG 형식의 포맷도 불러올 수 있습니다. 이와 같이 다차원 배열로 이미지를 다루는 방식은 딥러닝 이미지 처리에서 흔히 쓰는 방식입니다.

Layout 이해하기

지금까지는 Streamlit 웹 대시보드에 단순하게 위에서 아래 방향으로 내려오며 위젯, 텍스트, 그림 등을 추가하는 예시를 설명했지만, 사이드바를 추가하거나 단을 추가하는 등의 페이지 레이아웃을 수정하는 기능도 제공합니다. 이번 절에서는 페이지 레이아웃을 수정하는 몇 가지 대표적인 방법들에 대해 설명하도록 하겠습니다.

우선 알아볼 레이아웃 요소는 사이드바입니다. 사이드바는 페이지 레이아웃에서 본문의 주로 왼쪽에 메뉴 등과 같이 페이지의 부가적인 요소를 담고 있는, 본문과는 분리된 공간을 뜻합니다. 웹 포털 사이트의 블로그에서 비슷한 구조를 쉽게 찾아볼 수 있습니다. Streamlit에서 사이드바는 아래 코드 예시처럼 with 구문을 이용하여 생성할 수 있습니다. With 구문 안에 사이드바에 표시할 텍스트나 위젯 등 다양한 요소를 포함시키면 사이드바와 본문을 구분할 수 있습니다. 아래 예시 코드에서는 메인 페이지에 "This is main page" 라는 타이틀 텍스트를, 사이드바에 multiselect 위젯을 생성해 보았습니다. 그 결과는 아래 그림과 같습니다.

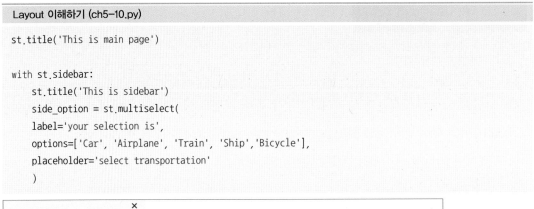

Layout 이해하기 (ch5-10.py)

```python
st.title('This is main page')

with st.sidebar:
    st.title('This is sidebar')
    side_option = st.multiselect(
    label='your selection is',
    options=['Car', 'Airplane', 'Train', 'Ship','Bicycle'],
    placeholder='select transportation'
    )
```

▲ 그림 186 Streamlit sidebar 예시. 사이드바에 multiselect 위젯을, 본문에 title 텍스트를 표시한 모습

위 그림에서 완성된 웹 대시보드의 왼편에 회색 바탕의 사이드바가 생성되었고, 사이드바 내부에 with 구문 내에 넣어 주었던 multiselect 위젯이 생성된 것을 확인할 수 있습니다. 이와 별개로 사이드바 with 구문 밖에 위치한 타이틀 텍스트는 본문에 정상적으로 표시된 것을 확인할 수 있습

니다. 위 그림에서 사이드바와 본문의 경계를 마우스로 드래그하여 사이드바의 크기를 조절할 수도 있으며, 사이드바 우측 상단의 X 표시를 클릭하면 사이드바를 숨김 처리할 수도 있습니다.

다음으로 소개할 layout 요소는 column (열) 입니다. Streamlit 웹 대시보드에서 특별한 조치를 하지 않는다면 위젯이나 텍스트 등 각종 Streamlit 요소들은 위에서 아래 방향으로 나타나게 됩니다. 만약 특정 요소들을 위에서 아래 방향이 아니라 왼쪽에서 오른쪽의 수평 방향으로 나타내고자 한다면 열 layout 요소를 사용할 수 있습니다. 아래 예시 코드에서는 두 개의 그림 요소를 Streamlit 대시보드에 나타내 보면서 열 요소를 사용하지 않았을 때와 사용했을 때를 비교해 보도록 하겠습니다.

Layout 이해하기 (ch5-10.py)

```python
img2 = Image.open('datasets/images/image2.jpg')
img3 = Image.open('datasets/images/image3.jpg')

st.header('Lemonade')
st.image(img2, width=300, caption='Image from Unsplash')

st.header('Cocktail')
st.image(img3, width=300, caption='Image from Unsplash')
```

위 코드는 PIL 라이브러리를 이용하여 두 개의 이미지를 가져와서 일반적인 위에서 아래 순서로 웹 대시보드에 표시하는 코드입니다. 위 코드의 결과는 아래 그림과 같습니다. 세로로 긴 두 개의 이미지를 위에서 아래 방향으로 표시하게 되니 여백이 커서 페이지의 낭비가 심해 보입니다.

▲ 그림 187 개의 이미지를 가져와 위에서 아래 방향으로 Streamlit 웹 대시보드에 나타낸 결과

다음으로 아래 코드를 통하여 앞서 가져온 두 개의 이미지를 열로 구분하여 왼쪽에서 오른쪽 수평 방향으로 나타내 보도록 하겠습니다. 이 때 Streamlit의 columns 함수를 이용하여 나누어지는 각각의 열을 col1, col2 변수로 가져왔습니다. 이 때 columns 함수에 전달되는 인자는 나누어 줄 열의 개수입니다. col1, col2 변수를 with 구문으로 묶어주게 되면 구문 내에 묶인 요소들은 해당 열에 표시되게 됩니다. 그 결과 그림은 아래와 같습니다.

Layout 이해하기 (ch5-10.py)

```python
col1, col2 = st.columns(2)

with col1:
    st.header('Lemonade')
    st.image(img2, width=300, caption='Image from Unsplash')

with col2:
    st.header('Cocktail')
    st.image(img3, width=300, caption='Image from Unsplash')
```

▲ 그림 188 Streamlit column 요소를 이용하여 두 개의 그림을 각 열에 수평으로 배치하기

다음으로 설명할 layout 요소는 tab (탭)입니다. 탭은 Streamlit 웹 대시보드에 표현된 여러 종류의 구성요소들 중 특정 그룹만 표시하고, 나머지는 숨김 처리할 수 있게끔 합니다. 보다 쉬운 비유로, 우리가 자주 사용하는 마이크로소프트 사의 엑셀 프로그램에서 여러 개의 워크시트를 넘나들 수 있는 탭 메뉴와 유사하다고 볼 수 있습니다. 아래 예시 코드에서는 두 개의 탭을 만든 후, medical_cost 데이터셋을 불러와서 northwest 지역에 해당하는 데이터들만 필터링한 후 첫 5개의 행을 표현하는 데이터 테이블을 첫 번째 탭으로 나타내고, 필터링한 데이터셋에

서 x축을 "bmi" 변수로, y축을 "charges" 변수로 하는 scatterplot을 나머지 하나의 탭으로 표현해 보았습니다. 이 때 각각의 탭을 생성하기 위하여 Streamlit의 tabs 함수를 이용하였습니다. Tabs 함수의 인자로는 아래와 같이 생성할 각 탭의 이름을 리스트 형태로 전달하였습니다.

Layout 이해하기 (ch5-10.py)

```python
tab1, tab2 = st.tabs(['Table','Graph'])

df = pd.read_csv('datasets/medical_cost/medical_cost.csv')
df = df.query('region == "northwest"')

with tab1:
    st.table(df.head(5))

with tab2:
    fig = px.scatter(
        data_frame=df, x='bmi', y='charges'
    )
    st.plotly_chart(fig)
```

위 코드의 Streamlit 웹 대시보드 초기화 결과는 아래 그림과 같습니다. 첫 번째 탭인 "Table" 탭이 활성화되어 있으며, 아래 그림처럼 "region" 변수가 "northwest"인 데이터만 필터링된 medical_cost 데이터셋의 첫 5개 행이 표 형태로 표시되고 있습니다. 이 때 두 번째 탭의 구성요소로 지정한 그래프는 보이지 않는 것을 확인할 수 있습니다.

Table	Graph						
	age	sex	bmi	children	smoker	region	charges
3	33	male	22.7050	0	no	northwest	21,984.4706
4	32	male	28.8800	0	no	northwest	3,866.8552
7	37	female	27.7400	3	no	northwest	7,281.5056
9	60	female	25.8400	0	no	northwest	28,923.1369
24	37	male	28.0250	2	no	northwest	6,203.9018

▲ 그림 189 SStreamlit tab 을 이용하여 데이터 테이블과 그래프를 두 개의 탭으로 표시한 결과

다음으로 두 번째 탭인 "Graph"를 클릭하면 첫 번째 탭의 구성요소인 데이터 테이블이 사라지고 아래 그림과 같이 그래프가 나타나는 것을 확인할 수 있습니다. 이처럼 탭 구성요소는 동시에 표시하기에는 페이지의 낭비가 큰 구성요소들을 각각의 탭으로 나눠서 표시할 수 있게끔 합니다.

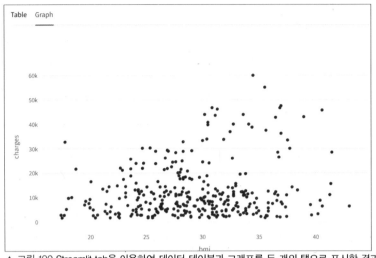

▲ 그림 190 Streamlit tab을 이용하여 데이터 테이블과 그래프를 두 개의 탭으로 표시한 결과

다음으로 알아볼 Streamlit layout 요소는 expander입니다. Expander는 특정 구성 요소들을 묶어서 숨김 및 펼치기 처리를 하여 보다 효율적인 대시보드 구성을 하기 위한 요소입니다. 앞서 설명한 여러 가지 layout 요소들과 동일하게 with 구문을 이용하여 사용할 수 있고, with로 표현된 expander 구문 안에 코딩된 요소들에 한해 숨기기 및 펼치기 처리를 할 수 있습니다. 아래 예시 코드에서는 앞서 탭 구성요소를 설명할 때 사용했던 것과 동일한 데이터셋으로 차트 및 데이터 테이블을 웹 대시보드에 나타내 보도록 하겠습니다. 이 때 데이터 테이블을 expander 안에 넣어보도록 하겠습니다.

Layout 이해하기 (ch5-10.py)

```
df = pd.read_csv('datasets/medical_cost/medical_cost.csv')
df = df.query('region == "northwest"')

fig = px.scatter(
        data_frame=df, x='bmi', y='charges'
    )
st.plotly_chart(fig)

with st.expander("See datatable"):
    st.table(df.head(5))
```

위 코드의 with 구문에서 expander 함수의 인자로 전달된 문자열 "See datatable"은 다음 결과 그림과 같이 expander의 레이블로 표시됩니다.

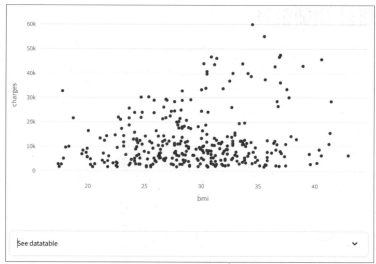

▲ 그림 191 Streamlit expander 예시. 대시보드 초기화 시 expander가 숨김 처리된 경우

위 그림을 보면 expander with 구문 바깥에 코딩된 scatterplot 아래에 "See datatable" 레이블을 가지는 expander가 나타난 것을 확인할 수 있습니다. Expander를 클릭하여 펼치면 아래와 같이 with 구문 안에 코딩하였던 데이터 테이블이 나타나는 것을 확인할 수 있습니다. 이처럼 expander는 모든 경우에 확인할 필요 없이 필요에 따라 펼쳐서 확인할 수 있는 요소들을 숨겨 대시보드를 보다 깔끔하게 관리할 수 있다는 장점이 있습니다.

	age	sex	bmi	children	smoker	region	charges
3	33	male	22.7050	0	no	northwest	21,984.4706
4	32	male	28.8800	0	no	northwest	3,866.8552
7	37	female	27.7400	3	no	northwest	7,281.5056
9	60	female	25.8400	0	no	northwest	28,923.1369
24	37	male	28.0250	2	no	northwest	6,203.9018

See datatable

▲ 그림 192 Streamlit expander를 펼친 예시

Session state와 캐싱 이해하기

이번 절은 Streamlit 라이브러리를 통하여 인터렉티브한 웹 대시보드를 제작하기 위해 알아두어야 할 유용한 내용 두 가지를 설명하도록 하겠습니다. Streamlit으로 만든 웹 대시보드는 사용자가 특정 동작을 할 때마다 세션을 초기화합니다. 보다 명확한 설명을 위하여 간단한 예시 코드를 아래와 같이 작성해 보겠습니다.

Session state와 캐싱 이해하기 (ch5-11.py)

```python
i = 0

st.header('Session state example1')

plus_one = st.button(
    label='+1',
)

if plus_one:
    i += 1

st.text('i = {}'.format(i))
```

위 코드에서 i라는 변수를 0으로 초기화하고, "+1"가 표시된 Streamlit button 위젯을 생성합니다. 해당 버튼을 클릭하면 True값이 plus_one이라는 변수에 반환되고, if문을 이용하여 plus_one 변수가 True일 때 i 값을 1씩 더하게 됩니다. 마지막으로 i값을 텍스트 형식으로 표시하였습니다. 위 코드를 실행하여 Streamlit 웹 대시보드에 표현해 보도록 하겠습니다.

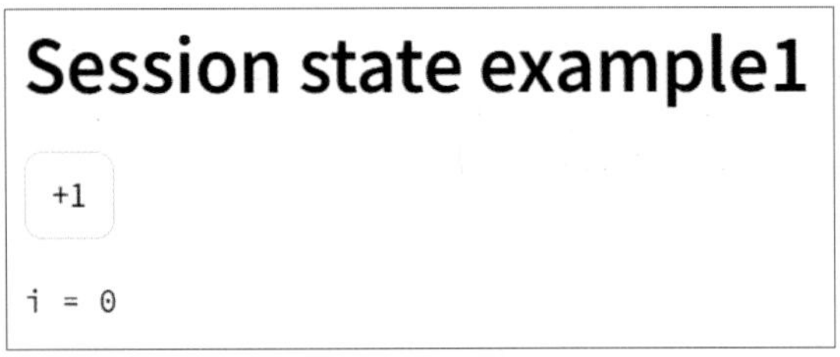

Session state example1

```
+1
```

i = 0

▲ 그림 193 Streamlit을 통해 버튼을 클릭할 때 마다 변수값을 1씩 더하는 위젯 생성

이제 위 결과 그림에서 +1 버튼을 수 차례 클릭해 보시기 바랍니다. 버튼을 아무리 클릭해도 i 값이 1보다 커지지 않는 것을 확인할 수 있습니다. 이는 앞서 설명하였듯이 사용자가 특정 동작 (버튼 클릭 등)을 할 때마다 웹 대시보드가 재시작되어 변수 i의 값이 버튼을 클릭할 때 마다 0으로 초기화되기 때문입니다.

처음에 의도했던 것과 같이 버튼을 누를 때마다 변수 i의 값을 계속 1씩 더해 나가려면 버튼을 클릭하더라도 (사용자가 웹 대시보드에서 특정 동작을 수행하더라도) 해당 변수의 값이 초기화되어서는 안됩니다. Streamlit은 세션이 재시작되더라도 변수 등과 같은 값들이 초기화되지 않도록 하는 session_state를 제공합니다. 세션 재시작에도 초기화하지 않고 값을 유지시키고 싶은 변수를 session_state에 키:값과 같은 딕셔너리 형식으로 저장합니다. 앞의 예시 코드의 i 변수를 session_state 내에 저장해 보도록 하겠습니다.

Session state와 캐싱 이해하기 (ch5-11.py)

```python
st.header('Session state example2')

if 'i' not in st.session_state:
    st.session_state['i'] = 0

plus_one = st.button(
    label='+1',
    key='btn_plus1'
)

if plus_one:
    st.session_state['i'] += 1

st.text('i = {}'.format(st.session_state['i']))
```

위 코드에서 if문을 이용하여 session_state에 "i"라는 값이 존재하지 않을 때 해당 값을 0으로 초기화합니다. 코드의 아래 부분은 앞의 예시 코드와 동일하지만, 변수 i를 그대로 쓰지 않고, session_state에 딕셔너리 형식으로 저장되어 있는 값을 사용했습니다. 이제 위 코드를 실행하여 웹 대시보드에 표현한 후 버튼을 3회 클릭해 보도록 하겠습니다. 그 결과는 아래와 같습니다.

Session state example2

```
+1
```

i = 3

▲ 그림 194 Streamlit을 통해 버튼을 클릭할 때 마다 session_state 내에 저장된 변수값을 1씩 더하는 위젯 생성. 실행 후 버튼을 3회 클릭한 결과

앞의 그림과 같이 session state에 저장된 변수는 버튼을 클릭할 때마다 그 값이 초기화되지 않고 계속해서 유지되는 것을 확인할 수 있습니다.

앞서 Streamlit 라이브러리에서 제공하는 다양한 위젯을 소개한 바 있습니다. 앞에서 따로 설명하지는 않았지만, 각 위젯들은 위젯을 생성할 때 "key" 인자를 통하여 각 위젯 고유의 이름을 설정할 수 있습니다. 이렇게 "key"인자가 함께 전달되어 생성된 위젯들은 자동으로 session state에 그 상태가 저장되게 됩니다. 아래 예시 코드에서는 slider 위젯을 이용하여 지정된 숫자 값을 위젯의 아래쪽에 텍스트 형식으로 가져왔습니다. Slider로 지정된 값을 따로 특정 변수로 받아오지 않더라도, "key" 인자를 "remember_slider"와 같이 지정했기 때문에 해당 위젯이 session_state에 저장되게 됩니다. 따라서 아래처럼 session_state에 저장된 위젯의 값을 불러오는 방식으로 코드를 작성할 수 있습니다. 그 결과는 아래 그림과 같습니다.

Session state와 캐싱 이해하기 (ch5-11.py)

```python
st.header('Session state example3')

st.slider(
    label='Can I remember this number?',
    min_value=1, max_value=10, step=1,
    key='remember_slider'
)

st.text('Result is... {}'.format(st.session_state['remember_slider']))
```

▲ 그림 195 treamlit 위젯의 "key" 인자를 지정하여 session_state에 저장된 위젯의 값 불러오기

다음으로 캐싱에 대해서 알아보도록 하겠습니다. 앞서 session state를 다루면서 사용자가 Streamlit 웹 대시보드의 위젯을 사용하는 등의 조작을 했을 때 스크립트가 재시작된다는 것을 설명하였습니다. 만약 스크립트에 계산 비용이 높은 함수가 있을 경우 높은 비용의 계산을 매번 수행하여야 합니다. 이처럼 계산 비용이 높은 함수나 자주 변하지 않는 계산 결과나 함수를 따로 저장해 놓고 재사용함으로써 앱의 반응 속도를 향상시킬 수 있는데, 이를 캐싱이라고 합니

다. Streamlit 라이브러리에서는 st.cache_data 데코레이터를 이용하여 함수를 캐싱할 수 있습니다. 아래 예시 코드를 살펴보도록 하겠습니다.

Session state와 캐싱 이해하기 (ch5-11.py)

```
@st.cache_data
def expensive_computation(a, b):
    st.text('Result: {}'.format(a+b))

result = st.button(
    'Calculate',
    on_click=expensive_computation, args=(3, 4,)
)
```

위 코드에서 expensive_computation 함수는 cache 데코레이터로 감싸져 있습니다. 이 책에서는 예시를 들기 위하여 간단한 함수를 사용하였지만, 실제로 여러 데이터베이스에서 데이터를 쿼리하는 경우, 머신러닝이나 딥러닝 모델을 사용하는 등 다양한 경우에서 계산 시간이 오래 걸리는 함수가 있을 경우 위와 같이 cache 데코레이터로 감싸게 되면 함수의 계산 결과를 저장했다가 동일한 인자들로 해당 함수가 다시 호출될 경우, 이전의 저장된 캐시값을 불러올 수 있습니다.

때로는 캐시값을 삭제해야 할 경우도 있습니다. 이 때에는 st.cache_data의 clear 메서드를 사용할 수 있습니다.

Session state와 캐싱 이해하기 (ch5-11.py)

```
st.cache_data.clear()
```

간단한 Streamlit 웹 대시보드 제작 실습

이번 장에서 배운 내용들을 일부 사용하여 간단한 Streamlit 웹 대시보드를 제작해 보도록 하겠습니다. 이번 절에서 실습을 위해 사용할 데이터셋은 CO2_Emissions입니다. 해당 데이터셋을 불러와서 아래처럼 첫 5개 행을 살펴보도록 하겠습니다.

간단한 Streamlit 웹 대시보드 제작 실습 (ch5-12.py)

```python
def load_dataset(path):
    return pd.read_csv(path)


path = 'datasets/CO2_emissions/CO2_Emissions.csv'
df = load_dataset(path)
df.head().T
```

아래 그림과 같이 CO2_Emissions 데이터셋은 총 12개의 변수들을 가지고 있으며, 자동차의 제조사, 모델, 차량 종류, 엔진 사이즈, 실린더 등 자동차의 제원에 따른 도심 연비, 고속 연비 등과 CO2 가스 배출량에 관한 데이터를 담고 있습니다. 해당 데이터셋은 웹 사이트나 온라인 데이터베이스에서 가져오는 것이 아니고, 데이터의 크기도 작기 때문에 크게 문제가 되지는 않지만, 데이터의 크기가 크거나 웹 사이트에서 가져오는 데이터들은 위 예시 코드에서 정의한 load_dataset 함수에 캐싱을 추가하는 것이 보다 좋은 선택일 것입니다.

	0	1	2	3	4
Make	ACURA	ACURA	ACURA	ACURA	ACURA
Model	ILX	ILX	ILX HYBRID	MDX 4WD	RDX AWD
Vehicle Class	COMPACT	COMPACT	COMPACT	SUV - SMALL	SUV - SMALL
Engine Size(L)	2.0	2.4	1.5	3.5	3.5
Cylinders	4	4	4	6	6
Transmission	AS5	M6	AV7	AS6	AS6
Fuel Type	Z	Z	Z	Z	Z
Fuel Consumption City (L/100 km)	9.9	11.2	6.0	12.7	12.1
Fuel Consumption Hwy (L/100 km)	6.7	7.7	5.8	9.1	8.7
Fuel Consumption Comb (L/100 km)	8.5	9.6	5.9	11.1	10.6
Fuel Consumption Comb (mpg)	33	29	48	25	27
CO2 Emissions(g/km)	196	221	136	255	244

▲ 그림 196 CO2_Emissions 데이터셋의 첫 5개 행을 전치하여 살펴본 결과

이번 절에서는 CO2_Emissions 데이터셋을 바탕으로 차량 종류, 엔진 사이즈 등으로 데이터를 필터링 했을 때 자동차 제조사 별 CO2 배출량이나 연비와 CO2 배출량 간의 상관관계를 그래프를 그려 시각화하고 제조사별 연비나 탄소 배출량 등에 어떤 차이가 있는지 간단한 통찰을 해보고자 합니다. 이러한 분석 과정을 Streamlit 웹 대시보드를 통해 표현해 보도록 하겠습니다.

앞서 설명한 것과 같이 CO2_Emission 데이터셋은 자동차 제조사, 차량 종류, 엔진 사이즈와 연비 및 탄소 배출량 등의 변수로 이루어져 있습니다. 우리는 해당 데이터셋을 이용하여 제조사별 연비나 탄소 배출량에 어떤 차이가 있는지에 관한 통찰을 해보고자 하는데, 일반적으로 자동차의 연비는 차량의 종류나 엔진 사이즈에 큰 연관성이 있습니다. 보통의 SUV들은 차량 크기가 커 공기 저항을 많이 받고, 무게가 무거워 연비가 나쁜 경향이 있습니다. 따라서 제조사별 자동차의 연비나 탄소 배출량을 공정하게 비교하기 위해서는 동일한 차량 종류 그룹별로 비교할 필요가 있습니다. 또한 엔진 사이즈 역시 연비와 반비례하는 경향이 있기 때문에, 분석을 위해서 차량 종류와 엔진 사이즈 두 가지 변수를 동일하거나 비슷한 그룹끼리 묶어서 분석을 진행하도록 하겠습니다.

우선 Streamlit 사이드바를 만들어서 차량 종류를 multiselector로, 엔진 사이즈를 slider로 하여 전체 데이터셋을 필터링하는 위젯을 제작하도록 하겠습니다. 아래 예시 코드는 사이드바를 추가하고, with 구문 내에 차량 종류 및 엔진 사이즈를 필터링하는 위젯과 마크다운을 추가한 것입니다. 마지막으로, multiselector와 slider 위젯을 통해 선택된 변수로 전체 데이터셋을 필터링합니다.

간단한 Streamlit 웹 대시보드 제작 실습 (ch5-12.py)

```python
makers = df['Vehicle Class'].unique().tolist()

with st.sidebar:
    st.markdown('Filter the data you want to analyze: :tulip:')

    st.multiselect(
        'Select the vehicle class you want to analyze: ',
        makers, default=['TWO-SEATER'],
        key='maker_filter'
    )

    st.slider(
        'Select the engine size (Liter) you want to analyze: ',
        min_value = df['Engine Size(L)'].min(),
        max_value = df['Engine Size(L)'].max(),
        value=(df['Engine Size(L)'].quantile(0.1), df['Engine Size(L)'].quantile(0.95)),
        step=.3,
        key='engine_filter'
    )

df = df.loc[
    (df['Vehicle Class'].isin(st.session_state['maker_filter'])) &
    (df['Engine Size(L)'] < st.session_state['engine_filter'][1]) &
    (df['Engine Size(L)'] > st.session_state['engine_filter'][0])
    ]
```

앞의 코드를 Streamlit 웹 대시보드에 표현한 결과는 아래 그림의 사이드바를 확인하시기 바랍니다. 위 코드를 통해 구현한 사이드바 내의 위젯으로 필터링 된 데이터를 메인 페이지에서 시각화 및 분석하도록 하겠습니다.

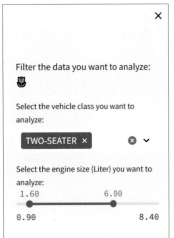

▲ 그림 197Streamlit 사이드바에 CO2_Emission 전체 데이터를 필터링하기 위한 위젯 추가

이제 코드를 이어서 작성하여 메인 페이지를 구성해 보도록 하겠습니다. 아래 코드의 Streamlit title 함수와 write 함수를 통해 본 웹 대시보드에 대한 설명을 간단히 나타내었습니다.

간단한 Streamlit 웹 대시보드 제작 실습 (ch5-12.py)

```
st.title(
    'Data Analysis - CO2 Emission'
)
st.write(
    '''
    Hello there, this web page is a simple data analysis web dashboard created using the Python
Streamlit library.
    On this page, you can visualize the distribution of some variables or the correlation between
variables.
    '''
)
st.divider()
```

위 코드의 결과는 다음 그림과 같이 나타납니다.

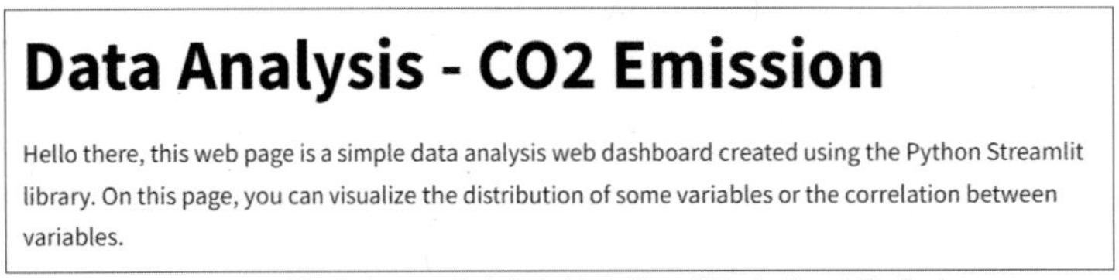

Data Analysis - CO2 Emission

Hello there, this web page is a simple data analysis web dashboard created using the Python Streamlit library. On this page, you can visualize the distribution of some variables or the correlation between variables.

▲ 그림 198 Streamlit 웹 대시보드 페이지를 설명하는 제목과 마크다운 추가

다음으로 차량 제조사별 엔진 사이즈의 분포를 살펴보기 위해 Plotly 라이브러리를 통해 x축을 차량 제조사, y축을 엔진 사이즈로 하는 boxplot을 그려보도록 하겠습니다. 이를 통해 앞서 사이드바에서 선택된 차량 종류 변수와 엔진 사이즈의 필터링 범위 내에서 각 제조사별 차량들이 어떤 엔진 크기를 가지는지에 대한 통계적 데이터를 포함한 boxplot을 확인할 수 있습니다. 아래 예시 코드에서는 두 개의 column을 만들고 왼쪽에는 해당 시각화 그래프에 대한 설명을 마크다운 형식으로 표현하고, 오른쪽에는 시각화 차트를 나타내었습니다.

간단한 Streamlit 웹 대시보드 제작 실습 (ch5-12.py)

```python
st.subheader(
    'Analysis of Engine Sizes'
)


col1, col2 = st.columns(2)
with col1:
    st.write(
        '''
        The box plot of engine sizes by automotive manufacturer. What types of engine sizes do
manufacturers produce the most for each brand?
        '''
    )
with col2:
    fig1 = px.box(
        data_frame=df.sort_values('Engine Size(L)', ascending=False),
        x='Make', y='Engine Size(L)', width=300, height=400, points='all'
    )
    st.plotly_chart(fig1)

st.divider()
```

위 코드를 웹 대시보드에 표현한 결과는 아래 그림과 같습니다. 아래 그림의 그래프를 살펴보면, 차량 종류가 TWO-SEATER이고 엔진 사이즈를 1.6 L에서 6 L로 한정하였을 때 MERCEDES-BENZ와 AUDI 두 제조사에서 ~2 L부터 5 L가 넘는 엔진을 가지는 차량을 다양하게 제조하고 있으며, 가장 큰 엔진 사이즈인 5.5 L의 엔진을 가지는 자동차는 MERCEDES-BENZ에서 만들어진 것을 확인할 수 있습니다. 이 때 Plotly box 함수로 boxplot을 그릴 때 데이터셋을 엔진 사이즈로 내림차순 정렬하였으므로, 그래프 x축의 왼쪽에서 오른쪽으로 갈수록 각 차량 제조사별 최대 엔진 사이즈가 작아지는 방향입니다. 이 때 ALFA ROMEO에서 제작한 모든 자동차는 엔진 사이즈가 2 L를 넘지 않는 것을 확인할 수 있습니다.

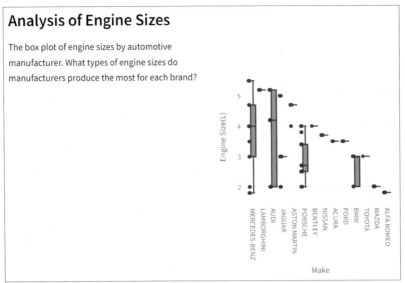

다음으로 엔진 크기에 따른 자동차의 연비가 어떤 상관관계를 가지는지를 Plotly scatterplot 을 통해 나타내 보려고 합니다. 이 때 시각화에 사용된 데이터셋은 사이드바에서 차량 종류와 엔진 사이즈의 범위로 필터링 된 서브 데이터셋임을 잊지 마시기 바랍니다 (여기서는 차량 종류 TWO-SEATER와 엔진 사이즈가 1.6 L에서 6 L 사이인 데이터). CO2_Emission 데이터셋 에서 연비를 의미하는 변수는 Fuel Consumption City (L/100 km), Fuel Consumption Hwy (L/100 km), Fuel Consumption Comb (L/100 km), Fuel Consumption Comb (mpg) 총 4 가지가 있으며 각각 시내, 고속, 복합, 복합연비를 뜻합니다. 이 때 맨 마지막 변수인 mpg 단위 를 가지는 복합연비는 세 번째 변수인 L/100 km 단위를 가지는 복합연비와 의미가 중복되므로 고려하지 않겠습니다. 아래 예시 코드에서는 차량 엔진 사이즈를 x축으로 하고 연비를 y축으로 하며 각 scatter들의 색깔을 제조사로 구분하는 Plotly scatterplot을 그려보도록 하겠습니다. 이 때 y축의 연비에 해당하는 변수는 앞서 소개한 3가지 변수들 중 하나를 selectbox를 통해 선 택하여 그릴 수 있게끔 설정해 보도록 하겠습니다.

```
st.subheader(
    'Analysis of Fuel Consumption'
)


col3, col4 = st.columns(2)
with col3:
    st.write(
        '''
        The scatter plot graph illustrating fuel efficiency based on engine sizes.
        Which manufacturer might have lower fuel efficiency within the same engine size?
        Which manufacturer might have higher fuel efficiency within the same engine size?
        '''
    )
    st.selectbox(
        'Select Y-axis: ',
        [
            'Fuel Consumption City (L/100 km)',
            'Fuel Consumption Hwy (L/100 km)',
            'Fuel Consumption Comb (L/100 km)'
            ],
        key='fig2_yaxis'
    )
with col4:
    fig2 = px.scatter(
        data_frame=df, x='Engine Size(L)', y=st.session_state['fig2_yaxis'],
        width=500, color='Make', trendline='ols', trendline_scope='overall'
    )
    st.plotly_chart(fig2)

st.divider()
```

위 코드에서 column을 두 개로 나누어 각각 col3, col4 변수에 할당하고, 왼쪽 column (col3)에 write 함수를 통해 간략한 그래프 설명을 적어줍니다. 다음 selectbox를 통해 그릴 scatterplot의 y축 변수를 설정할 수 있도록 합니다. Selectbox 위젯을 통해 선택된 변수는 "key" 인자를 할당하여 Streamlit session state에 저장하였습니다. 위 코드를 웹 대시보드에 나타낸 결과는 아래 그림과 같습니다.

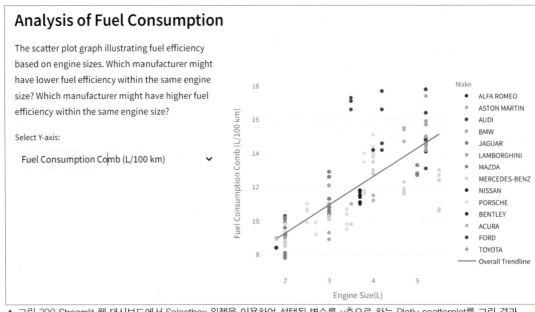

▲ 그림 200 Streamlit 웹 대시보드에서 Selectbox 위젯을 이용하여 선택된 변수를 y축으로 하는 Plotly scatterplot를 그린 결과

위 그림은 selectbox를 통해 y축 변수를 Fuel Consumption Comb (L/100 km)로 설정하였을 때의 결과입니다. 그 결과를 살펴보면 빨간색 scatter에 해당하는 자동차 제조사 FORD와 AUDI가 그래프의 전체 추세선보다 위쪽에 위치하는데, 이를 통해 이 두 제조사의 자동차 (차량 종류 TWO-SEATER, 엔진 크기 1.6 – 6.0 L에 한해서) 연비가 타 제조사에 비해 나쁜 것을 알 수 있습니다 (숫자가 커질수록 100 km당 소모하는 연료 양 L이 커지므로). Selectbox를 통해 y축 변수를 바꾸어 가면서 그래프가 어떻게 변화하는지 직접 확인해 보시기 바랍니다.

마지막으로, 위와 비슷한 방법을 통해 x축을 연비로 하고 y축을 CO_2 가스 배출량으로 하면서 scatter의 색깔을 자동차 제조사로 구분하는 scatterplot을 그려보도록 하겠습니다. 이 때 x축 변수인 연비에 대해서는 앞서 소개한 것과 동일한 방식으로 selectbox를 통해 3 가지 종류의 연비 중 하나를 선택하여 x축을 설정할 수 있도록 하겠습니다. 아래 예시 코드의 전체적인 흐름은 앞에서 소개한 것과 크게 다르지 않습니다.

```
st.subheader(
    'Analysis of Carbon Emissions'
)

col5, col6 = st.columns(2)
with col5:
    st.write(
        '''
        The scatter plot graph depicting the correlation between fuel efficiency and carbon
emissions, with color differentiation for each manufacturer.
        Which manufacturer might have higher carbon emissions within the same fuel efficiency
range?
        '''
    )
    st.selectbox(
        'Select X-axis: ',
        [
            'Fuel Consumption City (L/100 km)',
            'Fuel Consumption Hwy (L/100 km)',
            'Fuel Consumption Comb (L/100 km)'
        ],
        key='fig3_xaxis'
    )
with col6:
    fig3 = px.scatter(
        data_frame=df, x=st.session_state['fig3_xaxis'], y='CO2 Emissions(g/km)',
        width=500, color='Make', trendline='ols', trendline_scope='overall'
    )
    st.plotly_chart(fig3)
```

위 코드를 Streamlit 웹 대시보드에 나타낸 결과는 아래 그림과 같습니다. 이 때 x축 변수는 Fuel Consumption Hwy (L/100 km)로 설정하였습니다.

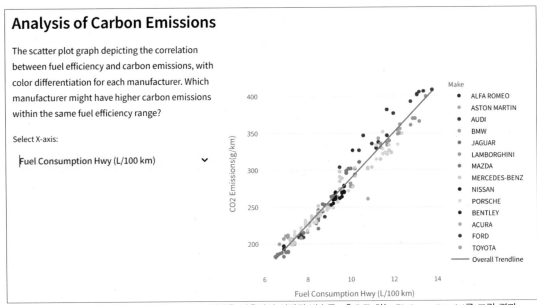

Analysis of Carbon Emissions

The scatter plot graph depicting the correlation between fuel efficiency and carbon emissions, with color differentiation for each manufacturer. Which manufacturer might have higher carbon emissions within the same fuel efficiency range?

Select X-axis:

Fuel Consumption Hwy (L/100 km)

▲ 그림 201 Streamlit 웹 대시보드에서 Selectbox 위젯을 이용하여 선택된 변수를 x축으로 하는 Plotly scatterplot를 그린 결과

위 그림에서 결과 그래프를 확인해 보니 빨간색 scatter인 AUDI와 FORD가 앞선 예시와 동일하게 동일한 고속 연비에서 CO2 배출량이 높은 것을 확인할 수 있습니다. 이 때 x축 변수를 도심 연비나 복합 연비로 변경하면서 그래프의 변화를 확인해 보시기 바랍니다. x축을 도심 연비로 설정하였을 때는 아래 그림의 왼쪽 그래프와 같이 FORD와 AUDI가 오히려 추세선 대비하여 아래쪽에 위치하여 동일 도심 연비에서 CO2 가스 배출량이 낮습니다. 복합 연비를 x축으로 하여 그래프를 살펴보았을 때 아래 그림의 오른쪽 그래프와 같이 거의 모든 차량 제조사들의 데이터가 추세선 위에 일치하는 것을 통해 FORD와 AUDI 자동차는 고속 연비에서 많이 배출되던 CO2를 도심 연비에서 덜 배출하여서 복합 연비가 평균치 수준으로 맞춰졌다고 추정할 수 있습니다. 만약 대부분의 주행 환경이 고속도로인 운전자의 경우 FORD나 AUDI 차량은 환경 오염 측면에서 좋지 못한 선택이며, 반대로 주된 주행 환경이 도심일 경우 오히려 좋은 선택이 될 것이라 추정할 수 있습니다.

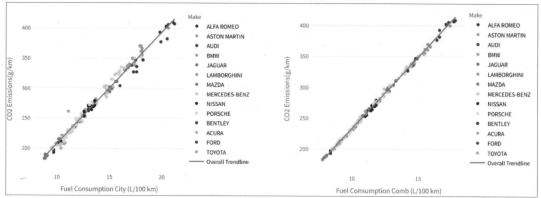

▲ 그림 202 CO2_Emission 데이터셋에서 x축을 도심 연비와 (왼쪽) 복합 연비로 (오른쪽) 설정하였을 때의 CO2 배출량 그래프

지금까지 CO2_Emission 데이터셋을 활용하여 간단한 Streamlit 웹 대시보드를 만들어 보았습니다. 지금까지의 결과를 통해 FORD와 AUDI의 TWO-SEATER 자동차 구매에 관심이 있는 소비자는 각자의 주행 환경을 고려하였을 때 환경오염 측면에서 해당 제조사들이 좋은 선택일지 나쁜 선택일지에 대한 통찰을 얻을 수 있었습니다.

함께 보면 도움되는 추천 도서

만들면서 배우는
파이썬과 40개의 작품들
장문철 저 | 348쪽 | 18,800원

SSS급 일잘러를 위한
파이썬과 40개의 작품들
장문철, 저 | 380쪽 | 22,200원

클라우드 서비스 개발자를 위한
AWS로 구현하는 CI/CD 배포 입문
최주호, 정재원, 정동진 공저 | 300쪽 | 20,000원

워드프레스 홈페이지 & 블로그 제작으로 수익창출
블로그 포트폴리오, 회사홈페이지 제작 실습과 구글애

드센스, SEO마케팅 실전 활용
황홍식 저 | 452쪽 | 25,500원